한국애견아카데미

'반려동물 자격증 교육 전문기관'

반려동물에 대한 전문 지식과 교육 방법에 관심을 가지고
올바르게 이끌어갈 수 있는 전문가를 양성하고 있습니다.

한국애견아카데미는 체계적이고 차별화된 반려동물 전문가를 검증하여 양성할 것이며,
국내의 올바른 반려동물 교육 문화를 선도하기 위해 나아갈 것입니다.

Pet FoodStylist.

초판 1쇄 발행 2022년 10월 17일
2쇄 발행 2023년 12월 07일
3쇄 발행 2025년 09월 25일

저 자	한국애견아카데미
발 행 처	한국애견아카데미
주 소	서울특별시 성동구 성수동2가 279-33, 101-24호
전 화	02-6467-0276
메 일	kkaedu.info@gmail.com
홈페이지	www.kkcacademy.co.kr
I S B N	979-11-98044-31-0

ⓒ한국애견아카데미, 2025

이 책은 저작권법에 의해 보호받고 있습니다.
본 기관의 허락없이 무단 전재와 무단 복제를 할 수 없습니다.

Pet FoodStylist.

영양학 · 식품학 · 생리학 · 병리학 · 위생학 · 푸드스타일링

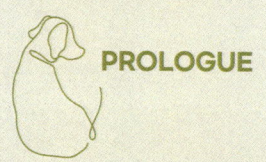 PROLOGUE

　한국애견아카데미는 반려견의 올바른 식문화에 관심을 가지고 올바르게 이끌어갈 수 있는 펫푸드 전문가를 양성하고 있습니다.

　펫푸드 전문가는 반려견이 섭취 가능한 식재료의 선정부터 영양소 분석, 연령과 특성에 따른 급여 주의사항 등 다양한 경우에 대한 총체적인 이해가 요구됩니다. 식품은 건강과 직결되는 요소인 만큼 견종의 연령, 알레르기 및 임신 여부, 결핍 영양소, 기호성 등 사람과 마찬가지로 기본적으로 고려해야 할 부분이 많기 때문에 반려인구 천만 시대인 지금 심도 있는 연구와 책임의식이 더 늦기 전에 확립되어야 합니다.

　펫푸드의 홍보 객체는 사람이지만 홍보물은 반려견 음식이므로 아직 미흡한 펫푸드에 대한 안정성과 정보, 가치 등을 먼저 이해하는 과정이 선행되어야 합니다. 그에 따라 펫푸드 전문가는 반려동물의 건강 증진과 바르고 건강한 먹거리 문화 양성을 위해 연구 및 기획, 연출을 하는 직업이라고 볼 수 있습니다.

　펫푸드스타일링에서 가장 중요한 것은 비주얼뿐만 아니라 건강한 재료를 사용하여 영양의 균형까지 고려해야 한다는 점입니다. 비주얼에 치중하여 영양학적 설계가 고려되지 않은 식품을 반려견에게 급여하는 행위는 반려견의 건강을 해칠 수 있으므로 반드시 지양되어야 합니다. 안전한 식재료와 사용법, 칼로리와 급여량 계산법, 정확한 보관법 등 다양한 이론을 숙지하여 보기에도 좋고 건강한 펫푸드스타일링이 이루어져야 하는 이유입니다.

　한국애견아카데미는 눈대중이나 불확실한 정보를 토대로 만들어지는 펫푸드가 아닌, 사용되는 모든 식재료에 대한 구체적인 영양성분을 바탕으로 적정급여량과 급여 주의사항 등을 고려하여 안전한 펫푸드 문화 양성에 앞장서고 있습니다.

　또한, 단순히 만들어 급여하는 것에서 그치는 것이 아니라 식이와 관련된 반려견의 생리적인 특성과 식이로 인해 발생 가능한 다양한 증상 및 질환에 대한 이해를 넓혀 펫푸드스타일리스트가 반려견의 건강에 대해 책임감을 가지고 업무에 임할 수 있도록 합니다.

　마지막으로, 대다수의 펫푸드 시장이 동일한 레시피를 마구잡이로 양산하여 배급 및 판매하는 것을 목표로 하는 것에 반해, 한국애견아카데미는 급여 목적과 견종의 특성, 행사 취지 등에 맞춤하는 최적의 펫푸드를 만들고, 스타일링을 통해 펫푸드의 가치를 100% 이상으로 끌어올리는 데 그 목표를 두고 있습니다.

　한국애견아카데미는 위 세 가지 원칙을 마음 깊이 새겨, 체계적이고 차별화된 펫푸드 전문가를 검증하여 양성할 것이며 국내 펫푸드 문화를 선도하기 위해 나아갈 것입니다.

인사말

　누군가에게 음식을 해준다는 건 정성과 마음을 다하는 일입니다. 그 대상이 사람이 아니라 하더라도 요리를 하는 사람의 마음은 비슷할 것입니다. 이 음식을 상대가 맛있게 먹어주길, 이 음식으로 인해 행복해지길 바라겠지요. 그 마음은 어쩌면 엄마의 마음과 가장 닮아있는 마음일 것입니다.

　한국애견아카데미 역시 그런 마음 속에서 탄생했습니다. 사랑하는 반려견에게 매일 먹는 사료 대신 맛있는 음식을 해주고 싶다는 소박한 진심에서부터 비롯되어 다양한 레시피 연구와 개발을 거쳐 전문인을 육성할 수 있을 만큼 전문성을 갖춘 기관으로 성장하였습니다.

　반려동물 천만 시대. 펫푸드 시장 역시 빠르게 성장하는 추세입니다. 반려견에게 더 다양한 먹거리를 선사할 수 있다는 점에서 분명히 반길 일이지만, 반면에 무분별하게 몸집만 커져가는 것은 아닐까 우려가 되는 것도 사실입니다. 한국애견아카데미는 반려견을 향한 순수한 마음이 왜곡되거나 잘못되는 일이 생기지 않도록, 펫푸드 시장의 선두에서 영양과 건강을 고려한 착한 먹거리를 선도하는 바른 흐름이 필요하지 않을까 생각했습니다.

　우리는 웹사이트와 유튜브, 관련 서적들을 들춰보면 누구나 어렵지 않게 펫푸드 레시피를 만날 수 있는 시대에 살고 있습니다. 하지만 영양학적 정보가 자세히 기술된 레시피라고 하더라도, 모든 반려견의 특성과 영양 상태를 고려할 수 없기 때문에 무분별하게 따라 하거나 급여 방식을 바꾸는 것은 큰 위험을 동반할 수 있습니다. 한국애견아카데미는 이렇듯 쉬운 접근성이 파생시킬 수 있는 문제를 막고자 펫푸드에 관심이 있는 예비수강생 또는 전문인들을 아울러 정확한 정보를 전달하고 펫푸드 산업이 옳은 방향을 향해 나아갈 수 있도록 도움을 주기 위해 이 교재를 제작하였습니다.

　바른 먹거리로 반려견과 반려견을 사랑하는 모두가 더 오래 행복할 수 있도록 한국애견아카데미가 앞장서겠습니다. 가까운 미래에 펫푸드 전문가가 되실 여러분께서 가족의 건강을 가장 중요한 가치라 믿어 익심치 않았던 엄마의 마음으로, 펫푸드를 공부하고 펫푸드 산업의 앞날을 창창히 밝혀주시길 바랍니다. 파트너로서 함께 성장하는 한국애견아카데미가 응원하겠습니다.

　감사합니다.

CONTENTS

Prologue　　4
인사말　　5

Chapter 01. 펫푸드 스타일리스트에 대한 이해

1. 푸드 스타일리스트에 대한 이해　　18
　1) 개요　　18
　2) 푸드 코디네이터에 대한 이해　　18
　　(1) 푸드 코디네이터의 정의　　18
　　(2) 푸드 코디네이터의 역할　　19
　　(3) 푸드 코디네이터의 역량　　19
　3) 푸드 스타일리스트에 대한 이해　　20
　　(1) 푸드 스타일리스트의 정의　　20
　　(2) 푸드 스타일리스트의 역할　　20
　　(3) 푸드 스타일리스트의 역량　　20
　　(4) 푸드 스타일리스트 전망　　21

2. 펫푸드 스타일리스트에 대한 이해　　22
　1) 개요　　22
　2) 펫푸드 스타일리스트의 정의　　22
　3) 펫푸드 스타일리스트의 역할　　22
　4) 펫푸드 스타일리스트의 영역　　23
　　(1) 펫푸드 레시피 개발　　24
　　(2) 펫푸드 스타일링　　25
　　(3) 펫헬스 케어 매니지먼트　　25
　　(4) 테이블 데코레이션　　26
　　(5) 펫푸드 라이팅　　26

(6) 펫푸드 컨설팅	27
(7) 케이터링 & 파티 플래닝	27
(8) 펫 포토그래핑	28
(9) 반려견 식기 개발	28
5) 펫푸드 스타일리스트의 자질	29
(1) 트렌디한 감각	29
(2) 전문 지식	29
(3) 반려견 기본 교육 지식	30
(4) 위기대처 능력	31
(5) 관련 분야에 대한 광범위한 경험	31
(6) 콘텐츠 기획력	31
3. 펫푸드 스타일리스트의 현황 및 발전 방향	32
1) 개요	32
2) 반려동물 산업의 동향	32
3) 펫푸드 산업의 동향	33
4) 펫푸드 스타일리스트 관련 학과 소개	34
5) 펫푸드 스타일리스트 발전 방향	36
6) 단미사료 제조업	39

Chapter 02. 펫푸드 - 사료학

1. 사료에 대한 이해	48
1) 개요	48
2) 사료의 종류	52
(1) 건식사료	52
(2) 습식사료	53
(3) 생식	53
(4) 동결건조식	54
(5) 반건조사료	54

3) 사료에 대한 평가 — 55
   (1) 사료 평가의 기준사항 — 55
   (2) 반려견 사료 등급과 종류 — 57
4) 반려견 사료 성분표&원료표 — 59
   (1) 피해야 하는 원료 — 59
   (2) 전 성분 — 59
   (3) 등록성분 — 60
5) 사료에 대한 고찰 — 61

2. 자연식 — 63
 1) 개요 — 63
   (1) 자연식과 사료 — 63
 2) 자연식의 종류 — 66
   (1) 생식 — 66
   (2) 화식 — 67

Chapter 03. 펫푸드 - 영양학

1. 반려견 영양소 — 70
 1) 사람과 개의 영양, 대사적 차이점 — 70
 2) 반려견 필수 섭취 영양소 — 70
   (1) 단백질 — 71
   (2) 지방 — 71
   (3) 탄수화물 — 72
   (4) 물 — 73
   (5) 비타민 — 74
   (6) 미네랄(무기질) — 74
 3) 반려견 하루 칼로리 요구량 계산 — 74
 4) 상황별 필요 영양소 급여 방법 및 주의사항 — 78
   (1) 노령견 — 78
   (2) 비만견 — 79
   (3) 임신 중인 반려견 — 81

Chapter 04. 펫푸드 - 식품학

1. 반려견 섭취 가능 식재료   84
   1) 개요   84
   2) 과일류   84
   3) 채소류   88
   4) 콩류   94
   5) 곡류   96
   6) 버섯류   104
   7) 육류 및 알   106
   8) 해조류 및 생선류   109
   9) 유지류   114

2. 반려견 섭취 불가 식재료   116
   1) 양파, 마늘, 부추 등 파류   116
   2) 포도, 건포도   116
   3) 초콜릿, 커피, 차   117
   4) 자일리톨   117
   5) 알코올류   118
   6) 빵 반죽   118
   7) 아보카도   118
   8) 과일의 씨   118
   9) 과량의 소금   119
   10) 생선회   119
   11) 기름진 음식   119
   12) 생 뼈   119
   13) 날달걀 흰자   120
   14) 일반우유   120
   15) 마카다미아   120

3. 영양소별 식재료   121

1) 개요	121
2) 탄수화물, 단백질, 지질	121
3) 비타민	122
4) 무기질	123

4. 목적별 식재료 · 124
   1) 두뇌기능 활성화에 도움 · 124
   2) 피부 및 모질 개선 · 124
   3) 뼈 건강 증진 · 124
   4) 안구건강 증진 · 125

5. 색상별 식재료 · 126

Chapter 05. 펫푸드 – 생리학

1. 반려견의 소화기계 구조 · 128
   1) 개요 · 128
   2) 소화 과정에 대한 이해 · 128
   3) 소화기관의 생물학적 구조 · 129

2. 반려견 소화기관에 대한 이해 · 131
   1) 구강 · 131
      (1) 구강의 대표적인 기능 · 131
      (2) 개의 이빨 구조 · 132
      (3) 개의 미각, 후각구조 · 134
   2) 인두 · 136
   3) 식도 · 136
   4) 위 · 136
   5) 소장 · 138
   6) 대장 · 138

Chapter 06. 펫푸드 - 병리학

1. 식이로 나타날 수 있는 질환   142
   1) 개요   142
   2) 식이성 설사   142
   3) 급성 위,장염   143
   4) 미생물성 식중독(세균, 바이러스, 기생충)   144
   5) 식이 불내성   144
   6) 식이 알러지   145
   7) 이물   145

2. 영양 불균형 시 나타날 수 있는 질환   147
   1) 개요   147
   2) 필수 영양소 결핍증   147
      (1) 단백질   147
      (2) 지방   148
      (3) 미네랄   148
      (4) 비타민   149
   3) 개에게 고탄수화물 식이란?   149
   4) 개에게 그레인프리 식이란?   150
   5) 개에게 고지방 식이란?   151
   6) 개에게 짠 음식은? 소금에 대한 오해   151

3. 반려견 중독 증상과 대처법   153
   1) 개요   153
   2) 솔라닌 중독   153
   3) 리신 중독   153
   4) 청산배당체 중독   153
   5) 사포닌 중독   154
   6) 버섯독   154
   7) 포도중독   154

8) 마카다미아 중독	154
9) 양파, 마늘 중독	154
10) 카페인 중독	155
11) 초콜렛 중독	155
12) 자일리톨 중독	155
13) 어패류 독	155
14) 유기수은 중독	156
4. 반려견 증상별 건강상태	157
1) 설사	157
2) 구토	162
3) 고열	166
4) 복통	167
5) 소변색 이상	168
5. 반려견 구급법	171
1) 하임리히법	171
2) 심폐소생술(CPR)	172
6. 질환별 영양관리	175
1) 피부질환	175
2) 골격계 질환	177
3) 신장질환	177
4) 심혈관계 질환	179
5) 소화계 질환	180
7. 반려견 건강 잡학지식	183
1) 반려견 이빨, 꼭 닦아야 할까?	183
2) 광견병, 걸릴 위험이 있는 병인가?	185
3) 강아지도 우울증이 있을까?	186

Chapter 07. 펫푸드 – 위생학

1. 식품 위생의 개념   190
    1) 개요   190
    2) 식품 위생의 중요성   190
    3) 펫푸드 위생의 정의   191
    4) 펫푸드 위생의 범위   191
    5) 펫푸드 안전에 관련된 위해요소   194

2. 위생관리   196
    1) 개요   196
    2) 개인 위생 관리   196
    3) 기본 위생   197
    4) 재료의 보관   198
    5) 전처리 작업   199
    6) 기구 위생관리   199

Chapter 08. 푸드 스타일링 – 색채와 디자인과 플레이팅

1. 색채와 디자인 개요   203
    1) 색채의 개념   203
    2) 푸드 스타일링과 색채   203

2. 색의 기초   205
    1) 색의 종류 : 순색, 무채색, 유채색   205
    2) 색의 속성 : 색상, 명도, 채도   205
    3) 색상·색조 120 체계   208

3. 배색   209
    1) 배색의 구성요소   210
    2) 배색의 방법   211

4. 색채와 맛   217
 1) 단맛 : 빨강, 분홍, 주황, 노랑의 배색   217
 2) 신맛 : 초록, 노랑, 연두의 배색   218
 3) 쓴맛 : 갈색, 올리브그린, 검정의 배색   218
 4) 짠맛 : 연두, 하늘색, 회색의 배색   219
 5) 매운맛 : 빨강, 검정의 배색   219

5. 색과 펫푸드 식재료   220
 1) 빨간색(Red)   221
 2) 주황색(Orange)   221
 3) 노란색(Yellow)   222
 4) 녹색(Green)   222
 5) 파란색(Blue)   222
 6) 보라색(Purple)   222
 7) 갈색(Brown)   223
 8) 흰색(White)   223
 9) 검정색(Black)   223
 10) 회색(Grey)   223

6. 반려견에게 색이란?   224
 1) 반려견이 보는 색   224
 2) 반려견이 좋아하는 색과 싫어하는 색   224
 3) 반려견이 편안함을 느끼는 색   225

7. 그릇 담기 방법   226
 1) 기본형   226
 2) 푸드 디자인 원리에 따른 그릇 담기   227
 3) 형태와 재질에 따른 그릇 담기   231

8. 반려견의 특성에 맞는 식기 및 그릇 선정   233
 1) 반려견 식기의 올바른 높이   233

2) 반려견 식기 소재   234

3) 식기의 깊이   235

4) 식기의 모양   236

Chapter 09. 펫푸드 촬영- 촬영을 위한 연출

1. 스타일링 소품   239

    1) 배경   239

    2) 그릇   239

    3) 소품   240

    4) 반려동물   240

    5) 식품재료   240

2. 촬영용 펫푸드 준비   241

3. 촬영구도   242

    1) 구도의 정의   242

    2) 구도의 종류   243

4. 촬영각도   251

    1) 초점과 피사계 심도   251

    2) 각도   251

5. 포커스   253

    1) 아웃 포커스   253

    2) 인 포커스   254

    3) 팬 포커스   254

6. 조명   255

    1) 자연광   255

    2) 인조광   256

7. 반려견 촬영의 이해 255
   1) 반려견 촬영 진행 259
      (1) 간식을 통한 놀이훈련 259
      (2) 시선처리 259
      (3) 반려견의 시선에 맞춰 촬영하기 260
      (4) 반려견과 대화 260
      (5) 촬영 시간 260
      (6) 펫푸드 촬영, 시식장면 촬영법 261

Chapter 10. 펫푸드 레시피

1. 펫푸드 시트 / 크림 265
2. 펫푸드 가루 267
3. 건조간식 269
4. 야채우유껌 271
5. 흰 살 생선 퀴노아죽 273
6. 댕피자 275
7. 댕런볼 277
8. 스쿱쿠키 279
9. 고코볼 281
10. 도넛 283
11. 오트밀치즈쿠키 285
12. 파티 타르트(키슈) 287
13. 댕치킨 289
14. 삼색 테린 291
15. 오리 화식 293
16. 에그타르트 295
17. 버터링 297
18. 비빔밥 299
19. 파운드 케이크 301
20. 당고 303

펫푸드 스타일리스트에 대한 이해

1 푸드 스타일리스트의 이해

1) 개요

농림축산식품부의 『2022년 동물보호에 대한 국민의식조사』에 의하면, 전국 20~64세에 해당하는 5천 명을 대상으로 지역별, 성별, 연령별 비례표본을 추출하여 기초 자료를 수집한 결과, 현재 거주지에서 반려동물을 양육하는 비율은 전체 가구수의 25.4%로 나타났다. 반려동물 전체 양육가구의 75.6%가 반려견을 양육하고 있으며, 27.7%가 반려묘, 뒤이어 7.3%가 물고기를 기르고 있는 것으로 보고되었다. 이러한 통계에 의하면 현재 국내 거주하고 있는 전체 가구의 1/4 가량이 반려동물과 함께 생활하고 있는 셈이다. 반려동물 양육 가정이 증가하면서 펫푸드 시장도 급속히 확대되고 있으며, 이에 대한 전문성을 갖춘 인력에 대한 요구가 높아지고 있다.

본 장에서는 '푸드 코디네이터'와 '푸드 스타일리스트' 그리고 '펫푸드 스타일리스트'의 정의에 대해서 살펴본 후, 각 직종 간의 개념 차이와 전반적인 업무의 내용, 관련 직업군 등을 살펴보고, 마지막으로 시장 동향과 전망까지 살펴보도록 한다.

2) 푸드 코디네이터에 대한 이해

(1) 푸드 코디네이터의 정의

푸드 코디네이터라는 것은 TV나 영화, CM의 식품에 관련된 연출이나 요리전문잡지의 요리페이지의 기획편집, 음식점의 메뉴 개발, 요리교실이나 각종 세미나의 기획, 운영이나 강사, 시장조사, 다이어트 컨설팅 등의 음식에 관련된 비즈니스 전반의 일을 하고 있는 사람을 지칭한다. 영양사 등의 자격증 소지자들보다는 식품메이커나 매스컴 관계, 스타일리스트로서 이미 일을 해온 이들이 푸드 코디네이터로 활동하는 경우가 많다. 푸드 스타일리스트와 푸드 코디네이터는 혼용하기 쉽지만 엄밀히 말하면 푸드 스타일리스트는 푸드 코디네이터의 세부영역 중 하나이다.

(2) 푸드 코디네이터의 역할

현대에 들어서는 코디네이션(coordination)이라는 단어가 많이 사용되고 있는데, 코디네이션이란 다양한 요소들 중 우선순위를 고려하여 조화롭게 배치하고 완성된 상태를 만들어 최상의 상태로 보일 수 있도록 하는 것이다. 푸드 코디네이션은 식품영양학적 지식을 바탕으로 식품과 조리, 테이블웨어와 식공간 연출, 식사방법 및 테이블매너에 이르기까지 음식문화의 흐름을 주도하는 작업이다.

(3) 푸드 코디네이터의 역량

푸드 코디네이터는 창조적인 사고를 가진 사람으로 새로운 분위기를 창조하는 사람들이라고도 할 수 있다. 또한 음식과 공간을 통해 스트레스를 해소하고 기분을 전환시키며 친절하고 즐거운 마음과 베푸는 마음을 전해 사람과의 유대관계를 돈독하게 해주는 역할을 한다. 그러므로 푸드 코디네이터란 음식에 관한 전반적인 역할을 담당하는 사람을 의미한다고 볼 수 있으며 요리연구가, 테이블 코디네이터, 푸드 스타일리스트, 레스토랑 프로듀서, 라이프 코디네이터, 소믈리에, 플로리스트, 그린 코디네이터, 파티 플래너 같은 명칭으로 식 공간 창출을 위해 활동하고 있는 다양한 분야의 사람들이라고 말할 수 있다.

3) 푸드 스타일리스트에 대한 이해

(1) 푸드 스타일리스트의 정의

푸드 스타일리스트란 음식에 재조합과 배열이라는 과정을 거쳐 보다 맛있어 보이고 먹고 싶게 만드는 사람을 뜻한다. 푸드 스타일리스트는 영화, 드라마, 광고 등에 내보낼 음식 관련 장면을 기획하거나 연출하며, 레스토랑의 새로운 메뉴를 개발하거나 요리책이나 잡지 요리코너에 소개할 요리 개발 및 조리법을 작성하는 등의 일을 담당한다. 국내외의 요리, 식기, 인테리어 등의 관련자료를 수집하고 분석하는 일을 하기도 한다.

(2) 푸드 스타일리스트의 역할

음식의 계절감을 살리고, 요리를 가장 돋보이는 그릇에 담아내고, 테이블 웨어와 어울리는 상황을 제시하는 역할을 아우르며, 소품과 요리를 준비하는 부분부터 현장 스텝들의 팀워크를 이끌어내는 부분까지도 푸드 스타일리스트의 역할이라고 할 수 있다.

(3) 푸드 스타일리스트의 역량

푸드 스타일링을 위해서는 창조적인 사고와 미적 감각이 필수적이다. 푸드 스타일링이란 음식을 미각으로 즐기는 것에서 한 단계 더 나아가 시각적인 맛을 첨부해 음식과 식탁의 표정을 더욱 풍부하게 만드는 작업이다. 푸드 스타일링은 다양한 식재료와 소품을 이용하여 요리를 기획, 연출하고 시각적으로 보다 맛있고 멋있는 음식을 형상화하는 과정의 총체이며, 일종의 디자인이라고도 할 수 있다. 푸드 스타일리스트는 푸드 스타일링을 통해 요리 또는 음식에 시각, 청각, 후각 등 감각적인 생명을 불어넣어 보는 사람들의 오감을 만족시켜준다.

(4) 푸드 스타일리스트 전망

푸드 스타일리스트라는 직종은 음식을 시각적으로도 멋스럽게 즐기고 싶은 최근의 경향으로 몹시 각광받는 추세이다. 푸드 스타일리스트는 음식에 관한 전반적인 일을 담당하는 요리연구가, 테이블 코디네이터, 푸드 스타일리스트, 레스토랑 프로듀서, 라이프 코디네이터, 소믈리에, 플로리스트, 그린 코디네이터, 파티 플래너 같은 명칭으로 식공간 전반에 있어 미적 기능을 창출하며 고급 음식 문화를 위해 활동하고 있는 사람들이라고 정리할 수 있다.

2 펫푸드 스타일리스트의 이해

1) 개요

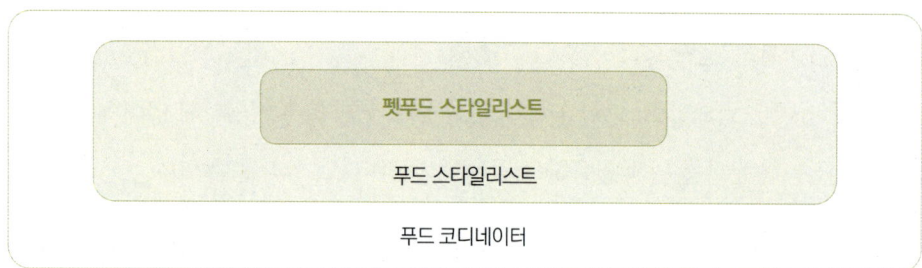

'푸드 코디네이터'는 전반적인 기획과 연출, 전체 구성을 담당하는 반면, 하위 개념인 '푸드 스타일리스트'는 디자인과 관련된 미적인 측면을 담당하는 전문가이다. 하지만 '펫푸드 스타일리스트'의 경우 '코디네이터'와 '스타일리스트'의 역할을 둘 다 수행하는 전문가라고 할 수 있다.

2) 펫푸드 스타일리스트의 정의

푸드 스타일리스트와 개념 및 역할은 동일하나 기획 및 연출하는 음식의 대상이 반려동물이라는 차이를 보인다.

3) 펫푸드 스타일리스트의 역할

푸드 스타일리스트가 음식을 보기 좋고 기획에 맞게 연출하는 역할에 충실하다면, 펫푸드 스타일리스트는 반려견이 실제로 먹을 수 있는 식재료의 선정부터 영양소 분석, 급여 주의사항 및 발생 가능한 여러가지 경우에 대한 총체적인 이해가 요구된다. 견종과 연령대, 알러지 여부 및 특이사항, 결핍 영양소, 기호성 등 기본적으로 고려해야 하는 부분도 많기 때문에 보다 심도 있는 연구와 책임이 필요하다. 홍보의 객체는 사람이지만 홍보물 자체는 반려견 음식이므로, 아직 미흡한 펫푸드에 대한 안전성과 정보, 가치 등을 먼저 이해시키는 과정이 필요하다. 그에 따라 펫푸드 스타일리스트는 반려동물의 건강 증진과 바르고 건강한 먹거리 문화 양성을 위해 연구 및 기획, 연출하는 직업이라고 볼 수 있다.

4) 펫푸드 스타일리스트의 영역

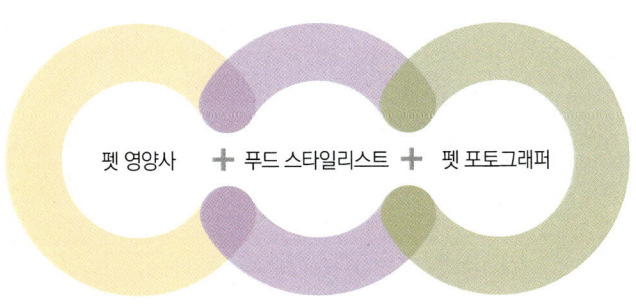

펫푸드 스타일리스트는 펫 영양사와 푸드 스타일리스트 그리고 부가적으로 펫 포토그래퍼의

역할을 동시에 수행하는 복합적인 역할을 한다. 푸드 스타일리스트가 다양한 활동 영역으로 범주를 확장해나가고 있는 것처럼 펫푸드 스타일리스트도 향후 다양한 영역에서 활동이 가능할 것으로 예측된다. 그 전문적인 영역들은 구체적으로 다음과 같다.

(1) 펫푸드 레시피 개발 (Pet-food Recipe Development)

- 펫푸드 스타일리스트의 가장 근원적이고 메인 영역이라고 할 수 있다. 본인이 가지고 있는 반려견에 대한 영양학적 지식과 조리 기술을 토대로 세부적이고 다양한 펫푸드를 개발하는 역할을 맡는다.

- 영양학을 베이스로할 뿐만 아니라 생리학적, 병리적 지식을 활용하여, 노령견, 비만견, 다이어트견, 임신견, 중성화 수술 후의 반려견 등에 따라 차별화되고 목적에 맞는 특별식의 코디네이트가 가능하다.

- 전문 펫푸드 스타일리스트는 단순히 반려견에게 급여 가능한 식재료를 무작위로 조합하여 마구잡이식으로 펫푸드를 개발하는 것이 아니라 식재료 각각의 영양 성분, 적정급여량, 급여 주의사항 등을 면밀하게 따져서 만들어야 하며, 펫푸드가 반려견들에게 어떤 영향을 미치게 되는지에 대해 책임감을 가지고 완벽히 숙지하고 있어야 하는 자질이 요구된다.

(2) 펫푸드 스타일링(Pet-food Styling)

- 완성된 펫푸드가 신문, 잡지, 광고, TV, 영화 등 미디어 매체를 통해 보여지는 비주얼을 연출하는 행위를 말한다.

- 스타일링에 필요한 소품과 요리를 준비하는 부분부터 스텝들과의 팀워크를 이끌어가는 부분까지도 펫푸드 스타일리스트의 역할이다.

- 미디어를 통해 펫푸드를 노출하려는 대상은 대부분 실제 반려견의 견주인 경우가 일반적이므로, 반려견의 이미지나 특성에 적합하고 어울리는 소품을 적극적으로 활용하여 매력적으로 보일 수 있도록 노력해야 한다.

(3) 펫헬스 케어 매니지먼트(Pet Healthcare Management)

- 반려견에게 급여 가능한 식재료 및 불가능한 식재료에 대한 이해가 일차적이고 필수적으로 요구되는 펫푸드 스타일리스트로서 임신, 비만, 노령, 각종 질환 등 반려견의 상태에 따른 건강 및 영양 관리가 가능하다.

- 반려견의 건강 상태를 증상 및 외관으로 일차 점검한 후, 특수한 목적에 따라 펫푸드를 맞

춤형으로 제작하고, 적정 섭취량과 급여 주의사항을 함께 전달하는 과정을 통해 반려견의 건강 회복에 실질적인 도움을 준다.
- 급여 시 꾸준히 반려견의 상태를 관찰하면서 발생 가능한 증상 및 질환들에 대한 이해를 바탕으로 필요 시 동물병원과의 교류를 통해 반려견의 증상에 따른 예상 질환을 미리 파악하여 조기에 질병이 심해지는 것을 방지하는 역할도 수행한다.

(4) 테이블 데코레이션(Table Decoration)
- 테이블 위의 모습을 아름답고 생기 있게 표현해 주는 역할.
- 감각적이고 독창성이 돋보이는 테이블을 연출하는 행위.
- 계절감이 반영된 테이블 연출 제안.
- 펫푸드 사진을 찍기 위한 테이블 배경에 대한 감각적인 선정 및 조언.
- 반려견의 신체적 스펙에 따른 적정 테이블 높이 및 크기에 대한 이해를 바탕으로 가장 잘 어울리는 테이블 세팅의 역할 수행.

(5) 펫푸드 라이팅(Pet-food Writting)
- 펫푸드와 관련된 식재료에 대하여 일반 견주들이 궁금해하는 급여 여부에 대해 전문적인 지식을 기반으로 급여 유무, 영양 성분, 급여 주의사항 등을 정리해서 소개해주는 역할.
- 식이와 관련되어 반려견에게 흔히 나타날 수 있는 질환이나 각종 증상들에 대한 정보 제공 및 상황에 따른 대처법을 소개.
- 다양한 펫푸드 레시피를 지속적으로 연구하여, 차별화되고 개성 있는 레시피북 제작을 통해 반려견을 키우고 있는 독자들의 수요를 이끌어낼 수 있다.
- 식(食)이라는 전반적 분야에 대한 평론과 기사, 칼럼 등을 집필하는 일. 단순히 음식뿐만 아니라 주변 환경, 서비스, 음식의 질, 분위기 등을 관찰하여 세밀하고 다양한 분석을 통하여 설득력 있는 문장을 만들어냄으로써 식문화의 트렌드를 다양한 분야의 글로써 선도해 나가는 역할 주도.

(6) 펫푸드 컨설팅(Pet-food Consulting)

- 브랜드 오픈 전 상품 내용과 메뉴 구성 및 기존의 메뉴에 대한 리뉴얼, 서비스의 개선, 주방의 상태 등에 대한 조언을 통하여 펫푸드 관련 외식업에 관련된 상점을 오픈해 주는 역할.

- 펫푸드 관련 전문 요리점, 제조 업체 혹은 기업 등에게 요리의 기술, 서비스 등 매뉴얼을 제공하고 지식의 어드바이스(Advice)를 제공하는 역할.

- 백화점 내 식품 판매 영역, 요식업에서의 토탈 어드바이저, 경영 노하우 전달자로서의 역할을 수행한다.

(7) 케이터링 & 파티 플래닝(Catering & Party Planning)

- 시간이 갈수록 '펫휴머니제이션'과 '펫코노미'의 개념이 짙어지고, 반려견을 위한 다양한 분야에서의 발전과 문화가 구축되고 있기에, 반려견들을 위한 파티나 연회장 같은 다양한 행사도 개최될 것으로 예상된다.

- 이런 행사 속에서 예산과 목적에 맞추어 전체적인 행사의 내용을 프로듀싱하는 역할을 수행하며, 기본적으로 펫푸드에 대한 지식을 통해 행사의 목적에 따라 어떤 메뉴를 구성하고 배치할지 구상하여 성공적인 행사를 위해 코디네이트를 담당하는 역할.

- 이벤트를 진행하는 개최장에서 제공하는 메뉴에서부터 개최 내용이나 서비스 방법, 인테리어, 스타일링 등에 이르기까지 총체적으로 담당하여 코디네이트하는 역할.

(8) 펫 포토그래핑(Pet Photographing)

- 반려견 고유의 특성에 대한 이해를 기반으로 펫푸드와 반려견을 조화시켜 그것의 매력을 최대한으로 끌어올리는 사진물을 창출하는 역할.

- 펫푸드에 대한 영양학적 이해와 스타일링 및 연출, 그리고 사진 기술까지 합쳐진다면 무궁무진한 수요를 받아들일 수 있는 능력을 함양했다고 볼 수 있을 것이다.

(9) 반려견 식기 개발(Kitchen of Instrument Development)

- 반려견의 먹는 음식을 다루는 전문가로서, 경력이 쌓이면서 자연스럽게 반려견에게 어떤 식기가 적합하고, 어떤 기능이 반려견의 소화나 영양 흡수에 도움이 되는지 습득하는 과정 속에서 반려견에게 맞는 새롭고 독창적인 식기 개발도 기대할 수 있다.

- 기구의 개발에서 디자인, 색, 형, 재질의 제안, 판매촉진까지 조언 및 코디네이트하는 역할.

- 식기, 조리기구, 식재의 개발, 판매 촉진.

- 새로운 식재의 발견과 시장 진출을 하기까지 프로듀스하는 역할.

5) 펫푸드 스타일리스트의 자질

(1) 트렌디한 감각

펫푸드 스타일리스트는 시대의 반려견 식문화를 전진시키는 존재이고, 소비자보다 한 발 앞선 곳에서 기술과 센스를 발휘하는 것이 요구된다. 그러기 위해서는 항상 정보 수집을 하는 태도와 사회적 트렌드를 이해하는 것이 필요하다.

반려동물 연령대별 필수 영양소에 따라 제품이 세분화되고, 천연 유기농 원료, 무방부제 제품 등 고급 재료를 사용한 제품 출시도 증가하고 있다. 사람이 먹어도 된다는 의미의 '휴먼 그레이드(human-grade) 제품도 쉽게 찾아볼 수 있게 되었다. 반려동물 양육 인구가 늘어나면서 반려동물을 보는 시선도 달라졌고, 가정에서 형제나 자녀의 역할을 대신하게 되면서 반려동물을 동등한 가족 구성원으로 인식하는 '펫 휴머니제이션(Pet Humanization)' 현상도 자연스럽게 퍼지고 있다. 이런 현상을 토대로 펫러닝, 펫셔리, 펫부심 등 다양한 신조어도 탄생하고 있다.

(2) 전문지식의 보유

펫푸드 스타일리스트는 다양한 식재료들의 특징과 물리, 화학적 변화에 대한 지식, 식품 영양학적인 지식을 갖추어야 하며, 반려견에게 공급되는 영양의 역할, 재료의 조리 과정에서의 식품 성분에 어떤 영향을 미치는지에 대한 이해가 필요하다.

또한 반려견을 대상으로 하기에 더 예민하고 깊이 있는 이해가 필요하다. 사람이 먹는 음식을 대상으로 하는 일반 푸드 스타일리스트는 인간의 신체적 구조, 생리적 그리고 질병이나 증상에 대한 공부를 따로 할 필요는 없는 반면 펫푸드스타일리스트의 경우 식재료를 잘못 선택했다가는 반려견의 건강과 나아가 목숨에도 영향을 미칠 수 있기 때문에 반려견만의 생리적, 병리적 특성에 대한 깊이 있는 이해 및 그것으로부터 파생되는 영양학적 원리에 대한 지식을 겸비해야 한다.

예를 들어, 개는 신맛을 느끼면 음식물이 상했다고 여기고, 쓴맛은 독성이 있다고 여기기 때문에 신맛과 쓴맛을 선호하지 않는 특성이 있다. 이런 생리적 지식을 이해하고 있어야만 신맛과 쓴맛이 든 식재료를 사용하지 않을 수 있는 것이다.

또한 기본적인 요리 지식은 물론, 주방기기, 그릇 등의 지식도 폭넓게 익혀야 한다. 전문 지식을 폭 넓게 단련하는 것을 습관화하는 태도를 가지는 것이 중요하다. 요리의 장르를 제한하지 않고, 다양한 분야에 고루 관심을 갖는 것이 좋다.

(3) 반려견 기본 교육 지식

　펫푸드를 다루는 펫푸드 스타일리스트는 주방에서 반려견과 함께 보내는 시간이 많을 것이다. 그 특정한 공간에서 자신이 세운 규칙을 따르게 하고, 잘 통제하며 만족스러운 결과물을 얻기 위해서는 반려견을 통제하는 방법을 어느 정도 숙지하고 있어야 할 필요가 있다. 따라서 공간에 따라 할 수 있는 훈련이 따로 있듯이 주방도 하나의 공간으로 인식하고 반려견들에게 주방에서 어떻게 행동하고 소통 및 교감을 하는지 자신만의 노하우와 방법을 익히는 과정이 필요하다.

　사람은 유년시절부터 자연스러운 가정환경을 통해 주방이라는 공간이 음식을 만들고 가족들과 함께 식사하는 따뜻한 공간이라는 사실을 인식하고 있다. 그러나 반려견들은 주방이 곧 행복한 공간이자 생각만으로도 즐거워지는 공간이라고 인식하게끔 하기 위해서는 음식이라는 매개와 교감 훈련 및 정서적 교류가 지속적으로 필요하다. 본능에 충실한 반려견에게 주방이 놀이 공간이자 맛있는 음식이 주어지는 공간이라는 인식을 심는데 성공한다면, 서로에게 더 유익한 공간으로 활용할 수 있을 것이다.

(4) 위기대처 능력

펫푸드를 만들거나 연출된 음식을 촬영하는 식으로 반려견과 관련된 컨텐츠들을 제작하다 보면 여러 돌발 상황을 직면하게 될 수 있다. 특히 촬영 시에는 전문적으로 교육을 받지 않은 가정견의 경우 음식 앞에서 쉽게 흥분할 수 있고 오랫동안 집중하기 어려워할 수 있기 때문이다. 기껏 노력해서 음식을 만들었는데, 촬영 중에 그것을 반려견이 먹어버린다거나, 계속 움직여 촬영을 방해하는 경우와 같이 통제에서 벗어난 상황이 발생하더라도 펫푸드 스타일리스트는 당황하지 않고 능숙하고 유연하게 대처할 수 있어야 한다.

(5) 관련 분야에 대한 광범위한 경험

펫푸드 스타일리스트로의 전문성이란 트렌드, 조리, 영양학, 플라워, 테이블 세팅, 인테리어, 포장 등 다양한 분야에서 전문 지식이 갖춰져야 한다. 또한 전문 분야의 독창성을 키우기 위해서 다양한 예술 분야에 대한 접목도 필요하다.

(6) 콘텐츠 기획력

요즘엔 어떤 분야에서든 콘텐츠가 곧 경쟁력이 될 수 있다. 펫푸드 역시 마찬가지다. 펫푸드 스타일리스트는 푸드 스타일링, 브랜드 디자인, 푸드 영상 제작, 음식 문화 등을 기반으로 푸드를 주제로한 다양한 콘텐츠 기획력을 함양해야 하며, 이를 통해 지속적이고 새로운 방향으로의 결과물을 만들어내는 것을 목표로 해야 한다.

3 펫푸드 스타일리스트의 현황 및 발전 방향

1) 개요

최근 펫코노미(petconomy)라는 개념을 통해 펫과 관련된 새로운 산업에 대한 관심이 확대되고 있다. 하지만 최근 국립국어원은 이에 대해 '반려동물 산업'이라는 우리말 순화어를 제시하여 사용을 독려하고 있다. 반려동물 산업은 다양한 영역에서 확대되고 있는데, 국내 반려동물 양육가정의 수가 크게 증가하면서 이에 대한 소비자의 요구가 폭발적으로 나타나고 있기 때문이다. 본 단락에서는 반려동물 산업의 동향과 반려동물 산업에서 큰 비중을 차지하고 있는 펫푸드 산업의 동향에 대해 살펴본 후, 펫푸드 스타일리스트의 활동 현황과 발전 방향에 대해 살펴보기로 한다.

2) 반려동물 산업의 동향

반려동물에 대한 인식이 평생의 동반자이자 가족의 구성원으로 확장되고 그에 따른 사회와 개인의 의식 역시 성장함에 따라 펫 산업도 빠른 속도로 성장했다. 출산율은 낮아지는 반면 반려동물 양육 가구수는 증가하고, 성장률이 한 자릿수에 그치는 국내 다른 산업과는 달리 두 자릿수 성장률을 유지하며 말 그대로 '핫'한 시장으로 거듭나고 있다.

농림축산식품부는 2006년부터 '동물보호에 대한 국민의식 조사'를 시행해 왔는데, 최근 공개한 '2022년 동물보호 국민의식조사'에 의하면 반려동물 양육인구는 602만 가구, 1306만명에 이른다. 이는 4명 중 1명이 반려동물과 함께 살아가고 있다는 의미이다. 반려동물을 양육하는 가구의 75.6%는 반려견을 양육하고 있으며, 27.7%가 반려묘를 양육하고 있다. 2021년 대비 반려견은 5.2% 증가했고 반려견과 반려묘의 수는 약 800만 마리에 육박하는 것으로 추정된다.

반려동물 양육 인구가 증가하면서 반려동물을 보는 시선도 달라졌다. KB금융지주 경영연구소가 발간한 '2021 한국 반려동물 보고서'에 따르면, 1인 가구와 자녀가 없는 부부 가구의 반려동물 양육 의사 및 반려동물 양육에 대한 만족도가 자녀가 있는 부부 가구보다 높은 것으로 나타났다. 1인가구나 자녀가 없는 부부 가구의 만족도가 높게 나타나는 통계는 반려동물이 가정에서 형제나 자녀의 역할을 대신하게 되었다는 것을 보여준다. 이런 인식의 변화로 인해 반려동물을 사람과 동등한 가족 구성원으로 인식하는 '펫 휴머니제이션(Pet Humanization)' 현상이 등장하기도 했다.

2023년 8월 농림축산부는 국내 반려동물 시장의 성장 가능성에 대해 긍정적으로 평가하면서 구체적으로 펫푸드, 펫헬스케어, 펫서비스, 펫테크를 4대 주력 산업으로 선정하고 이를 위해 육성 전략을 추진하겠다고 밝힌 바 있다. 반려동물 양육가정의 증가로 반려동물 산업이 확대되고 있는 시점에서 국가가 반려동물 산업을 국가전략산업으로 육성하겠다고 지정한 배경에는 반려동물 관련 산업에 대해 신 산업으로서의 고용효과와 성장가능성을 긍정적으로 평가했기 때문이다. 현재 국내 반려동물 관련산업의 규모는 8조원으로 추정되며, 육성과정을 통해 2032년까지 약 20조원 규모로 성장될 전망이다.

최근 펫 종합보험, 펫을 위한 가전, 펫을 위한 항공 서비스, 헬스케어 스타트업, 동물약국 플랫폼, 펫 수제간식점 등 이전에는 존재하지 않았던 다양한 산업들까지 빠른 속도로 증가하고 있다. 향후 반려동물 관련 산업을 시간이 지날수록 더 확대될 전망이다.

3) 펫푸드 산업의 동향

펫코노미 중에서도 프리미엄화 추세를 가장 쉽게 확인할 수 있는 분야는 바로 펫푸드 시장이다. 반려동물 연령대별 필수 영양소에 따라 제품이 세분화되고, 천연 유기농 원료, 무방부제

제품 등 고급 재료를 사용한 제품 출시도 증가하고 있다. 사람이 먹어도 된다는 의미의 '휴먼 그레이드(human-grade)제품도 등장했다.

수요가 증가하면서 동원F&B, 한국야쿠르트, KGC인삼공사 서울우유협동조합 등 식품 기업의 펫 푸드 전문 브랜드 론칭을 통한 시장 진출도 활발하게 이어지고 있다. 특히 서울우유협동조합은 2017년 국내 최초로 반려동물 전용 우유 '아이 펫 밀크'를 출시한 바 있다. 아이 펫 밀크는 유당 분해 효소가 없는 개와 고양이를 위해 유당은 제거하고 다른 영양소를 추가해 반려동물 영양식으로 인기를 끌었다. 이외에도 KGC인삼공사는 2015년부터 정관장 6년근 홍삼 성분을 함유한 반려동물용 프리미엄 건강식을 판매하고 있으며, 반려동물용 유산균 제품도 쉽게 찾아볼 수 있다.

4) 펫푸드 스타일리스트 관련 학과 소개

유망 산업 및 가능성을 보여주는 핵심적인 지표 중에 하나가 바로 대학교나 전문학교 등의 교육기관에서의 학과 개설 및 커리큘럼 편성이다. 현재 여러 대학교에서 반려동물과 관련된 특화 교육과목을 개설하여 전문적인 지식을 전달하고 전문인을 양성하고 있다.

반려동물 관련 학과

지역	대학명	학과명
서울	고려직업전문학교	애견미용,펫창업경영
	디지털서울문화예술대학교(SCAU)	반려동물학과
	서울연희실용전문학교	애완동물관리전공
	서울예술실용전문학교(SART)	애완(반려)동물계열
	서울종합예술실용학교(SAC)	애완동물계열
	서울호서예술실용전문학교	반려(애완)동물계열
	서울호서직업전문학교	반려동물관리계열
	신구대학교	애완동물전공
	씨티칼리지	반려동물계열
	연세대학교	미래교육원 애완동물관리전공
인천/경기	동원대학교	반려동물과
	경인여자대학교	반려동물보건학과
	서정대학교	애완동물과

	신구대학교	애완동물과
	연성대학교	반려동물과
	장안대학교	바이오동물보호과
	오산대학교	반려동물관리과
	용인송담대학교	반려동물과
	서정대학교	반려동물과
	국제대학교	반려동물학과
	칼빈대학교	반려동물학과
대전/충남	공주대학교	특수동물학과
	대덕대학교	반려동물과
	대전과학기술대학교	애완동물과
	대전보건대학교	펫토탈케어과
	연암대학교	동물보호계열,애완동물전공
	우송정보대학	반려동물학부
	중부대학교	애완동물학부
	혜전대학교	애완동물관리과
대구/경북	경북대학교	특수동물학과
	계명문화대학교	펫토탈케어학부
	수성대학교	애완동물관리과
	대구한의대학교(삼성캠퍼스)	반려동물보건학과
	영남이공대학교	반려동물케어과
	영진전문대학교	펫케어과
	대경대학교	동물사육복지과
	가톨릭상지대학교	반려동물과
	안동과학대학교	반려동물케어과
	서라벌대학교	반려동물과
	선린대학교	반려동물과
	대구보건대학교	반려동물보건관리과
부산/울산/경남	부산경상대학교	반려동물과,반려동물보건과
	부산여자대학교	반려동물과
	경남정보대학교	반려동물케어과
전북	원광대학교	반려동물산업학과,동물보건학과
	전주기전대학	동물산업학과
광주/전남	광주여자대학교	애완동물보건학과
	동아보건대학	애완동물전공
	동신대학교	반려동물학과

반려동물 산업 성장에 맞추어 반려동물 관련 학과가 개설되어 운영 중에 있다. 또한 푸드스타일링과 관련한 학과가 따로 개설되기도 하였다.

푸드스타일링 관련 학과

지역	대학명	학과명
경기도	여주대학교	푸드코디네이션과
	연성대학교	푸드스타일링과
	청강문화산업대학교	푸드콘텐츠전공
경상북도	가톨릭상지대학교	글로벌푸드매니지먼트과
	대경대학교	푸드아트학과
	대경대학교	푸드아트스쿨

빠르게 성장하고 있는 펫푸드 산업의 가능성에 발맞춰 여러 교육기관에서 펫푸드 관련 커리큘럼을 개설하고 있으며, 대학교나 전문학교에서도 학과를 편성하여 핵심적인 전문 인재를 양성하는 추세를 보이고 있다. 이미 여러 대학교 내에서는 펫푸드 관련 동아리가 만들어져, 학생들이 주도적으로 펫푸드 산업이라는 블루오션에 뛰어들고 있다.

이미 전문성을 갖추고 점차 규모가 커지고 있는 펫 미용 시장 인력이 펫푸드로 유입되는 경향을 보이기도 한다. 펫 미용 학과에서 펫푸드 관련 커리큘럼을 다루고 있는 추세도 있지만, 펫푸드를 독자적으로 다룰 수 있는 커리큘럼과 그를 통한 전문가의 양성이 시급한 시점이다. 앞으로 더욱 커질 애견 시장 내에서 펫푸드 수요는 급격하게 늘어가는 한편, 공급이 부족하기 때문이다.

5) 펫푸드 스타일리스트의 발전방향

펫푸드 스타일링에서 가장 중요한 것은 비주얼 뿐만 아니라 건강한 재료를 사용해 영양의 균형까지 생각해야 한다는 점이다. 비주얼만 우선하고, 영양학적 설계가 고려되지 않은 간식을 반려견에게 먹이는 것은 건강에 치명적일 수 있기 때문이다. 안전한 식재료와 사용법, 칼로리 계산법, 급여량 계산법과 정확한 보관법 등을 알고 있어야 보기에도 좋고 건강에도 좋은 펫푸드 스타일링을 할 수 있다.

펫푸드 스타일리스트에게 요구되는 자질을 정리해보자면 다음과 같다.

- 반려견의 생리학적, 병리적, 영양학적인 이해도
- 식품의 영양, 성분, 품질에 대한 학습
- 반려견의 식성과 기호를 반영한 레시피 연구
- 푸드 스타일링 스킬

 펫푸드 스타일리스트가 가져야 할 마음가짐

1. 간식 등 단순한 펫푸드의 형식에서 나아가 완성도 높은 요리로서의 펫푸드를 추구한다.

2. 눈대중이나 확실하지 않은 정보로 토대로 만들어지는 펫푸드와 달리 사용되는 모든 식재료에 대한 구체적인 영양성분, 적정급여량, 급여 주의사항을 정리하여 반려견에게 가장 안전하고 효율적인 펫푸드를 추구한다.

3. 단순히 만들어서 급여하는 것에서 그치는 것이 아니라 식이와 관련된 반려견의 생리적인 특성과 식이로 인해 발생 가능한 다양한 증상 및 질환에 대한 이해를 수반하여, 보다 책임감 있고 진지한 마음으로 반려견에게 급여하는 것을 추구한다.

4. 기존의 대다수의 펫푸드가 하나의 레시피를 양산하여 그 자체로 배급 및 판매하는 것을 목표로 하는데 반해, 목적과 견종, 행사 취지 등에 맞게 스토리를 구성하여 최적의 펫푸드를 만들고, 스타일링이라는 요소를 통해 그것이 담고 있는 가치를 100% 보여줄 수 있는 결과물을 창작하는데 그 목표를 둔다.

6) 단미사료 제조업

펫푸드 스타일리스트 자격증 취득 이후 여러 가지 분야로 진출이 가능하지만, 가장 우선적으로 고려되는 분야는 바로 애견 수제 간식 창업이라고 할 수 있다. 펫푸드를 떠올리면 제일 먼저 연상되는 것이 애견 간식이니만큼 가장 수요도 많고, 접근하기도 쉬운 분야가 바로 애견 수제 간식 창업이다.

그러나 음식이라는 예민한 분야를 다루는 만큼, 애견 수제 간식 창업을 하기 위해서는 몇 가지 절차를 밟아야 한다. 가장 먼저, 직접 펫푸드를 제조하여 판매까지 진행하기 위해서 '단미사료 제조업' 허가를 받아야 한다.

단미사료는 식물성, 동물성 또는 광물성 물질로서 사료로 직접 사용되거나 배합사료의 원료로 사용되는 것을 말한다. 단미사료를 제조하여 판매 또는 공급하려면, 관할 관청에 (단미)제조업등록을 해야 한다.

〈애견 수제 간식 창업 절차〉
1. 제조업 업소로 이용 가능한 매장 선택
2. 단미사료 제조 시설 구비
3. 단미사료 제조업(수제 간식) 사업자등록 준비
4. 단미사료 제조업 허가 신청
5. 단미사료(수제 간식) 성분 분석 검사
6. 단미사료(수제 간식) 판매 개시

> **Step 1** 제조업 업소로 이용 가능한 매장 선택

단미사료, 다시 말해 수제 간식을 만들어 팔 때, 아파트나 주택 등 가정 내에서 만들어서 판매하는 것은 불법이다. 수제 간식 제조업 운영을 위해 요구되는 장소기준이 따로 존재한다.

우선, 단미사료 제조업은 '제조업'으로 제조업 허가가 나오는 건축물을 임차하여야 한다. '제조업' 허가를 받기 위한 조건은 관할 지자체 별로 조금씩 상이한데, 동물 보호 지역이나 관광특구로 묶인 지역 등에서는 당연히 허가되지 않는다. 따라서 임대차계약을 하기 전에 해당 건물에 제조업 허가가 나오는지 확인할 필요가 있다.

다음으로, 건축물대장상 구조가 철근콘크리트 구조여야 하고, 용도가 제1, 2종 근린 생활 시설인지 반드시 확인해야 한다. 만약 아니라면 용도를 변경하거나 표시변경을 진행해야 한다. 이 부분에 대해서도 관할 지자체 별 기준이 조금씩 다르므로 사전에 확인이 필요하다.

Step 2 ▶ **단미사료 제조업에 필요한 시설 구비**

제조업 허가가 문제 없이 나오는 곳에 임대차계약을 했다면 이제 영업장 인테리어를 준비해야 한다. 인테리어라는 것은 방문 고객을 위해 보기 좋게 꾸미는 것도 포함되지만 여기서는 그보다는 만들고자 하는 수제 간식의 종류의 시설 기준에 따른 인테리어를 말한다.

단미사료 제조업의 시설 기준은 '식물성, 동물성, 광물성, 기타' 등 크게 4가지로 구분되고, 각각 갖추어야 할 시설 기준이 사료관리법 시행규칙에 규정되어 있다. 애견 수제 간식 제조업을 창업자 대부분이 '기타'에 포함되는 혼합성 단미사료를 제조하는데, 그에 대한 시설 기준은 아래와 같다.

 **혼합형 단미사료 시설 기준**

혼합형 단미사료의 경우 공장 건물 즉, 제조 장소 외에도 저장 시설, 계량 시설, 포장 시설, 건조 시설, 분쇄 시설, 혼합 시설, 기타 시설을 갖추어야 한다. 이름만 들으면 갖추어야 할 것이 너무 많고 어려워보이지만 사실은 냉장고, 저울 등 펫푸드를 제조하려면 꼭 필요한 시설이나 장비를 의미한다.

가. 공장 건물은 근린 생활 시설 철근콘크리트 구조로써 내부 배치도를 말한다.
나. 저장 시설은 냉장&냉동고를 말한다.
다. 계량 시설은 저울을 말한다.
라. 포장 시설은 진공포장기를 말한다.
마. 건조 시설은 건조기를 말한다.
바. 분쇄 시설은 분쇄기를 말한다.
사. 혼합 시설은 믹서기를 말한다.

아. 기타는 환풍기 등을 의미하며, 지자체 담당자에게 사전에 확인받아야 한다.

또한, 간식을 제조하는 곳과 제조 간식을 판매하는 공간은 분리되어야 하고 애견용품점, 애견카페 등과 함께 운영하려는 경우에도 공간은 반드시 분리되어야 한다.

Step 3 ▶ 단미사료 제조업(수제 간식) 사업자등록 준비

시설을 구비하면서 동시에 사업자등록을 준비하는 것이 좋다. 애견 수제 간식 사업을 운영하기 위해서는 사업자등록증에 단미사료 제조업을 등록해야 하는데, 단미사료 제조업은 허가 사항이기 때문에 바로 제조업으로 사업자등록을 할 수는 없다. 먼저 애견용품 도소매 등으로 사업자등록을 한 후에 단미사료 제조업 허가를 받은 후 업태 추가를 하는 방식을 추천한다. 사업자등록을 발급받는 데에 시간이 소요되므로, 미리 일반 사업자등록을 진행해놓는 것이 좋다.

Step 4 ▶ 단미사료 제조업 허가 신청

시설 기준에 따른 인테리어를 마치고, 사업자등록도 마쳤다면 구비 서류를 갖춰 단미사료 제조업 허가 신청을 진행한다.

만약 단미사료 제조업 허가를 받지 않은 상태에서 수제 간식을 제조, 판매하는 경우, 1년 이하의 징역 또는 1천만원 이하의 벌금에 처해지기 때문에, 애견 수제 간식 창업을 위해 단미사료 제조업 허가는 필수라고 할 수 있다.

사료관리법 제 34조
사료관리법에 따라 성분등록을 하시 않고 사료를 제조하거나 부정한 방법으로 성분등록을 한 경우, 표시사항을 표시하지 않고 제조하여 판매한 경우, 표시사항을 거짓으로 표시하거나 과장하여 표시한 경우 등은 1년 이하의 징역, 1천만원 이하 벌금에 처해질 수 있다.

■ 사료관리법 시행규칙 [별지 제1호서식] <개정 2019. 4. 5.>

(   ) 사료제조업등록신청서

접수번호	접수일		처리기간	15일
신청인 (대표자)	성명		생년월일	
	주소		전화번호	
신청 내용	제조업체명		제조업등록번호	
	소재지		전화번호	
	생산사료의 종류		생산능력 (1일 생산량)	톤
	제품생산 예정일	. . .		

「사료관리법」 제8조제1항 및 같은 법 시행규칙 제5조제1항에 따라 위와 같이 (   ) 사료제조업 등록을 신청합니다.

년   월   일

신청인   (서명 또는 인)

특별시장·광역시장·특별자치시장·도지사·특별자치도지사 귀하

첨부서류	시설개요서	수수료 30,000원

처리절차

신청서 작성	→	접수	→	검토	→	결재	→	등록증 수령
신청인		특별시·광역시· 특별자치시·도 ·특별자치도		특별시·광역시· 특별자치시·도 ·특별자치도		특별시·광역시· 특별자치시·도 ·특별자치도		신청인

210㎜×297㎜[백상지 80g/㎡(재활용품)]

단미사료 제조업 신청 구비 서류
- 사료제조업 등록 신청서
- 사업계획서
- 임대차계약서
- 시설개요서

제출 서류의 종류 및 양식은 관할 지자체 마다 상이하기 때문에 미리 확인하는 것이 좋다. 예를 들어, 경기도 남양주시에서 창업을 원한다면 남양주시청에 전화하여 단미사료 제조업 등록을 위한 서류 양식을 메일로 보내달라고 하면 받을 수 있다. 처리 기간은 서류 제출 후 15일 정도 소요되며 수수료는 30,000원이다. 단미사료 제조업의 업종 코드는 153301이다.

서류를 제출하면 담당 공무원이 현장 실사를 나오게 된다. 규정에 맞춘 시설 기준을 갖추었는지 공간 분리는 정확하게 되었는지 등을 확인한다.

Step 5 ▶ 단미사료(수제 간식) 성분 분석 검사

단미사료 제조업 허가를 받았다고 하여 바로 수제 간식을 판매할 수 있는 것은 아니다. 제조업 허가가 완료되었다면, 사업자에 제조업 추가를 한 뒤 사료 시험 검사 기관에 성분 분석을 의뢰해야 한다. 사료 시험 검사 기관은 농림축산식품부 고시 제2019-59호(2019.10.24) 사료 검사 기준 제27조에서 확인이 가능하며, 아래에 성분 분석 검사가 가능한 사료 시험 검사 기관 리스트에서 확인이 가능하다.

사료 시험 검사 기관 리스트

	기관명	연락처	소재지	최초지정일자
1	축산연구원(농협경제지주)	031-659-1332	경기도 안성시	'00.7.8
2	사료기술연구소(한국사료협회)	02-581-5723	서울특별시 서초구	'00.7.8
3	사료연구소(한국단미사료협회)	044-863-5790	세종특별자치시 전의면	'02.1.29
4	동물자원공동연구소(강원대학교)	033-250-7227	강원도 춘천시	'06.5.12
5	사료영양연구소(부경대학교)	051-629-7061	부산광역시 남구	'07.5.28

■ 사료관리법 시행규칙 [별지 제6호서식] <개정 2019. 4. 5.>

사료성분등록신청서(제조업자용)

접수번호	접수일		처리기간	3일
신청인 (대표자)	성명		생년월일	
	주소		전화번호	
신청 내용	제조업체명		제조업등록번호	
	소재지		전화번호	
	사료의 종류		사료의 형태	
	사료의 명칭		사료의 용도	
	사료의 성분명 및 성분량		제품명(영문명)	

「사료관리법」 제11조에 따른 사료공정에 적합하게 제조된 사료에 대하여 같은 법 제12조제1항 및 같은 법 시행규칙 제12조제1항에 따라 위와 같이 사료의 성분등록을 신청합니다.

년   월   일

신청인   (서명 또는 인)

특별시장·광역시장·특별자치시장·도지사·특별자치도지사 귀하

첨부서류	1. 사용한 원료의 명칭을 적은 서류 2. 원료배합비율표(배합사료의 경우에만 해당합니다) 3. 사료의 제조공정 설명서	수수료 품목당 5,000원

처리절차

신청서 작성	→	접 수	→	검 토	→	결 재	→	등록증 수령
신청인		특별시·광역시· 특별자치시·도· 특별자치도		특별시·광역시· 특별자치시·도· 특별자치도		특별시·광역시· 특별자치시·도· 특별자치도		신청인

210mm×297mm[백상지 80g/㎡(재활용품)]

6	동물약품기술연구원(한국동물약품협회)	031-707-2470	경기도 성남시	'13.4.10
7	농업기술실용화재단 분석검정본부	063-919-1558	전라북도 익산시	'14.1.13
8	농업과학연구소(충남대학교)	042-821-8705	대전광역시 유성구	'05.3.3
9	제일사료 ㈜하림중앙연구소	070-8640-4174	대전광역시 유성구	'16.2.12
10	㈜오에이티씨	070-4044-8827	서울특별시 금천구	'16.2.12
11	제일분석센터㈜	02-862-0041	서울특별시 구로구	'16.7.1
12	㈜한국펫푸드연구소	041-569-4423	충청남도 천안시	'16.7.19
13	㈜피켐코리아	042-823-8682	대전광역시 유성구	'16.8.12
14	동물자원연구센터(건국대학교)	02-450-3668	서울특별시 광진구	'18.10.30
15	씨제이생물자원㈜ Feed R&D센터	032-890-9682	인천광역시 중구	'20.10.30
16	농축산용미생물산업육성지원센터	063-536-6717	전라북도 정읍시	'21.3.15

위의 사료 시험 검사 기관에서 성분 분석표를 발급받았다면, 사료 성분 등록 신청을 하게 된다.

단미사료 제조업(수제 간식) 사료 성분 등록 신청 구비 서류
- 사료 성분 등록 신청서
- 사용한 원료의 명칭을 적은 서류
- 원료 배합 비율표(배합사료의 경우)
- 사료의 제조 공정 설명서

사료 성분 등록 신청 시 위의 필요 서류를 준비하여 제출하면 된다. 품목당 5,000원의 수수료가 발생하며, 관할 지자체 별로 요구하는 서류가 다를 수 있으니 전화하여 해당 서류 양식을 받아야 한다.

Step 6 단미사료(수제 간식) 판매 개시

　사료의 성분 등록을 마치고 판매할 모든 제품에 대해 등록이 완료되었다면, 이제 제품에 사료관리법에 따른 표시 사항을 붙여 판매하면 된다.

단미사료(수제간식)의 표시사항

　단미사료의 경우 사료의 성분 등록 번호, 사료의 명칭 및 형태, 등록 성분량, 사용한 원료의 명칭, 사료의 용도와 주의 사항, 실제 중량, 제조 연월일과 유통 기간, 제조 업자의 상호·주소·연락처, 재포장하였다면 그 내용 등을 표시해야 한다.

단미사료(수제간식)의 표시방법

- 사료의 명칭은 사료관리법 제2조 제2호 및 제4호에 따라 농림축산식품부장관이 고시한 품명을 사용해야 하며, 실제 거래상 사용하는 명칭이 있다면 이를 괄호 안에 표시할 수 있다.

- 사용한 원료의 명칭은 사용 비율이 높은 순서대로 적는다.

- 사료의 사용과 보관, 다른 사료와의 혼합 금지 등에 관하여 필요한 '주의 사항'을 보증성분표 하단에 붉은색 글씨 또는 눈에 잘 보이는 색으로 구체적으로 표시해야 한다.

- 사료의 형태, 등록 성분량, 사료의 용도, 실제 중량, 제조 연월일, 유통 기간 또는 유통 기한 및 재포장 내용은 배합사료의 표시방법과 같다.

- 위의 단계까지 진행한다면 애견 수제 간식 창업을 진행하는 데 필요한 행정 절차는 모두 완료된다.

- 애견 수제 간식 매장을 오픈하는 과정에서 법적인 절차와 허가 과정이 다소 어려워 보이고 부담으로 다가올 수 있겠지만, 막상 진행하면 크게 어려움 없이 진행이 가능할 것이다. 그럼에도 불구하고 진행이 너무 어렵다고 느껴진다면 행정사의 도움을 받을 수도 있을 것이다. 그러나 위의 절차대로 천천히 밟아나간다면 큰 문제 없이 애견 수제 간식 창업의 첫발을 디딜 수 있을 것이다.

Chapter 02

펫푸드 - 사료학

 1 사료에 대한 이해

1) 개요

현재 우리는 사료를 쉽게 구할 수 있지만, 사료가 있기 전 반려동물은 무엇을 먹었을까? 최근 반려동물을 위한 다양한 사료가 출시되고 있다. 이러한 사료는 누가, 언제 만들어 낸 것일까? 반려동물을 위한 건사료의 역사는 그렇게 길지 않다. 판매 목적의 사료가 최초로 만들어진 것은 1860년이었다. 영국 사업가 James Spratt은 배에서 폐기되는 비스킷을 먹는 개들에게 아이디어를 얻어 밀, 야채, 비트, 소의 피를 넣어 만든 '도그 비스킷'을 개발했다. 도그 비스킷은 '도그 푸드'라 불릴 정도로 널리 확산되었으며, 이후 개가 섭취해야 하는 영양소에 관한 연구를 바탕으로 각종 첨가물이 들어가기 시작했다. 이러한 과정을 거쳐 도그 비스킷은 지금의 사료와 같이 발달하게 되었다. 도그 비스킷을 시작으로 캔에 들어 있는 습식 사료가 만들어졌으며, 이후 1930년대에 이르러서는 건조 사료(Dry Food)가 개발되었다. 사료를 쉽게 구입하고 보관할 수 있게 되며 반려동물이 먹을 음식을 가정에서 매번 만들 필요도 없어졌다.

미국 비스킷 회사 나비스코(Nabisco)는 1900년대 초에 최초로 식료품점에서 사료를 구입할 수 있는 유통 채널을 개방했다. 사료가 비위생적이라는 이유로 다들 이에 대해 반대했지만 나비스코는 식료품점에 성공적으로 입점했다. 사료는 빠르게 판매되기 시작했으며, 1930년대 중반에 이르러서는 식료품점에 다양한 회사가 입점하게 되었다. 이 당시 비스킷과 건조사료도 판매되고 있었으나 가장 인기가 많았던 건 캔 사료였다.

2차 세계대전으로 인한 금속 부족으로 캔 사료를 만드는 데 어려움이 따르자 건조사료를 사는 사람이 늘었다. 하지만 전후 금속이 다시 많아지자 캔 사료의 인기가 다시 오르게 되었다. 전후 사료 회사가 늘어나며 대량 생산을 시작하자 사료 시장도 본격적으로 몸집을 불렸다. 이는 불과 100년 전에는 반려동물이 상업화된 사료를 먹지 않았다는 뜻이기도 하다.

1950년대에 사료 회사 퓨리나가 소개한 익스트루전(Extrusion) 공법이 개발되고 널리 쓰이기 전까지 캔 사료는 인기가 많았다.

익스트루전 공법은 사료에 들어가는 재료를 한데 섞어 섭씨 약 150도에 이르는 고온에서 조리해 높은 압력을 가한 뒤 좁은 구멍으로 통과시킴으로써 부풀려 사료를 만들어 내는 방법이다. 익스트루전 공법으로 만들어진 사료는 알맹이가 부풀어 있기 때문에 반려동물이 잘 먹고 소화시킬 수 있다는 장점이 있다. 기계에서 막 빠져나온 사료는 완전히 마른 상태가 아니기 때문에 건조 과정을 거쳐야 하는데, 이때 기름으로 코팅이 되거나 반려동물의 선호도를 높일 수 있는 첨가제가 뿌려지게 된다. 우리가 쉽게 구할 수 있는 건조 사료 대부분이 익스트루전 공법으로 만들어졌다.

 익스트루전(Extrusion) 공법 사용 시 장점

- 원료 내에 존재하는 유해미생물의 박멸.
- 기생충 알이나 유생을 사멸.
- 식물성원료에 포함된 항 영양인자(트립신저해물, 기저로신, 글루코시놀레이트 등)를 파괴.
- 전분입자를 가열처리하여 탄수화물 이용성 증진(기호성, 소화율 향상).
- 육류조직을 부드럽게 함.
- 반려동물에게 급여하기 편리함.

처음 사료가 나왔을 때는 개와 고양이의 영양학적 정보가 전무했기 때문에 별다른 구분 없이 사료를 만들어 먹였다. 하지만 점차 개와 고양이가 영양학적으로 다르게 분류된다는 점이 인지되며 사료 또한 구별되어 만들어지기 시작했다. 미국에서는 건조 개 사료가 가장 잘 팔리고 있으며, 건조 고양이 사료도 판매량의 상승곡선을 그리고 있다.

사료 회사들은 개와 고양이의 영양학적 정보를 기반으로 라이프 스타일(Life style), 라이프 스테이지(Life stage) 등으로 영역을 나눠 사료를 만들기 시작했다. 사료의 종류와 쓰임새가 다양 해짐에 따라 각각을 비교하고 평가할 수 있게 되었다.

요즈음에는 수비드, 동결 건조, 첨가제와 보조제가 들어간 프리미엄 사료에 이르기까지 다양한 사료가 출시되고 있다. 그러나 사료의 종류가 다양하다 하더라도 완벽한 사료는 없다는 사실을 알아야 한다. 아무리 영양학적으로 좋은 재료로 만들어졌더라도 어떤 반려견은 사료를 먹고 구토를 하거나 병을 얻을 수 있다. 그렇기 때문에 반려동물의 종류, 건강, 나이, 알레르기와 질병 유무, 식습관 등을 고려해 잘 맞는 사료를 고르는 게 중요하다. 또한 이처럼 반려동물에 대한 정보를 정확히 알아 둔다면 앞으로 배울 자연식(펫푸드)을 잘 준비할 수 있을 것이다. 누군가는 펫푸드스타일리스트가 자연식이 아니라 사료에 관해 알고 있어야 하는지 의구심을 가질 수도 있겠다. 하지만 많은 견주가 일반적으로 사료를 구입하고 먹이는 만큼 대중성과 보편성 측면에서 사료의 면면을 이해할 필요가 있다. 이러한 이해를 바탕으로 펫푸드 제작 시 첨가할 영양소와 식재료, 급여량 등에 대해서도 효율적으로 판단할 수 있게 되리라 기대한다.

 고양이에게 개 사료를 줘도 괜찮을까?

고양이가 개 사료를 먹어도 될까?

반대로 개는 고양이 사료를 먹어도 될까?

개를 키우거나 고양이를 키우는, 또는 두 동물을 모두 키우는 이라면 종종 생각해 볼 문제이다. 이 문제에 대해서는 '절대 불가능'한 경우가 있고, '아주 적은 양은 괜찮으나 장기간 먹는 것은 불가능'한 경우가 있다고 답할 수 있겠다. 특히 고양이가 개 전용 반건조 사료나 간식을 먹는 경우에는 각별히 주의할 필요가 있다. 반건조사료는 15~25% 정도의 수분이 포함된 사료로, 수분으로 인해 곰팡이가 증식하는 것을 막기 위해 첨가물이 사용된다. 대표적으로 글리세린(Glycerine)과 프로필렌 글라이콜

(Propylene Glycol)이 쓰이는데, 특히 글라이콜은 극소량으로도 고양이에게 용혈성 빈혈을 일으킬 수 있다.

개 사료는 고양이 사료보다 단백질 함량이 낮다. 고양이 사료에는 성체 고양이의 영양 균형에 맞출 수 있도록 최소 26%가 넘는 양의 단백질이 포함되어 있지만 개 사료에는 그만한 단백질이 들어 있지 않은 경우가 많다.

또한 개는 필요로 하지 않지만 고양이는 필수로 섭취해 줘야 하는 필수 아미노산인 타우린도 마찬가지이다. 개 사료에는 타우린의 첨가가 필수적으로 고려되지 않기 때문에 고양이가 개 사료를 장기간 섭취할 시 눈과 심장, 생식기의 발달에 문제가 생길 수도 있다. 또한 똑같이 섭취하는데도 고양이는 제대로 활용하지 못하는 영양소도 있다. 개 사료에는 식물성 식재료를 사용해 오메가3 지방산과 비타민A와 같은 필수 영양소를 첨가하도록 하는 경우가 많다. 그러나 고양이에게는 식물성 식재료에 포함된 영양소를 이용할 수 있는 효소가 없다. 그렇기 때문에 고양이는 같은 영양소라도 동물성 식재료를 통해 흡수할 수 있도록 해 줘야 한다. 더불어 곡물을 소화시키고 활용하기 어려워하는 고양이에게 곡물이 많이 들어간 개 사료를 먹이는 것은 적합하지 않다.

반대로 개에게는 임시방편으로 고양이 사료를 먹여도 큰 문제가 없다. 그러나 장기간 고양이 사료를 먹이거나 주식으로 사용할 경우 영양결핍을 야기할 수 있으므로 주의해야 한다. 개는 고양이에 비해 구리, 비타민D 등 일부 영양소를 더 많이 섭취해야 하기 때문이다.

사료 성분은 반려동물의 종류에 맞춰 구성되어 있는 만큼 바꿔 먹이는 일은 가급적 지양하는 것이 좋다. 그러나 어쩔 수 없는 경우가 있더라도 고양이에게 개 전용 반건조 사료나 간식을 먹여서는 안 된다.

2) 사료의 종류

(1) 건식사료

건사료는 가장 오래된 형태의 사료로, 분쇄, 건조 등의 과정을 거쳐 비스킷 형태를 띠고 있다.

• 장점 : 수분이 적어 딱딱하기 때문에 반려견의 이빨에 잔여물이 잘 남지 않으며, 치석도 덜 쌓이는 편이다. 장기 보관과 편리한 급여가 가능하며 가격도 합리적이다.

• 단점 : 사료 자체에 수분이 적어 음수량 체크가 필요하다. 반려견이 음수량이 적은 편이라면 수분 함량이 높은 사료가 적합하다. 또한 건사료는 가공을 많이 거쳐 원재료의 맛이 거의 남아있지 않기 때문에 기호성이 떨어질 수 있다.

 건사료 보관 TIP

1. 가능하면 소분하지 않기(변질 및 산패 위험, 제조 연월 및 제품번호 등 사료 정보 확인)
2. 건조하고 선선한 곳에 보관(비타민 파괴, 산패 등 변질 위험)
3. 밀봉하여 보관하기(벌레 및 곰팡이 방지)
4. 봉지째로 바닥에 놓지 않기(벌레 꼬임 방지)
5. 소포장으로 제공되지 않는 대용량 패키지 피하기(유통기한, 신선도 문제)

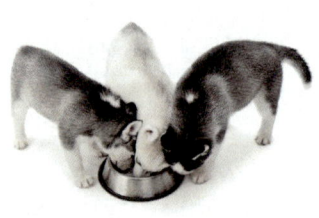

(2) 습식사료

습식사료는 캔이나 팩 등에 포장되는 스튜 형태의 사료를 말한다. 수분이 많기 때문에 음수량도 높일 수 있다. 건사료에 비해 원재료가 잘 살아있어 맛과 향이 강해 기호성이 높다.

장점	수분이 많이 함유되어 있어 음수량을 높이는 데 좋다. 섭취가 편해 턱이나 잇몸이 약한 반려견에게 급여하기 좋다. 기호성이 높아 입맛이 잃거나 복약이 힘든 반려견의 급여를 돕기도 한다.
단점	제형이 부드러워 잔여물이 묻기 쉽고 보존 기간도 짧다. 부패가 빠르므로 개봉 후 최대한 빠른 급여를 추천한다. 이빨에 잔여물이 남기 쉬우므로 세심한 양치질이 권고된다.

(3) 생식

생식은 재료 본연의 형태를 유지한 것을 말한다. 생식에 대한 관심과 인기가 높아진 만큼 많은 생식 브랜드가 생기고 있으며, 직접 생식을 만들어 급여하는 보호자들도 증가하는 추세다.

장점	소화가 잘되며 피부 트러블 및 모질 개선에 도움을 준다. 인공 첨가제 알레르기가 있다면 생식 급여를 통해 해결이 가능하다.
단점	면역력이 약한 반려견에게 날고기를 급여하는 경우 살모넬라균에 감염되어 식중독을 일으킬 수 있다. 때문에 모든 식재료는 가급적 신선하게 유지해야 한다. 또, 최소한의 영양학적 기준에 미치지 못하는 생식을 지속적으로 급여하게 되면 영양 결핍, 영양 불균형 등을 초래할 수 있으니 주의해야 한다.

(4) 동결건조식

동결건조란, 식품을 급속 냉동시켜 식품 속의 수분을 미세한 얼음 결정으로 바꾼 뒤 얼음을 진공 중에서 승화시켜 얼음을 바로 수증기로 제거하는 방법이다. 동결 건조된 사료를 물에 넣어 불린 후 급여하는 형태로 제공한다.

장점	수분 함량이 굉장히 낮아 장기간 보관에 용이하다. 재료 변형이 적기 때문에 원재료의 맛이 보존되어 기호성도 높다.
단점	제조 과정이 다소 복잡하며, 재료 선정이 까다로워 다른 사료에 비해 가격대가 높은 편이다.

	건식	습식	생식	동결건조식
특징	일반적인 건조된 사료 형태	스튜 형태의 가공식품	재료 본연 유지	식품 급속냉동
장점	장기보관 가능 편리한 급여 합리적인 가격	수분 함량 높음 기호성 높음 부드러운 식감	소화가 잘됨 피부 및 모질 개선에 도움	장기간보관 가능 원재료 맛 보존 기호성 높음
단점	수분함량 적음 기호성 적음	유통기한 짧음 꼼꼼한 양치질 요함	식중독 위험	과정 및 비용 높음

(5) 반건조사료

'반건조사료'는 수분 함량이 15~30%이고, 동물의 근조직, 곡류, 지방 등을 주원료인 당분과 혼합하여 사용한다. 영양소의 보존과 수분함량을 안정적으로 유지하기 위해 프로필렌 글리콜(Propylene glycol)이라 불리는 수분 안전재가 사용되기도 한다. 이 프로필렌 글리콜은 반려견에게는 문제가 없으나 반려묘에게는 빈혈을 유발할 수 있기 때문에 이러한 형태의 반려견 전용 사료를 반려묘에게 급여하는 것은 금해야 한다.

영양소	개		고양이	
	AF Basis	DM Basis	AF Basis	DM Basis
건사료 수분(%) 지방(%) 단백질(%) 탄수화물(%) 대사에너지 (kcal/kg)	6~12 6~20 16~30 40~70 2,800~4,200	0 8~22 18~32 45~75 3,000~4,500	9~12 12~22 24~32 45~65 3,500~5,000	0 14~24 26~36 50~72 3,800~5,500

반 건조사료 수분(%) 지방(%) 단백질(%) 탄수화물(%) 대사에너지 (kcal/kg)	15~35 7~12 17~22 35~60 2,500~2,800	0 8~16 20~30 55~75 3,000~4,000		
캔사료 수분(%) 지방(%) 단백질(%) 탄수화물(%) 대사에너지 (kcal/kg)	70~78 4~9 7~13 4~13 850~1,250	0 20~32 28~50 18~57 3,500~5,000	70~78 5~12 9~15 4~13 1,000~1,400	0 20~46 34~60 16~44 3,900~5,800

3) 사료에 대한 평가

사료 선택 시 기준사항 5가지는 기호성, 흡수율, 영양균형성, 원료의 안정성, 브랜드 등이다. 이는 많은 수의사나 사료 영양학자들, 전문가들이 공통적으로 제시하는 기준이다. 반려동물의 생애 주기에 따라 급여해야 하기 때문에 영양과 건강의 측면에서 사료에 대해 생각해 볼 수 있다.

(1) 사료 평가의 기준사항

① **영양학적인 균형**

반려동물은 동물 복지의 관점에서 균형 잡힌 영양소를 제공받아야 하기 때문에 미국에서는 AAFCO에서 제시하는 방법으로 엄격한 기준에 맞춰 '완전하고 균형잡힌' 사료라는 것을 입증해야 한다. 기준에 따라 입증이 완료된 사료에는 '완전하고 균형잡힌'(compete and balanced nutrition)이라는 문구가 라벨에 삽입된다.

반려동물에게 요구되는 영양소들이 균형 있고 적절하게 함유되어 있는지 여부가 사료의 질을 평가하는 가장 중요한 기준이다. 반려견에게 필요한 기본적인 3대 영양소는 사람과 마찬가지로 탄수화물, 단백질, 지방이지만 사람보다 단백질을 더 많이 필요로 한다는 점에서 차이점을 지닌다. 또한 비타민, 미네랄을 포함하여 5대 영양소를 기본적으로 함유하고 있어야 한다.

② 기호성(Palatability)

아무리 영양학적으로 완벽한 사료라도 반려동물이 먹지 않으면 아무런 소용이 없기 때문에 기호성은 좋은 사료의 필수 조건이다. '기호성'은 사료의 맛, 냄새, 질감을 반려동물이 얼마나 좋아하는지를 나타내는 용어이다. 사료에 적절한 기호성이 있어야 한다는 것은 당연한 사실이지만 어떤 영양소가 기호성을 자극하는지에 대해서는 불분명하기 때문에 반려동물이 사료를 처음 섭취하는 것이 기호성을 평가하는 중요한 지표가 된다. 이를 "최초의 섭취 시도"(first bite)라고 표현한다. 하지만 처음 접하는 사료에 대한 생소함을 고려한다면, 위와 같은 평가 지표만으로는 기호성을 평가하는데는 문제가 있으므로 일정한 시간을 두고 반려동물이 사료를 섭취하는 총 섭취량(total volume)을 측정하여 평가의 지표로 삼는다.

사료에 대한 기호성은 맛뿐 아니라 사료의 형태나 냄새, 질감도 영향을 미친다. 반려동물은 일차적으로 냄새에 의해 음식에 대해 먹어도 되는 것인지 아닌지를 평가한다. 냄새는 맛과도 연관이 되어 있기 때문에 1차적으로는 냄새와 맛이 사료의 기호성에 대한 평가에 영향을 미치는 것으로 보인다. 또한 2차적으로는 사료의 원료, 성분, 제조방법 및 보관방법 등도 반려동물의 기호성과 연관이 있다.

흥미로운 점은 최근에는 익스트루젼 공법으로 인해 대부분 사료의 기호성이 전반적으로 향상되었다는 점이다. 이로 인해 사료의 기호성이 낮아서 반려동물들이 섭취하지 않아서 문제가 되는 경우보다는 기호성이 너무 높아서 반려동물이 과체중이나 비만이 되는 경우가 많다.

③ 소화력(Digestion Rate)

사람이 먹는 음식도 그렇지만 반려동물이 섭취하는 사료도 체내흡수 과정을 통해 사료에 포함된 영양소들이 흡수되기 때문에 사료가 가진 소화력은 매우 중요한 요소이다. 소화력 측정은 개체의 급여실험에 의해 결정되며, 시중에 판매되는 건조사료의 평균소화율은 평균적으로 조단백질 약 82%, 조지방 약 85%, 탄수화물 79%정도이다.

사료에 함유된 원료가 양질의 재료일수록 소화율은 증가한다. 소화율이 낮은 사료는 대장에서 발효되는 과정을 거치기 때문에 이 때 과다한 양이 발효되면 대량의 가스가 발생하면서 설사가 유발될 수도 있다. 소화율이 낮은 사료일수록 영양소의 흡수율이 낮기 때문에 흡수율이 높은 양질의 사료에 비해 더 많은 양을 급여해야만 반려동물에게 필요한 영양소를 공급할 수 있다.

④ 대사에너지(Metabolization Energy)의 양

사료의 대사에너지양은 반려동물이 사용 가능한 에너지량을 말한다. 사료가 포함하고 있는 에너지의 밀도는 '반려동물이 어느 정도의 에너지를 필요로 하는지'와 '급여할 사료량'의 관계에 영향을 미치기 때문에 사료의 전반적인 가치를 평가할 때 중요한 요소로 작용한다.

⑤ 기타 요소들

양질의 사료를 제조하기 위해서는 원재료의 품질이 중요하다. 원재료의 품질이 높을수록 당연히 제조원가는 증가한다. 제품의 가격을 비교하기 위해서는 무게와 가격을 비교하는 것보다는 단위 당 실제 급여비용을 계산하는 것이 더 효과적이다. 또한 사료 제조업체의 브랜드의 지명도가 가격에 반영되는 측면이 있기 때문에 이러한 점들을 고려하여 사료의 가격이 적절한지에 대해 판단해야 한다.

(2) 반려견 사료 등급과 종류

같은 사료라 하더라도 품질에 따라 등급이 나뉜다. 가장 뛰어난 로가닉 등급부터 일반 사료까지, 반려견 사료는 여러 등급으로 나뉘어 유통되고 있다.

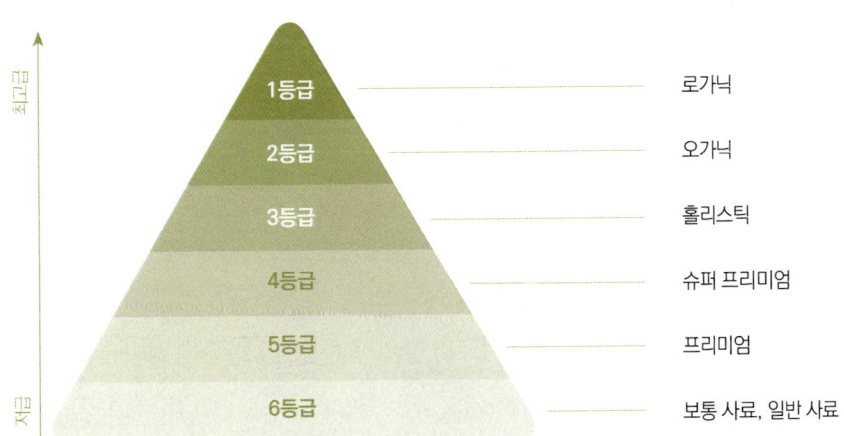

① 로가닉 - 1등급

'로가닉'이란 '날것(Raw)'과 '오가닉(Organic)'의 합성어로, 자연 친화적인 식재료를 사용했다는 것을 의미한다. 가공하지 않은 단백질을 사용하는 만큼 가격도 높아서 '황제견의 사료'라 불리기도 한다.

② 오가닉(유기농) - 2등급

AAFCO(미국사료관리국)의 기준에 따라 오가닉 인증을 받은 사료를 말한다. 유기농 제품을 가공한 원료를 95% 포함하고 있으며, 농약이나 항생제, 합성 비료 등을 사용하지 않은 제품에 오가닉 등급이 부여된다.

③ 홀리스틱 - 3등급

많은 견주가 선택하는 등급의 사료로, 로가닉과 오가닉에 비해 반려견의 기호성이 높다는 특징이 있다. USDA(미국 농무성)의 인증을 받은 사료로, 살충제와 합성 방부제가 들어 있지 않기 때문에 사람이 섭취해도 무해한 등급의 사료이다.

④ 슈퍼 프리미엄 - 4등급

육류가 곡물보다 많이 첨가된 사료로, 합성 방부제와 부산물이 들어가지 않은 고급 사료이다. 그러나 밀, 옥수수, 콩 등 알레르기 유발 원료가 사용되고 있으며 육류가 많이 첨가되어 있기 때문에 쉽게 살이 찔 수 있다는 단점이 있다.

⑤ 프리미엄 - 5등급

부산물을 주원료로 사용하며, 합성 방부제가 들어가는 사료이다. 영양가가 낮은 대신 인공 첨가물을 사용해 기호성을 높였다는 특징이 있다. 반려견이 합성 방부제를 섭취할 시 변의 냄새와 상태가 나빠질 수 있다.

⑥ 일반사료 - 6등급

일반 사료, 보통 사료, 마트/마켓용 사료로 불리는 저급 사료이다. 저가의 재료와 향신료, 곡물 잔여물, 농약, 색소 등을 사용하거나 원료의 출처가 불분명하다는 특징이 있다.

높은 등급의 사료라고 해서 곧장 선택하기보다는 영양소, 사료의 크기, 기호성, 가격 등의 요소를 적극 고려하는 것이 좋다. 많은 견주가 홀리스틱, 슈퍼 프리미엄 등급을 선택하고 있다는 점을 통해 사료마다 제각기 분명한 장단점이 존재한다는 것을 알 수 있다. 특히 눈물이나 관절, 털, 알레르기, 피부 등 사료 섭취 목적에 따라 기준이 달라질 수 있으니 사료 성분을 확인해 샘플을 신청해 반려견에게 소량 먹여 보고 반응과 기호성을 살펴본 뒤 사료를 선택하는 것이 좋다.

4) 반려견 사료 성분표&원료표

사료 성분표 혹은 원료표의 정보만으로는 좋은 사료인지 파악하기 어렵다. 반려견의 건강상태, 치아, 피부는 물론 기대수명에도 영향을 미치기 때문에 어떤 종류의 사료(건식, 습식, 선식 및 자연식 등)를 급여하든 최적인 사료를 찾기 위해서는 성분표 및 원료표를 읽을 줄 알아야 한다. 급여 중인, 혹은 예정인 사료가 영양학적 기준에 부합하는 사료인지, 필수 원료 및 영양소를 함유하고 있는지 직접 확인해보자.

- 사료의 원료표 확인사항 : 사료의 가장 큰 문제는 첨가된 '육분', '부산물' 및 각종 '첨가제'가 반려견의 건강 및 피부에 악영향을 준다는 것이다. 때문에 피해야 하는 원료를 먼저 확인하는 것이 중요하다.

(1) 피해야 하는 원료

- 고기 부산물(고기 외 폐, 신장, 비장 등)
- 육분(포유류 조직의 폐기물을 가공한 것)
- 높은 함량의 옥수수/정제된 쌀/밀가루 : 글리세믹 지수가 높아 혈당을 높이고 비만을 유발한다.

- 화학성분 : BHA(산화방지제), BHT(유지산화방지제), 에소키시킨(에톡시퀸), 아황산나트륨, 글리콜, 아셀레늄산 나트륨, 프로필린글리콜(보습제) 등의 식품첨가제는 장기복용 시 면역력 결핍, 발암, 호로몬 불균형 등의 악영향을 유발한다.

(2) 전 성분

분표는 크게 전 성분과 등록 성분으로 구분되어 있다. 전 성분은 해당 사료를 구성하고 있는 식재료 및 첨가제의 상세 목록으로, 중량이 높은 것부터 낮은 순으로 나열되어 있다. 위험성, 영양조성, 원재료적 이점 등을 살펴봐야 한다. 가장 많은 중량을 차지하는 것은 주요 단백질원이다. 오리, 닭, 칠면조, 돼지, 소, 연어 등으로 구성되어 있다. 그 다음은 탄수화물이다. 옥수수, 감자, 쌀, 밀 등의 식재료가 이에 포함된다. 그 외 식이섬유나 각종 미네랄 등은 사과, 토마토, 당근, 호박, 바나나 등과 채소에 포함되어 있다.

◎ 전성분

뼈를 발라낸 칠면조, 통건조란, 완두콩, 감자, 완두분, 천연향미제, 아마씨, 카놀라유, 뼈를 발라낸 연어, 뼈를 발라낸 오리, 탄산칼슘, 야자유, 사과, 완두섬유, 제일인산칼슘, 토마토, 알팔파, 당근, 호박, 고구마, 스쿼시, 바나나, 블루베리, 크랜베리, 블랙베리, 석류, 파파야, 렌틸콩, 브로콜리, 폴리인산나트륨, 염화나트륨, 건조 치커리뿌리, 염화콜린, 비타민합체(비타민E, L-아스크로빌-2-폴리포스페이트, 나이아신, d-판토텐산칼슘, 비타민A, 비타민B_1질산염, 리보플라빈, 베타카로틴, 비타민B_{12}, 비오틴, 염산피리독신, 비타민D_3, 엽산), 미량광물질류합제(황산제일철, 아연단백질화합물, 철단백질화합물, 셀레늄효모, 산화아연, 황산동, 망간단백질화합물, 구리단백질화합물, 산화망간, 요오드산칼슘), 타우린, 건조 락토바실러스 애니도필러스 발효산물, 건조 엔테로코커스페슘 발효산물, DL-메티오닌, L-리신, 염화칼륨, 파슬리, 페퍼민트, 녹차추출물, 유카추출물, L-카르니틴, 건조 로즈마리

(3) 등록 성분

사료의 전성분표 하단에서 등록 성분량(표)도 확인 가능하다. 사료의 종류에 따른 영양성분의 최소 함량 기준이 제시되어 있어 최소한의 기준에 부합하는지 체크할 수 있다. 조단백질은 가공을 거치지 않은 순수한 단백질로 개의 경우 18%, 고양이 26% 이상이어야 충분한 영양 공급이 가능하다. 최소한의 함유량이므로 이보다 적을 시 반려동물이 영양실조에 걸릴 수 있다. 일반식품이나 사료에는 순단백질 외에 질소화합물이 섞여 있어 10~20% 높은 값이 측정되어있다. 조지방 역시 같은 맥락으로 파악할 수 있다.

◎ 등록 성분

조단백	조지방	칼슘	인	조섬유	조회분	수분
27% 이상	13% 이상	1.2% 이상	0.7% 이상	4.5% 이하	7.5% 이하	10% 이하

	조단백질 최소 요구량		조지방 최소 요구량	
	건식사료	습식사료	건식사료	습식사료
강아지 사료	18%	4.5%	5%	1.5%
고양이 사료	26%	6.5%	9%	2.5%

건식, 습식 사료별 영양분 최소 요구량(생후 1년~6년 기준)

5) 사료에 대한 고찰

개의 조상은 고대 회색늑대이다. 늑대는 야생에서 썩은 고기도 먹으며 육식 위주의 생활을 했다. 그의 후손인 개들 또한 생식 자체가 자연스러운 식습관이었을 것이다. 그렇게 먹으면서도 건강상 특별한 지장을 받지 않았고, 그들에게는 이 방식이 기본적인 식이습관이었다. 하지만 오늘날은 대부분 가정집에서는 반려견에게 사료를 급여하고 있다. 사료는 편의성, 영양균형 등의 이유로 자연식 급여보다 선호되고 있다. 물론 일일이 손질하여 적정 급여량을 따로 측정하여야 하는 자연식보다 계량되어 있는 사료의 급여가 수월할 것이다. 다만, 개들의 입장에서는 어떨까?

정해진 때에 똑같은 음식을 먹으며 음식에 대한 아무런 즐거움을 느끼지 못하는 사료를 몇 년, 길게는 수십 년 동안 먹으면서 무슨 생각을 할까?
오늘날 사료 회사에서는 사료의 장점으로 영양의 균형을 언급하곤 한다. 자연식에 비해 사료는 반려견이 필요로 하는 영양소가 골고루 포함되어 있다는 것이 그들의 주장이다. 그러나 반려견이 필요로 하는 영양소는 과연 누가 지정한 것일까? 반려견 사료의 구성 성분표를 보면 다양한 야채, 채소, 과일, 염화콜린, DL-메티오닌, L-리신, 염화칼륨 등 이름도 생소한 여러 종류의 보조성분이 포함되어 있다.

야생의 개들은 오늘날 사료 안에 들어있는 각종 비타민과 무기질을 이렇게 섭취할 수 있었을까? 그렇지 않을 것이다. 체중, 견종 그리고 건강상태에 따라 권장되는 급여량이 다를 수밖에 없고, 건강에 따라 추가로 요구되는 영양소가 있을 것이다. 무엇보다 중요한 점은 자연식으로도 충분히 균형 잡힌 적정 영양소를 급여 가능하다는 것이다.
반려견 사료가 본격적으로 만들어지고 보급된 지는 불과 100년이 되지 않았다. 그렇다면 사료가 기존에 내려오던 개들의 자연식습관보다 우선되고 추천될 만큼 검증된 것일까? 한번쯤 의문을 가지고 진지하게 고민해봐야 할 부분이다. 이에 대해 정확한 근거를 토대로 반려견에게 급여가 이루어져야 할 것이다.

사료의 전성분을 보면 무슨 성분인지 알 수 없는 보조성분과 첨가물이 들어있다. 이런 성분이 과연 개들에게 도움이 되는 것일까? 사람들 사이에서는 천연 식재료, 로컬푸드, 비건 등 자연에서 온 식재료 그대로를 섭취하는 것이 가장 좋다는 인식이 확장됨에 따라, 일각에서는 보조비타민, 영양보조제 등을 기피하는 문화도 확산되고 있는 실정이다. 사람에게도 영양적으로 도움이 되는지 확실하지 않은데, 개들한테 이런 성분이 과연 도움이 된다고 자신 있게 말할 수 있는가?

우리는 흔히 언론, SNS, 사료회사에서 소개하는 사료의 장점을 위주로 들어왔을 것이다. 현실적으로 반려견을 키우는 대부분의 견주들은 급여의 방식을 선택할 때 사료를 우선적으로 생각할 수밖에 없다. 그러나 사료가 무조건 옳다는 식의 논리는 여러 요소를 모두 고려한 정확한 근거를 뒷받침하고 있지 않다.

사료에는 명확한 단점들이 존재한다.
1. 원료나 조리 환경이 어떤지 자세하게 확인이 불가하다.
2. 안전성이 보증되지 않는다.
3. 첨가물이 들어 있다.
4. 산화 방지를 했지만 개봉하면 산화가 시작된다.
5. 생산 관리나 원료의 문제로 드물게 이물질이 발견된다.

아래에서 자연식과 사료에 대해 4가지 대표적인 기준으로 특징을 비교해 보았다.

살펴본 대로 사료에 비해 자연식 급여의 장점이 훨씬 많음에도 불구, 대다수의 견주는 현실적인 문제에 부딪쳐 자연식 급여를 장기간 유지하지 못하는 것이 현실이다. 여기서 현실적인 문제라 함은 경제적, 시간적, 영양학적 지식의 문제 등을 들 수 있다. 편의를 위해 개발된 사료에 비해 자연식이 지식과 시간, 비용이 더 많이 드는 것은 부정할 수 없는 사실이다.

그러나 편의성 외, 사료가 자연식보다 좋다는 인식은 개선이 필요하다. 실제로 사람이 섭취하는 신선한 천연식재료, 균형 잡힌 레시피를 통한 건강한 조리, 또 반려견의 특성 및 건강상태에 따른 적정 급여량을 지킬 수 있다면 자연식 대신 사료를 선택할 이유는 전혀 없다. 어느 정도의 시간과 경제적 여유가 있다면 우리의 가족인 반려견을 위해 정성을 담은 건강한 자연식 급여를 시작해보는 것은 어떨까. 사료와 자연식에 대해 가지고 있는 편견을 뒤로 한 다면 반려견의 행복과 건강에 한 발짝 더 나아갈 수 있을 것이다.

2 자연식

1) 개요

반려견에게 먹일 수 있는 음식은 크게 자연식과 사료로 분류된다.

자연식은 신선한 생고기나 야채를 이용해 자연 원재료를 가공하지 않고 그대로 급여하는 방식이다. 자연식은 크게 두 종류로 나뉘는데, 생고기를 사용하는 생식과 익힌 고기를 사용하는 화식이 그것이다. 자연식은 기호성이 높고 입맛에 따라 식단을 맞출 수 있다는 장점이 있다. 하지만 사료보다 비교적 비용이 많이 들고, 직접 조리할 시 정확한 영양 성분을 파악하기 힘들다는 단점이 있다. 요즈음에는 쉽게 자연식을 급여할 수 있는 제품도 많이 출시되고 있다.

(1) 자연식과 사료

한국에는 아직 반려견 자연식 정보가 많지 않지만, 자연식의 인기는 점점 높아지는 추세다. 반려 문화가 발달한 나라에서는 사료보다 영양 성분에 맞는 자연식을 급여하는 경우가 많다. 사실 반려견에게 자연식을 급여하는 데 대한 찬반양론이 분명하게 나뉘어 있다. 찬성측은 장점이 명확한 만큼 정확히 연구해 급여하면 이점이 많다고 주장하고 있다. 자연식은 새로운 식단이 아니며, 오히려 사료가 새로운 식단이라는 것이 그들의 의견이다.

• **자연식에 대한 장점과 여러가지 의견?**

실제로 반려견에게 자연식을 오래도록 급여한 견주는 반려견이 아주 오래 살 수 있으며 죽을 때까지 병치레를 하지 않는다고 주장한다. 알레르기와 질병을 앓던 반려견이 자연식을 먹고 나서부터는 증세가 호전되었다는 증언도 있다. 스트레스 해소, 치아 건강, 소화기 기능 향상, 모질 및 피부 개선 등 자연식으로 많은 도움을 받았다는 의견도 많다.

이처럼 자연식의 장점이 명확한데도 왜 반대 의견이 생기는 것일까?

이는 중심 사상의 차이 때문이다. 같은 학문에 대한 학자들의 의견이 제각기 다르듯이, 반려견을 바라보는 시선과 입장은 제각기 다르다. 개가 육식동물인지 잡식동물인지, 식단을 구성할 때 영양 분석표에 의존할 것인지 식단의 다양성을 인정할 것인지에 따라 의견이 나뉠 수 있다.

엄밀히 말해 진화론적 관점이나 식습관을 미루어보아 개는 육식에 가까운 잡식동물로 보는 것이 타당하다. 유력한 미국 사료 협회 AAFCO(미국사료관리감독협회)에 따르면 개는 탄수화물은 꼭 필요로 하지 않는다.

일반적으로 건사료는 탄수화물의 비중이 비교적 높기 때문에 사료를 먹일 경우 필수 영양소를 섭취하고 있다고 보기 어려울 수 있다. 인간과 공생하며 탄수화물을 소화할 수 있는 효소가 개의 체내에 생겼다 하더라도 필수 영양소가 아닌 탄수화물을 매 식사 때마다 섭취하도록 하는 것은 기계적인 먹이 급여와 다르지 않다.

생식

사료

• **생식은 개의 수명을 연장한다?**

의사 Gerard Lippert와 Bruno Sapy는 중성화, 인간 가족, 주택 구성, 식단 등 개의 기대 수명에 영향을 끼치는 다양한 요인에 대해 조사했다. 그 결과 생식이 유의미한 요인으로 꼽혔는데, 생식은 개의 잠재적 기대 수명을 32개월까지 늘릴 수 있다고 한다. 상업적으로 유통되는 음식을 섭취한 개의 평균적인 기대 수명은 10.4년이었으나 생식을 섭취한 개는 13.1년이었다는 조사 결과가 이를 뒷받침하고 있다. 사람이 식습관에 따라 건강 상태가 달라지듯 개 또한 섭취하는 음식에 직접적인 영향을 받는 것이다.

생식은 기대 수명을 늘리고 체중 조절에도 용이할 뿐만 아니라 알레르기 위험을 감소시키고 노년기의 에너지와 체력을 향상시킬 수 있다. 또한 깨끗한 치아와 질병 감소로 병원 방문 횟수를 줄여 비용 절감의 효과도 있다.

연구에서는 생식을 천연 제품에서 추출한 단백질과 필수 비타민 및 미네랄의 좋은 공급원을 포함하는 양질의 재료를 사용하고 화학적 처리를 하지 않고 착색제 또는 첨가제를 포함하지 않는 것이라고 가정하였다.

  개들의 조상이 먹은 음식은 무엇이었을까?

늑대의 후손인 개는 이빨 구조나 내장 구조를 살펴보면 육식동물에 가깝다는 것을 알 수 있다. 그러나 일반적인 육식동물과 달리 마땅히 먹을 음식이 없을 때 채소와 과일, 풀, 허브 등을 섭취하기도 한다. 들개는 곡물을 소화시키지 못하고, 인간과 같이 이후에 사용하기 위해 곡물을 당으로 전환하지도 못한다. 그저 허기를 해소하기 위해 섭취하는 것이다. 들개는 여러 요인으로 3~4일 정도의 간격을 두고 먹이를 섭취하기도 한다. 반려견과 야생 개는 일주일 동안 음식을 먹지 않아도 건강상 어떤 문제를 겪지 않는다. 특히 들개는 연구원들이 말하는 "balance over time", 즉 '시간 경과에 따른 균형' 방식에 따라 행동하기 때문에 신체의 요구에 따라 필요를 충족시킬 수 있는 음식을 찾아 먹는다.

2) 자연식의 종류

(1) 생식

육류나 야채 등을 익히지 않은 채 날로 먹는 것을 두고 생식이라 한다. 최근 견주들은 반려견의 건강 관리 방법으로 생식 식단에 많은 관심을 보이고 있다. 실제로 생식 식단으로 변경한 이후 반려견의 알레르기 증상과 소화 불량이 호전되었다고 말하는 이들도 있다. 그러나 결론적으로 이야기한다면 생식은 무조건 건강에 좋은 것도, 무조건 나쁜 것도 아니다. 그러나 결론적으로 대부분이 그렇듯 생식 또한 무조건적인 장점만 가지고 있는 것은 아니다.

생식 급여의 장점과 단점

장점	단점
1. 원재료가 갖는 천연 상태의 영양소를 섭취할 수 있다. 2. 생식을 하면 재료에 그대로 함유된 수분으로 인해 자연스럽게 수분 섭취량이 증가하고 탈수나 신장 질환을 예방하는데 도움이 된다. 3. 사료에 첨가되는 인공 첨가물의 섭취가 줄어든다. 4. 생식을 하면 일반적인 사료와는 다른 식감 또는 향 때문에 호기심을 해소하고 먹는 즐거움을 느낄 수 있다. 5. 체질에 따라 사료의 성분이나 제조 공정으로 인한 알레르기, 설사, 변비 등이 유발될 수 있지만, 생식은 이를 예방할 수 있다.	1. 조리되지 않은 식재료는 수분 등으로 인해 쉽게 부패할 가능성이 높고, 기생충이나 박테리아가 증식할 수 있어 식중독이나 위장 질환의 원인이 될 수 있다. 2. 반려견의 체질에 따라 특정 식재료에 대해 알레르기 반응이 유발될 가능성이 있다. 3. 생식을 할 경우 기생충 감염을 예방하기 위해 구충제를 꾸준히 챙겨 먹여야 한다. 4. 생식은 반려견의 건강을 유지하기 위해 필요한 다양한 영양소를 골고루 보충하기 어렵다. 5. 장기간의 자연식은 영양 불균형을 초래하며 오히려 특정 영양소의 과도한 섭취로 인해 건강에 악영향을 미칠 가능성이 존재한다. 6. 뼈와 같이 단단한 식재료는 치과 질환을 유발할 가능성이 존재한다.

• **생식 급여 시 주의사항**

1. 생고기에는 살모넬라균이 함유되어 있을 수 있다. 반려견의 경우 장내 산성도가 높아 살모넬라균 감염 확률이 낮지만, 면역력이 낮은 반려견은 감염될 수 있다.

2. 뼈 급여 시 목에 뼈가 걸리거나 이빨이 부러질 위험이 있으며, 장 폐색 유발 가능성 등의 위험요인이 있다.

3. 부드러운 식재료 만을 급여하는 경우, 치아에 잔여물이 남아 치석을 유발할 위험이 높다.

4. 생식은 고단백 식단이기 때문에 장기간 지속하는 경우 췌장이나 신장 질환을 야기할 수 있

다. 특히, 내장 기능이 떨어진 노견의 경우 위험하다.

5. 칼슘과 인의 비율이 맞지 않는 경우가 많아 1년 미만의 강아지에게 급여하는 경우 뼈와 근육 발달에 문제가 생길 수 있다.

(2) 화식

불에 익힌 음식을 두고 '화식'이라 말한다. 음식을 가열하면 육류에 있는 기생충과 세균을 죽일 수 있기 때문에 더 안전하게 음식을 섭취할 수 있다.

화식의 장점과 단점

장점	단점
1. 생식보다 소화시키기 쉽다. 불에 익히면 단백질이 변성단백질이 되면서 펩티드 결합이 풀어져 소화효소가 작용할 수 있는 면적이 넓어진다. 따라서 익혀 먹는 것은 같은 양을 먹어도 날것보다 더 많은 에너지와 영양소를 흡수한다. 2. 식감이 부드러워지고 맛이 좋아져 기호성이 좋아진다. 3. 가열로 비타민이나 미네랄 등 식재료의 영양소가 일부 파괴되기는 하지만, 식품의 독성분을 무력화하거나 세균과 기생충을 죽여 안전한 식품으로 만들어준다. 4. 병원성 미생물에 대항하기 힘든 아픈 반려견에게 생식보다 도움이 된다.	1. 비타민C와 B처럼 특히 열에 약한 식재료의 성분이 파괴된다. 2. 해로운 성분이 만들어지는데, 특히 불포화지방산은 가열하면 과산화물이 생겨서 암, 동맥경화 등의 원인이 될 수 있다. 3. 화식의 기호성으로 인해 사료를 거부하는 경우가 생길 수 있다.

• **화식 급여 시 주의사항**

1. 모든 식재료를 소화하기 쉬운 크기로 잘게 썰고 섞어주는 것이 좋다.
2. 고기에 붙은 지방은 잘라내는 것이 좋고, 고기에서 나오는 기름은 웬만하면 제거한다.
3. 곡물, 육류, 채소 등을 알맞게 사용하여 영양 균형을 맞춘다.
4. 조리과정과 가열시간은 최대한 간단하게 한다.
5. 조리된 육류의 뼈는 반려견이 씹으면서 잘게 쪼개지고 날카로워지므로 제거한 후 급여 한다.

생식과 화식 중 어느 한쪽이 무조건 옳다는 의견은 잘못되었다. 자연식 방식을 선택할 때는 식재료의 영양소와 기호성, 알레르기 유무 등을 우선적으로 파악해야 한다. 이에 따라 화식으로 더 많은 양분을 흡수할 수 있는 재료와 생식으로 효소를 충분히 섭취할 수 있는 재료를 잘 섞어 식단을 골고루 운용하는 것이 좋다. 생식과 화식의 종류를 꾸준히 바꾸는 한편 반려견의 알레르기 유무를 파악하고, 음식의 종류에 따라 양분의 특성과 질이 다를 수 있다는 점을 감안해 식재료를 고르게 조합해 주어야 한다.

Chapter 03

펫푸드 - 영양학

1 반려견 영양소

사람과 마찬가지로 반려견도 일상생활에 꼭 필요한 영양소가 존재한다. 익히 알고 있듯이 반려견은 체중에 따라 요구되는 칼로리가 달라지는데, 건강을 유지하기 위해서는 칼로리에 따라 요구되는 필수 영양소가 달라지기 때문에 균형 있는 영양소 급여가 가능하도록 해야 한다. 사람과는 다른 반려견의 영양학적 특징을 알고, 필수로 섭취해야 하는 영양소의 종류 그리고 상황에 따라 조절해야 하는 영양소에 대한 지식을 습득한다면 반려견에 대한 더 전문적이고 체계적인 급여가 가능할 것이다.

1. 사람과 개의 영양, 대사적 차이점

필수아미노산	사람의 필수 아미노산은 성인 9개, 아기 9개이지만, 성견은 9개, 자견은 10개이다.
비타민 C	사람에서 비타민 C는 필수 비타민이지만, 개에서는 간에서 비타민 C를 합성할 수 있어 필수 비타민이 아니다.
콜레스테롤	사람과 다르게 반려견에게 높은 콜레스테롤 수치는 위험 요소가 아니다.
식이 특성	반려견 식이에는 반드시 육류가 포함되어야 한다. 반면, 사람은 곡류와 함께 채식이 포함되어야 한다.
섬유소	반려견은 사람과 달리 섬유소 섭취가 건강에 도움이 되지 않는다. 과량의 섬유소를 섭취 시, 변비, 배변 과다, 영양소 흡수 감소 등이 나타난다.
소화작용	반려견은 사람과 비교하면 탄수화물 소화효소가 적다.
기타	반려견의 후각은 인간보다 민감하기 때문에 산패된 음식을 섭취하려 하지 않는다. 운동선수는 경기 전 탄수화물을 많이 섭취하는 것이 도움이 되지만, 경기에 출전하는 반려견의 경우 지방을 많이 섭취하는 것이 도움이 된다.

2) 반려견 필수 섭취 영양소

펫푸드에서 가장 주의해야 할 점은 미네랄 결핍이다. 86%의 펫푸드 식이에서 칼슘, 인, 칼륨, 아연, 구리 수치가 부적절하고 45%의 경우 vit A, E 부적절, 35%에서 아미노산이 부적절하다고 보고되어 있다. 영양소의 결핍 여부와 그 정도에 따라 다양한 증상이 나타날 수 있다.

(1) 단백질

단백질은 주요 에너지 공급원으로 모든 생체 조직 구성에 영향을 미친다. 단백질의 질을 평가하는 기준은 아미노산의 조성과 흡수율인데, 고품질의 단백질은 단백질 내 필수 아미노산 조성이 훌륭하고 함량이 충분하며 흡수가 용이하다. 동물성 단백질에는 필수 아미노산이 골고루 함유되어 단백가가 높으니 식물성 단백질보다는 동물성 단백질을 급여하는 게 좋다. 또한 동물성 단백질이 동물의 성장을 촉진하는 UGF(Unknown Growth Factor, 미지성장인자)가 높고 소장에서의 흡수율도 높다. 그렇다고 식물성 단백질이 나쁘다는 것은 아니다. 식물성 단백질 섭취 시 비타민 무기질과 같은 영양소도 섭취할 수 있으니 함께 공급하는 것이 좋다. 단백질이 들어간 음식은 반려견의 기호에도 잘 맞는다.

 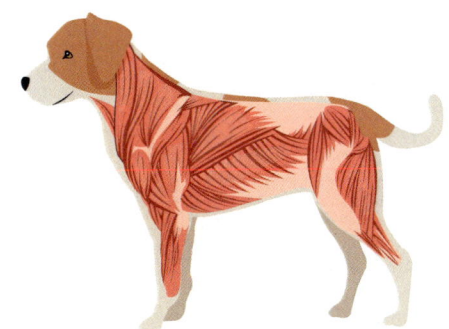

사료 내 단백질 적정량
AAFCO(미국사료관리감독협회)에 따르면 어린 강아지의 최소 단백질 권장량은 22.5%, 건강한 성견의 최소 단백질 권장량은 18%이다.
* 단백질이 많다고 무조건 좋은 것은 아니다. 단백질 분해 과정에서 나오는 독성이 있는 '암모니아'를 독성이 없는 '요소'로 바꾸어주는 대사가 신장 및 간에서 일어나기 때문에 대사가 원활하지 않은 노령견 및 신장, 간 질환을 앓는 반려견들에게는 저단백 사료가 권장된다.

(2) 지방

지방은 반려견의 생체 조절에 필수적이며 에너지를 가장 많이 공급할 수 있는 영양소이다. 특히 지용성 비타민(ADEK)을 흡수하기 위해 꼭 필요하다. 특히 생체 기능에 반드시 필요하지만 스스로 만들어내지 못하는 지방산인 오메가 3, 6의 경우는 외부로부터 섭취해야 한다. 지방은 에너지를 많이 만들어 내기 때문에 비만을 유발하기 쉬우며, 위장 건강에도 해롭기 때문에 적당한 급여가 중요하다. 치즈, 햄, 빵 등에 들어있는 '포화지방산' 및 '트랜스지방산'은 혈중 콜레스테롤 및 중성지방 수치를 증가시켜 혈액의 흐름을 방해하니 급여가 제한된다.

> **사료 내 지방의 적정량**
> AAFCO(미국사료관리감독협회)에 따르면 일반적인 성견의 경우 최소 5.5%는 사료에 함유되는 것이 권장된다. 추천되는 사료 내 지방 적정량은 9~15%이다. 어린 강아지나 수유 또는 임신 중인 반려견의 경우에는 최소 8%의 지방이 필요하고, 15~20% 정도의 지방이 권장된다.

(3) 탄수화물

탄수화물은 '당질'과 '식이섬유'로 구분된다. 탄수화물은 필수 영양소는 아니지만 뇌와 신경에 포도당을 공급해주며, 체내 흡수된 단백질과 지방이 더 효율적으로 활용될 수 있도록 도움을 준다. 장운동 촉진 및 변비 예방에도 효과가 있다. 또한 탄수화물 원료는 단맛을 가지고 있어 사료의 기호성을 높이고 포만감을 쉽게 느끼게 해준다.

시판되는 사료는 탄수화물 함량을 따로 표시하진 않기 때문에 '100%-(다른 영양소들 함량)%' 값으로 구할 수 있다. 사료에 표기된 '조섬유'를 '식이섬유'로, '가용무질소물(NFE)'을 '당질'로 이해하면 된다. '조섬유'는 대개 소화되지 않고 장 운동 촉진 및 변비 예방을 담당하기 때문에 영양학적으로 탄수화물 함량을 얘기할 때에는 '가용무질소물'의 비율만을 의미한다.

> **사료 내 탄수화물 적정량**
> 가용무질소물(NFE)의 비율이 20~40% 정도가 적당한 탄수화물 함량이다. 50%를 넘어가는 사료는 반려견에게 당뇨, 심혈관 질환, 비만 등의 원인이 될 수 있고 다른 영양소의 함량이 낮기 때문에 저품질 사료라고 볼 수 있다.

• **개에게 탄수화물이란?**

개는 육식에 가까운 잡식성 동물이기 때문에 탄수화물을 일부 섭취해도 문제가 없다. 헥소키나아제(hexokinase) 만을 가진 고양이와 달리 개는 글루코키나아제(glucokinase)도 갖고 있어 탄수화물을 열량 공급원으로 활용할 수 있기 때문이다.

스웨덴의 웁살라 대학의 연구에 따르면 늑대 중 일부가 오늘날의 개로 진화한 이유는, 오랜 옛날 초기 농민의 음식 찌꺼기를 먹으면서 점차 탄수화물을 소화하고 대사하는 능력을 갖추었기 때문이다. 연구에서 개와 늑대의 DNA를 분석해 차이가 크게 벌어지는 영역을 추적한 결과, 대부분 전분탄수화물 대사와 관련된 영역임이 밝혀졌다. 전분탄수화물을 효율적으로 에너지화 할 수 있는지 여부가 개와 늑대를 구분하는 근본적인 기준이라는 뜻이다.

• **개에게 탄수화물은 필수 영양소일까?**

 엄밀히 말하면 아니다. AAFCO미국 사료 감독 관리자 협회가 규정한 바에 따르면, 개에게 필요한 영양소에는 필수 영양소와 비필수 영양소가 있다. 필수 영양소에는 필수 아미노산이 있는 단백질,필수 지방산인 오메가 3, 6, 지방산이 함유된 지방이 있으며, 미네랄과 비타민, 포도당, 물도 필수 영양소로 분류된다. 탄수화물은 비필수 영양소이다.

• **탄수화물의 기능과 중요성**

 탄수화물은 개의 뇌와 신경에 포도당을 공급해주는 역할을 하기 때문에 중요한 에너지 공급원이라는 사실을 부정할 수는 없다. 탄수화물의 함량 기준은 따로 제시하지 않았지만 AAFCO도 포도당은 꼭 필요한 영양소로 규정하였다. 또, 탄수화물은 에너지화 되면서 체내 흡수된 단백질과 지방이 더욱 효율적으로 쓰일 수 있도록 돕는 역할을 한다. 특히 섬유질조섬유는 장 운동 촉진 및 변비 예방 효과도 지니고 있다. 적당한 양의 백미, 현미, 고구마, 오트밀 등의 전분은 상황에 따라 건강식으로 분류도 가능하다.또한 대부분의 탄수화물은 개가 좋아하는 단맛을 보유하여 사료의 기호성을 증가시키고 포만감을 느끼도록 돕는다.

(4) 물

 물은 반려견의 신체 대사를 위해 꼭 필요한 주요 영양소로, 신체의 절반 이상을 차지한다. 반려견이 하루에 필요한 물의 양은 하루 동안 섭취하거나 소비하는 칼로리에 비례하며, 반려견의 크기는 소비하는 칼로리와 반비례하기 때문에 반려견의 크기가 작을수록 물을 많이 필요로 하고, 클수록 더 적게 필요로 한다. 탈수 증상이 나타나기 쉬운 여름이나 환경에서는 습식 사료를 급여하거나 물에 꿀을 타주면 좋다. 기본적으로 음수량이 부족한 반려견의 경우 습식 사료나 수분이 많이 포함된 펫푸드를 급여하는 것도 좋은 대안이 될 수 있다.

(5) 비타민

비타민은 생명 유지에 필수적인 아미노산의 화합물로써 부족하면 대사가 원활하게 이루어지지 않는다. 비타민은 면역 및 인지 기능, 세포 기능 및 회복, 염증 감소, 지방 대사, 혈액 응고, 뇌 및 간 기능 등 폭 넓게 필요하다. 수용성과 지용성으로 나뉘며 강아지는 비타민B, 특히 티아민과 리보플라빈 등 지용성 비타민을 체내에 많이 저장하지 못하므로 정규 식단에 필수적으로 포함해주어야 한다.

- 지용성비타민(A, D, E, K) : 열에 강해 조리과정에서 변형 및 손실이 덜 된다.
- 수용성비타민(B, C) : 열에 약해 생채로 먹거나 살짝 데쳐서 급여한다.

(6) 미네랄(무기질)

'무기질'은 대사 과정을 거치지 않고 에너지를 발생시키지 않는 무기화합물을 의미한다. 반려동물은 체내에서 무기질을 합성할 수 있는 능력이 없기 때문에 음식을 통해 공급되어야 한다. 무기질은 삼투압 조절, 뼈와 치아의 구성물, 세포막의 투과성 조절, 대사 반응 등에 관여한다. 신체가 필요로하는 양에 따라 많은 양을 필요로 하는 '다량 무기질'과 적은 분량으로 충족한 '미량 무기질'로 나누어진다.

- 다량 원소 : 칼슘, 인, 칼륨 등.건강한 뼈 성장,신경 자극의 전달과 근육 대사 등 핵심 기능을 뒷받침한다.
- 미량 원소 : 철, 구리, 망간 등.건강한 피부, 뼈, 피, 털에 관여한다.

3) 반려견 하루 칼로리 요구량 계산

반려견에게 펫푸드 급여 시 하루 필요 칼로리와 펫푸드의 칼로리를 알면 이를 뺀 나머지 필요 칼로리를 사료로 충족시켜야 하기 때문에 익혀야 하는 중요한 개념이다. 이 공식을 통해 나이(월령), 임신 또는 수유 여부, 중성화 여부, 비만 여부, 견종(소, 중, 대형)에 따른 구체적인 기준을 가지고 하루 에너지 요구량을 계산할 수 있다(각각의 '활동 지수'가 다르기 때문에 본인 반려견에 맞는 활동 지수를 대입하여 계산).

사람과 마찬가지로 반려견도 소모하는 칼로리보다 많은 칼로리를 섭취하면 비만이 되고, 소모하는 칼로리보다 적은 칼로리를 섭취하면 살이 빠지며 면역력이 떨어진다. 따라서 반려견의 건강을 위해서는 적정량의 칼로리를 섭취하게 하는 것이 가장 중요하다.

최근에는 반려견 영양 관리를 위해 '기초에너지 요구량(RER)'을 바탕으로 '하루 에너지 요구량(DER)'을 계산하여 적용하는 방식이 많이 쓰인다. 기초 에너지 요구량은 체온 유지, 혈액 순환, 호흡, 심장 등 장기 기능과 같이 기초적인 생명활동을 위해 필요한 칼로리이다. 말 그대로 반려견이 가만히 쉴 때 하루 동안 소비하는 열량이다.

$$RER(kcal/day) = 70 \times 체중(kg)^{0.75}$$
(네이버 공학용 계산기를 통해 쉽게 계산 가능)

하루 종일 가만히 있는 반려견은 없기 때문에 RER을 반려견의 적정 칼로리로 활용할 순 없다. 따라서 RER을 현실적으로 보정하여 하루 에너지 요구량을 계산한다. 이는 하루 권장 칼로리에 해당하는 개념으로, RER에 '활동 지수'를 곱한 값을 기반으로 반려견이 하루를 생활하는 동안 필요한 칼로리를 계산하는 것을 말한다.

$$DER(kcal/day) = RER(kcal/day) \times 활동지수$$

ex) 체중 5kg의 중성화한 성견의 DER을 계산해보자.
RER은 234kcal/day에 중성화한 성견의 활동 지수 1.5~1.7의 중간값인 1.6을 곱하면 374.4kcal/day가 나온다. 이 결과값을 기준으로 사료의 배급량을 조절하면서 반려견에게 필요한 적정 칼로리를 알아낼 수 있다.

DER에 활용되는 활동지수는 성장단계, 강아지 상태, 견종 크기에 따라 달라지기도 한다. 같은 4kg의 강아지라도 12개월 이하의 강아지는 더 많은 칼로리를 필요로 하기 때문에 12개월 이하 강아지의 사료는 부피 당 칼로리가 성견용 사료보다 높다. 성장을 위해 더 많은 영양을 필요로 하는 반면 내부 장기의 크기는 아직 작기 때문이다. 임신 또는 수유 중인 강아지에게도 평소보다 더 많은 칼로리 섭취가 필요하므로 12개월 이하 강아지용 고에너지 사료를 급여하는 것이 좋다. 태아가 점점 커지면서 위를 압박하여 식욕이 감퇴하거나 출산으로 인해 기력이 감소하여 사료 섭취량 역시 감소하기 때문이다. 일반적으로 소형견들이 대형견들보다 칼로리 소비가 높은데, 그 이유는 작은 동물들은 큰 동물들보다 체중에 대한 체표면적이 넓기 때문이다. 따라서 소형견들은 활동지수를 더 높게 잡아주고, 대형견들은 활동 지수를 더 낮게 잡아 계산해야 한다.

Q. 소형견, 중형견, 대형견을 구분하는 기준은 무엇인가?

소형견, 중형견, 대형견에 대한 명확한 기준이 정해져 있는 것은 아니다. 국립축산과학원 기준에 따르면 소형견 : 10kg 미만 / 중형견 : 10kg 이상~ 25kg 미만 / 대형견 : 25kg 이상으로 구분하고 있다.

반려견의 상태	활동 지수		
	소형견	중형견	대형견
4개월 이하	3	3	3
5~12개월	2	2	2
중성화한 성견(1년 이상)	1.5	1.6	1.7
중성화하지 않은 성견(1년 이상)	1.7	1.8	1.9
체중감량이 필요한 성견(1년 이상)	1	1	1
임신, 수유 중 반려견	2	2	2

크기에 따른 견종 구분표

펫푸드 급여 시 본인 반려견의 DER을 계산하여 펫푸드 열량을 뺀 나머지 필요 칼로리는 사료로 급여하면 반려견의 DER을 충분히 충족시킬 수 있다. 여기서 중요한 점은, 이 공식을 이용해서 반려견에게 식단 급여를 하더라도 직접 급여 후 반응을 통해 유동적으로 바꿔가면서 적절한 양의 식단을 찾는 것이다. 이 공식은 어디까지나 'Starting Point'라는 것을 인지할 것. 반려견이 건강한 상태로 적정 체중을 유지하고 있는 성견이라면 세계소동물수의사회에서 권장하는 표를 참조하여도 좋다.

체중(kg)	적정 칼로리(kcal)	체중(kg)	적정 칼로리(kcal)	체중(kg)	적정 칼로리(kcal)
2	140	11	510	20	790
3	190	12	540	21	820
4	240	13	570	22	850
5	280	14	610	23	880
6	320	15	640	24	910
7	360	16	670	25	940
8	400	17	700	26	970
9	440	18	730	27	1,000
10	470	19	760	28	1,020

4) 상황별 필요 영양소 &급여 방법 및 주의사항

(1) 노령견

노령견의 영양요건은 성견의 영양 요건과 상당히 다르기 때문에 특별히 신경을 써야 한다. 연령과 건강 문제에 따라 반려견의 활동 수준이 달라지기 때문에 그에 따라 섭취량을 맞춰야 한다. 반려견에게 관절염이 있다면 움직임이 적어 체중이 증가하기 쉽다. 과체중일 때는 저열량식을 해야
한다. 충분한 양을 섭취할 수 있도록 치아의 상태도 꾸준히 체크해야 하며, 급여하는 펫푸드의 모양, 크기, 단단한 정도 역시 고려해야 한다.

노령견을 위한 사료 및 펫푸드는 다음과 같은 특성을 갖추고 있어야 한다.

- **높은 비타민 C 및 E 함량**

  비타민은 노화와 관련된 유해한 효과로부터 몸을 보호하는 항산화 특성을 가지고 있다.

- **고품질의 단백질**

  나이든 반려견은 소화 기능이 감퇴하여 단백질을 효과적으로 활용하지 못한다. 때문에 필수 아미노산이 골고루 함유되어 있고 소화가 잘되는 고품질의 단백질을 제공해야 한다.

- **높은 철, 구리, 아연, 망간 원소 비율**

  이 영양소들은 피부와 털 상태를 양호하게 유지하는데 도움이 된다.

- **많은 양의 고도 불포화 지방산**

  대두유 또는 그보다 좋은 보리지 오일이나 어유도 털의 품질을 유지하는데 사용된다.

- **약간 많은 양의 섬유질**

  섬유질 함량을 높이면 노령견의 신체 활동 감소에 동반하는 변비의 위험을 줄이는데 도움이 된다.

(2) 비만견

비만의 원인은 다양하지만, 어떤 원인으로 인한 비만이든 저지방 식단으로 비만을 해결할 수 있다. 칼로리가 낮은 사료라도 지방 함량 비율이 높으면 체지방이 쌓이기 쉬우니, 강아지 식단에서 지방의 함량을 낮추는 것이 중요하다. 체중 감소가 필요하다면 지방 함량이 9%이하의 사료를 권장한다. 자연식이나 요리 등 초저지방 펫푸드를 급여하는 것도 좋은 방법이다. 다이어트 시에는 외부 섭취가 필수적인 오메가3, 6가 부족해질 수 있으므로 따로 펫푸드를 통해 보충해주거나 일주일에 한 번 정도 오메가3, 6이 풍부한 씨앗 기름 아마씨유, 해바라기유 등을 펫푸드 재료로 활용하는 것도 좋다. 다이어트에 성공하더라도 요요 방지를 위해 한동안은 지방 함량이 14%이상인 사료는 지양하도록 한다.

> **BCS**
> 저체중, 과체중의 정도를 숫자로 환산하여 표기하고자 한 것이 바로 Body Condition Score(BCS)이다. BCS은 반려동물의 체지방을 평가하는 척도로서 체지방에 따라 표준 상태인 5단계를 기준으로 기아 상태인 1단계부터 심각한 비만 사태인 9단계까지로 나뉜다. 유아기나 임신, 수유기 등 특정체형을 가진 경우가 아닌 성년기의 반려동물을 대상으로 한다.

- **측정 및 해석방법**

BCS는 눈으로 보는 방법과 손으로 만지는 방법 두 가지로 평가한다. 위에서 갈비뼈와 허리를 확인, 옆에서 허리의 모양을 확인한 뒤 손에 힘을 빼고 가볍게 몸통을 만져서 확인한다.

1	갈비뼈, 요추, 골반 뼈 그리고 모든 뼈 융기가 드러나며 체지방이 보이지 않으며 명백한 근육 손실이 보인다.
2	갈비뼈, 요추, 골반 뼈기 쉽게 보이며 지방이 만져지지 않고, 몇 뼈 융기가 보이고 근육량의 적은 감소가 보인다.
3	갈비뼈가 쉽게 만져지며 만져지는 지방이 적다. 요추의 끝이 보이며 골반 뼈 융기가 나타나고 허리와 복부가 홀쭉해진다.
4	적당한 지방이 덮힌 갈비뼈가 쉽게 촉진되고 허리가 쉽게 구분되며 옆에서 봤을 때 배가 들어가 있다.
5	과도한 지방 없이 갈비뼈가 만져지며 위에서 봤을 때 갈비뼈 뒤에서 허리가 보이며 옆에서 봤을 때 배가 들어가 있다.
6	경미하게 지방이 덮힌 갈비뼈가 만져지며 허리가 구분되지 않으나 튀어나오지는 않았다. 복부가 들어가 있어 구분이 된다.
7	지방에 덮혀있어 갈비뼈를 만지기 힘들다. 요추와 몸 쪽 꼬리 부분에 지방의 축적이 보인다. 허리를 구분하기 힘들고 배는 아직 들어가 있다.

8	많은 지방이 덮고 있어 갈비뼈가 만져지지 않으며 요추와 몸 쪽 꼬리 부분에 많은 지방이 축적되어 살이 접힌다. 허리와 배가 구분이 안 된다. 명백한 복부의 팽창이 보인다.
9	매우 많은 양의 지방이 목, 척추, 몸 쪽 꼬리에 축적되어 살이 접히며 허리, 배가 구분이 안 된다. 사지에도 지방이 축적되며 복부 팽창이 있다.

BCS 1단계와 2단계는 갈비뼈, 허리뼈, 골반뼈가 확연히 드러나 보이고 손에 잡히는 지방이 거의 없는 상태이다. 근육이 거의 없고 가죽만 있으면 1단계, 최소의 근육만 있는 경우는 2단계라고 보면 된다. 정상체중에 비해 약 40% 이상 저체중 상태로 치료가 필요한 상태이다. 3단계는 갈비뼈가 쉽게 만져지며, 지방이 매우 적은 상태이다. 갈비뼈 뒤로 허리가 확실히 구분되며 허리와 골반 부분에 지방조직이 약간 있는 상태이다. 정상체중에 비해 약 20%정도 저체중인 상태이다. 4단계와 5단계는 갈비뼈가 보이지는 않지만, 손에 힘을 빼고 만졌을 때 만져지는 상태로 위에서 봤을 때 허리를 확인할 수 있다. 이 단계가 가장 이상적인 체형이다. 6단계와 7단계에서 위에서 봐서 허리를 확인하기 힘들면 과체중이다. 허리가 약간 들어가 있고 배가 살짝 둥글다면 7단계로 볼 수 있다. 이때는 정상체중보다 약 20%이상 더 나가는 상태이다. 8단계와 9단계는 손에 힘을 주고 만져야 갈비뼈가 만져지는 상태로 위에서, 옆에서 봤을 때 허리가 없는 상태이다. 배를 만졌을 때 약간 팽팽하다는 느낌이 들면 9단계 이상으로 정상체중의 약 40%이상 과체중으로 즉시 비만치료가 필요하다. 대부분의 반려 동물에서 목표는 BCS 4~5 단계에 속한다. 성견에게 높은 BCS와 관련된 질병 위험은 6단계 이상에서 증가하며, 성장하는 강아지가 낮은 BCS를 보이면 위험이 발생할 수 있으니 주의해야 한다.

• **BCS와 식이조절**

BCS가 높은 경우 현실적인 목표를 설정하여 천천히 계획을 실행해야 한다. 식이조절은 BCS

조절에 큰 영향을 끼치므로 신경 써서 실행한다.

첫 번째로, 세밀하게 식사량을 조절해야 한다. 간식을 주는 경우 그만큼 식사의 양을 줄여야 한다. 또한 하루에 식사를 여러 번 나누어 소식하도록 한다. 갑자기 식사량을 줄이면 예민해지고 사나워질 수 있으나 열량이 낮은 식사를 자주 급여하면 시각적인 만족감을 줄 수 있다. 미리 정해진 양을 정해진 시간과 장소에서 먹이도록 한다. 지방 함량이 높은 고지방 간식, 치즈 등의 음식은 피해야 하며, 섬유질이 풍부한 고단백 음식을 위주로 준다. 음식을 너무 빨리 섭취하게 되면 포만감이 늦게 와 더 많은 음식을 원할 수 있으니 천천히 먹을 수 있도록 유도한다.

BCS가 낮은 경우, 사료양을 늘려 영양적 요구량을 충족시켜야 한다. 고칼로리와 고단백질 음식을 선택하여 먹인다. 지방과 단백질이 많은 종류의 육류를 간식으로 제공하고, 기호성이 좋은 호박과 고구마 등은 영양적인 면에 더해 체중 증가에 도움이 된다. 활동량이 많은 오전 또는 낮 시간에는 양을 적게 또는 적절히 급여하고, 저녁에는 조금 더 양을 늘려 준다. 저녁에는 활동보다는 잠을 주로 잠을 자기 때문에 에너지로 사용되지 않고 지방으로 변하기 쉽기 때문이다.

• **비만인 개를 위한 식재료**

식이섬유와 마그네슘 및 비타민K를 다량 함유하는 강낭콩이 좋다. 당근은 비타민A를 함유한 대표적인 음식으로, 철분, 칼슘, 칼륨 등도 포함되어 있고 저열량이다. 섬유질이 풍부한 오트밀, 렌틸콩, 치아씨드 등은 많지 않은 양으로도 포만감을 느끼기 때문에 비교적 수월하게 체중을 감량할 수 있다. 또한 시금치와 상추, 무 잎, 케일 등의 녹색 채소는 풍부한 식이섬유를 함유하여 체중 감량에 효과적이다

> **TIP** 사료를 급하게 먹는 식습관을 개선하기 위해서 슬로우 식기를 사용하는 것이 도움이 된다.

(3) 임신 중인 반려견

임신한 반려견에게 특별히 영양소를 공급해 줘야 한다고 생각해 고열량의 식단을 구성하는 경우가 있다. 그러나 무분별한 영양 공급은 오히려 비만을 유발하고 제대로 된 출산을 방해할

수 있으며, 출산 후 반려견의 건강을 악화시킬 수 있다. 그러므로 반려견의 임신에 대해 정확히 이해하고 적절한 영양소를 공급해 줘야 한다. 반려견은 63일, 약 9주 정도 임신 기간을 갖는다. 5주차까지는 추가적으로 공급해 줘야 하는 영양소가 특별히 없기 때문에 평소대로 식단을 구성해 급여하면 된다. 미국 뉴욕에 있는 The Animal Medical Center의 연구 결과도 이 의견과 비슷하며, 미국 대형 사료 업체인 Royal Cannin, Purina, Hill's Pet에서도 동의를 표한다. 만약 이 시기에 반려견이 입덧이나 식욕 저하로 음식 섭취를 거부할 경우 수의사와 상담을 해야 한다. 배 속의 강아지들은 임신 6주차부터 9주차까지 빠르게 성장한다. 이때부터는 임신한 반려견의 영양 공급에 신경을 써야 한다. 6주차에는 평소 급여 열량의 1.25배 수준으로 공급하고, 시간 경과에 따라 양을 늘려 9주차가 되었을 때는 1.5배 수준으로 식단을 구성하면 된다. 이때 반려견의 체중이 임신 전보다 30% 이상 늘지 않도록 관리해 주는 것이 좋다. 임신 후기에 필요한 단백질은 100kcal당 6.3g 정도이다. 이때 단순히 급여량을 늘리는 대신 조금씩 자주 먹이는 것이 좋다. 임신 6주 이후부터는 복압이 증가해 섭취량이 늘기 때문이다. 임신 후기에는 고열량 저섬유 식단이 권장된다. 배 속 강아지가 성장할수록 모견의 위가 작아지므로 하루에 섭취해야 하는 음식을 최소 4회 이상 나누어 먹이는 것이 좋다. 특히 이때 반려견은 소화흡수율이 높은 고열량 음식, 즉 지방을 필요로 하기 때문에 질 좋은 동물성 지방을 먹이면 좋다. 지방은 배 속 강아지의 피부와 피모, 시력, 기억력, 학습 능력, 면역체계, 신경 계 등이 발달하는 데 사용되는 필수 영양소이다. 임신 중 오메가3 지방산(DHA)이 많이 함유된 음식을 먹이면 자궁 내 발달을 도울 수 있다. DHA는 우유가 나오는 기간에도 섭취할 수 있도록 하는 것이 좋다. 임신 중에는 비타민을 비롯한 여러 영양소를 고루 섭취해야 하므로 육류와 생선 외에도 해조류, 채소 등을 먹이면 좋다.

 임신 중 칼슘을 공급해도 괜찮을까?

임신 기간에 영양제나 음식을 통해 칼슘을 과하게 섭취할 시 체내 칼슘 분배를 조절하는 호르몬이 제 기능을 하지 못해 분만 시 필요한 칼슘이 조절되지 않을 수 있다. 이로 인해 임신중독증에 걸릴 수 있으므로 주의해야 한다. 칼슘 공급은 분만 후 칼슘이 빠져나가는 수유 기간 중 이뤄지는 것이 좋으며, 칼슘과 함께 미네랄 성분도 충분히 공급해 줘야 한다.

Chapter 04

펫푸드 - 식품학

1 반려견 섭취 가능 식재료

1) 개요

가축화가 된 이후로 개는 인간과 함께 거주하면서 인간이 섭취하는 음식들의 상당 부분을 공유하면서 살아왔다. 하지만 인간과 반려동물은 가지고 있는 신체의 대사능력이 서로 다르고 필수적으로 요구하는 영양소도 서로 상이하다. 또한 인간과 개는 서로 다른 소화기관을 가지고 있기 때문에 섭취할 수 있는 음식의 종류와 양도 서로 다르다. 이런 차이점에 유의하여 반려견에게 급여가 가능한 식재료와 급여해서는 안 되는 식재료를 구분할 수 있어야 한다. 적절한 식재료를 선정하기 위한 전문적인 지식은 펫푸드 스타일리스트에게 기본적으로 요구되는 소양이다. 따라서 본 단락에서는 반려견에게 급여할 수 있는 식재료와 권장 섭취량 그리고 유의해야 할 사항들에 대해 이해하도록 한다.

2) 과일류

전반적인 주의사항

- 껍질, 씨앗 등은 제거해준다.
- 먹기 좋게 한입 크기로 썰어준다.
- 과잉 섭취 시 설사, 복통 등의 증상이 나타날 수 있다.
- 당분이 높은 과일은 소량만 섭취하도록 한다.
- 알레르기 반응 주의
- 가공식품(잼, 주스 등)은 급여하지 않는다.
- 건조과일은 당분이 높으므로 생과일을 급여하는 것이 가장 좋다.

권장 섭취량

- 하루 칼로리의 10% 이상을 급여하지 않도록 한다.

조각은 흔히 말하는 과일을 8등분 했을 때 나오는 분량
단, 수박이나 멜론 등의 중대형 과일은 슬라이스로 표기
슬라이스는 조각을 4등분 정도 했을 때 나오는 분량

1조각   1슬라이스

사과

영양성분 (100g 기준)	칼로리	단백질	탄수화물	지방	수분	무기질	엽산
	53kcal	0.2g	14.36g	0.03g	85.2g	0.21g	3μg

주요 영양소: 비타민A, 비타민C, 비타민B6, 칼륨, 엽산, 펙틴
효능: 영양가가 높고 비타민, 미네랄이 풍부해 콜레스테롤 배출 효과가 있다.
주의사항: 씨앗, 심지를 제거한 후 급여한다. 알레르기 반응 주의
권장 섭취량: 소형견 1조각, 중형견 1.5-2조각, 대형견 3-3.5조각

귤

영양성분 (100g 기준)	칼로리	단백질	탄수화물	지방	수분	무기질	칼슘
	39kcal	0.7g	9.9g	0.1g	89g	0.3g	13mg

주요 영양소: 비타민C, 식이섬유, 베타카로틴, 엽산, 칼륨
효능: 피부 보호, 면역력 향상, 노화방지, 변비 예방 효과가 있다.
주의사항: 겉, 속껍질을 모두 제거하고 알맹이만 급여하는 것이 좋다.
권장 섭취량: 소형견 2-3쪽, 중형견 4-6쪽, 대형견 1개

수박

영양성분 (100g 기준)	칼로리	단백질	탄수화물	지방	수분	무기질	비타민B5
	31kcal	0.79g	7.83g	0.05g	91.1g	0.23g	0.53mg

주요 영양소: 비타민A, 비타민C, 비타민B5, 칼륨, 라이코펜
효능: 라이코펜의 항산화 작용 외에도 이뇨 작용이 있다.
주의사항: 씨와 껍질을 제거하고, 당도가 높으므로 소량만 급여한다.
권장 섭취량: 소형견 1슬라이스, 중형견 1.5-2슬라이스, 대형견 3-3.5 슬라이스

딸기

영양성분 (100g 기준)	칼로리	단백질	탄수화물	지방	수분	무기질	비타민C
	36kcal	0.8g	8.9g	0.2g	89.7g	0.4g	71mg

주요 영양소: 비타민A, 비타민C, 식이섬유, 칼륨, 안토시아닌
효능: 안토시아닌과 비타민C가 풍부해 눈 건강과 면역력 강화 효과가 있다.
주의사항: 꼭지를 제거하여 급여, 과잉 섭취 시 고칼륨혈증에 의한 부작용
권장 섭취량: 소형견 1/2개, 중형견 3-4개, 대형견 5개

복숭아

영양성분 (100g 기준)	칼로리	단백질	탄수화물	지방	수분	식이섬유	칼륨
	49kcal	0.59g	13.1g	0.04g	85.8g	2.6g	216mg

주요 영양소: 비타민A, 비타민C, 아스파르트산, 식이섬유
효능: 비타민이 풍부해 피로 해소에 좋고 변비 예방에 도움을 준다.
주의사항: 껍질, 씨앗, 심지를 제거한 후 급여한다.
권장 섭취량: 소형견 1조각, 중형견 1.5-2조각, 대형견 3-3.5조각

블루베리

영양성분 (100g 기준)	칼로리	단백질	탄수화물	지방	수분	무기질	비타민K
	48kcal	0.55g	12.57g	0.09g	86.6g	0.19g	25.9μg

주요 영양소: 비타민A, 비타민C, 비타민K, 안토시아닌, 폴리페놀
효능: 안토시아닌이 풍부해 눈건강에 좋고, 항산화 기능을 해 노화 방지에도 효과가 있다.
주의사항: 지나치게 많은 양을 먹이면 위산이 과다 분비될 수 있다.
권장 섭취량: 소형견 2-3개, 중형견 4-6개, 대형견 6-9개

라즈베리

영양성분 (100g 기준)	칼로리	단백질	탄수화물	지방	수분	칼륨	비타민E
	52kcal	1.2g	11.94g	0.65g	85.75g	151mg	3.39mg

주요 영양소: 망간, 안토시아닌, 식이섬유, 비타민C, 비타민E
효능: 안토시아닌이 풍부해 눈건강에 좋고 , 항산화 기능을 해 노화 방지에도 효과가 있다.
주의사항: 결석의 구성성분인 수산 함량이 높은 편으로 과량 섭취하지 않는다.
권장 섭취량: 소형견 1개, 중형견 1.5-2개, 대형견 3-3.5개

크렌베리

영양성분 (100g 기준)	칼로리	단백질	탄수화물	지방	수분	무기질	비타민E
	46kcal	0.46g	11.97g	0.13g	87.32g	0.12g	1.36mg

주요 영양소: 비타민C, 비타민E, 식이섬유, 안토시아닌
효능: 혈중 콜레스테롤을 떨어뜨리고 항산화 역할을 해 심장건강에 좋다.
주의사항: 옥살산 성분이 있어 신장 질환이 있는 경우 섭취에 주의한다.
권장 섭취량: 소형견 2-3개, 중형견 4-6개, 대형견 6-9개

오렌지

영양성분 (100g 기준)	칼로리	단백질	탄수화물	지방	수분	식이섬유	비타민C
	47kcal	0.92g	13.1g	0.04g	86.8g	2.1g	50.51mg

주요 영양소: 비타민C, 식이섬유, 엽산
효능: 피부 건강 강화, 노화 방지의 효과가 있다.
주의사항: 신맛이 강해 자극적인 편이므로 주의한다.
권장 섭취량: 소형견 1조각, 중형견 1.5-2조각, 대형견 3-3.5조각

레몬*

영양성분 (100g 기준)	칼로리	단백질	탄수화물	지방	수분	인	비타민
	31kcal	1.4g	7.6g	0.8g	90.4g	15mg	52mg

주요 영양소: 비타민C, 식이섬유, 인
효능: 피부 건강 유지, 노화 예방, 항산화 기능 효과가 있다.
주의사항: 산도가 높아 강한 자극을 주기 때문에 섭취를 권장하지 않는다.

배

영양성분 (100g 기준)	칼로리	단백질	탄수화물	지방	수분	무기질	나트륨
	46kcal	0.3g	12.35g	0.04g	87g	0.31g	미량

주요 영양소: 칼륨, 식이섬유, 비타민C, 루테올린
효능: 고혈압을 예방하는 칼륨 변을 보는 횟수를 조정하는 소르비톨 등을 함유하여 신진대사를 촉진한다.
주의사항: 흔하지는 않지만 알레르기 반응이 있을 수 있으므로 주의한다.
권장 섭취량: 소형견 1조각, 중형견 1.5-2조각, 대형견 3-3.5조각

바나나

영양성분 (100g 기준)	칼로리	단백질	탄수화물	지방	수분	무기질	마그네슘
	84kcal	1.1g	21.94g	0.1g	76.1g	0.76g	28mg

주요 영양소: 마그네슘, 비타민B군, 비타민C, 식이섬유
효능: 포만감 유지가 오래가고, 면역력을 향상시키는 데 도움을 준다.
주의사항: 칼륨이 풍부하므로 신장과 심장 기능이 저하된 반려견은 주의 필요
권장 섭취량: 소형견 1/5개, 중형견 1/3개, 대형견 1/2개

멜론

영양성분 (100g 기준)	칼로리	단백질	탄수화물	지방	수분	무기질	칼륨
	40kcal	1.5g	9.64g	0.04g	88.1g	0.72g	374mg

주요 영양소: 칼륨, 베타카로틴, 비타민B12, 비타민C, 비타민E
효능: 이뇨 작용, 항산화 기능, 변비 예방, 안구 건강 강화 효과가 있다.
주의사항: 칼륨 함량이 높으므로 신장이 약한 반려견은 주의가 필요함.
권상 섭쥐량: 소형견 1조각, 중형견 1.5-2조각, 대형견 3-3.5조각(큐브 모양의 조각)

키위

영양성분 (100g 기준)	칼로리	단백질	탄수화물	지방	수분	무기질	칼륨
	64kcal	0.8g	14.8g	1.0g	82.8g	0.6g	257mg

주요 영양소: 비타민C, 비타민E, 비타민K, 엽산, 칼륨, 식이섬유
효능: 비타민이 풍부하고 액티니딘이란 소화효소가 함유되어 있어 장을 편안하게 해준다.
주의사항: 덜 익은 키위에는 옥살산이 많이 있으므로 잘 익은 것을 급여
권장 섭취량: 소형견 1/2슬라이스, 중형견 1슬라이스, 대형견 2슬라이스

1. 반려견 섭취 가능 식재료

살구

영양성분 (100g 기준)	칼로리	단백질	탄수화물	지방	수분	칼륨	베타카로틴
	30kcal	1.2g	7.12g	0.05g	90.9g	249mg	2280µg

주요 영양소 : 베타카로틴, 비타민C, 비타민E, 식이섬유, 칼륨
효능 : 면역력 향상, 피로 해소, 변비 예방, 항산화 기능 효과가 있다.
주의사항 : 씨가 매우 딱딱하고, 시안화물을 함유하고 있기 때문에 제거해준다.
권장 섭취량 : 소형견 1슬라이스, 중형견 2슬라이스, 대형견 3슬라이스

망고

영양성분 (100g 기준)	칼로리	단백질	탄수화물	지방	수분	비타민C	엽산
	61kcal	0.72g	15.97g	0.1g	82.9g	14.85mg	14µg

주요 영양소 : 비타민A, 비타민C, 칼륨, 식이섬유, 엽산
효능 : 면역 강화, 변비 예방, 노화 방지, 피부 건강 유지 효과가 있다.
주의사항 : 당도가 높은 편이므로 소량만 급여한다.
권장 섭취량 : 소형견 1-2 슬라이스, 중형견 2-4슬라이스, 대형견 3-6슬라이스

밤

영양성분 (100g 기준)	칼로리	단백질	탄수화물	지방	수분	무기질	식이섬유
	154kcal	3.45g	33.95g	0.51g	60.9g	1.19g	5.6mg

주요 영양소 : 사료 급여량의 10%를 넘지 않도록 한다.
효능 : 침 분비를 촉진해 식욕 증진을 돕고, 위장 기능이 약해 생기는 설사, 구토에 도움이 된다.
주의사항 : 출산 직후의 어미견에게는 많이 먹이지 않는 것이 좋다.
권장 섭취량 : 소형견 1-2개, 중형견 2-4개, 대형견 3-6개

3) 채소류

전반적인 주의사항

- 껍질, 씨앗, 꼭지 등은 제거해준다.
- 딱딱하거나 크기가 큰 재료는 먹기 좋게 한입 크기로 썰어준다.
- 과잉 섭취 시 설사, 복통 등의 증상이 나타날 수 있다.
- 농약 성분이 남아있을 가능성이 있기 때문에 잘 씻어서 급여한다.
- 가공식품(피클, 장아찌, 김치 등)은 급여하지 않는다.
- 알레르기 반응에 주의한다.

권장 섭취량

- 하루 칼로리의 10% 이상을 급여하지 않도록 한다.

오이

영양성분 (100g 기준)	칼로리	단백질	탄수화물	지방	수분	무기질	칼륨
	13kcal	1.15g	2.81g	0.03g	95.6g	0.41g	196mg

주요 영양소 : 비타민A, 비타민D, 비타민K, 수분
효능 : 수분과 칼륨 제공에 탁월한 식재료이다.
주의사항 : 속이 냉하거나 설사 증상이 있는 경우 급여하지 않는다.
권장 섭취량 : 소형견 20g, 중형견 33g, 대형견 67g

브로콜리

영양성분 (100g 기준)	칼로리	단백질	탄수화물	지방	수분	무기질	엽산
	27kcal	3.5g	4.3g	0.4g	91.3g	0.5g	120μg

주요 영양소 : 비타민A, B2, C, E, 칼륨, 칼슘, 식이섬유
효능 : 비타민과 미네랄을 균형있게 함유한 녹황색 채소이다.
주의사항 : 이소티오시아네이트류라는 성분이 있어 소량만 급여한다.
권장 섭취량 : 작은 브로콜리 기준 소형견 1개, 중형견 1-2개, 대형견 3-4개

시금치

영양성분 (100g 기준)	칼로리	단백질	탄수화물	지방	수분	무기질	철
	23kcal	3.4g	3.8g	0.1g	91.7g	1.0g	2.2mg

주요 영양소 : 비타민A, 12, B2, C, 엽산, 칼륨, 철 망간, 칼슘
효능 : 혈액 생성을 도와 빈혈에 좋고, 출혈을 방지하는 식재료이다.
주의사항 : 과량 섭취 시 결석이나 칼슘 과다로 인한 석회 침착 등의 부작용
권장 섭취량 : 소형견 1-2장, 중형견 2-4장, 대형견 3-6장

당근

영양성분 (100g 기준)	칼로리	단백질	탄수화물	지방	수분	무기질	베타카로틴
	31kcal	0.97g	7.01g	0.13g	91.2g	0.69g	3582μg

주요 영양소 : 비타민A, B1, B2, C, 칼륨, 철, 칼슘, 식이섬유
효능 : 녹황색채소 중 카로틴 함유량이 가장 높다. 항산화 작용이나 면역력 향상을 기대할 수 있다.
주의사항 : 너무 많이 먹으면 비타민A 과잉이 나타날 수 있다.
권장 섭취량 : 소형견 25g , 중형견 40g , 대형견 80g

단호박

영양성분 (100g 기준)	칼로리	단백질	탄수화물	지방	수분	무기질	베타카로틴
	30kcal	1.7g	6.9g	0.1g	90.3g	1.0g	7077μg

주요 영양소 : 베타카로틴, 비타민B1, 비타민C, 식이섬유
효능 : 암예방에 효과가 있는 베타카로틴 외에도 항산화를 촉진하고 피부를 건강하게 보호하는 비타민E도 풍부하게 함유되어 있다.
주의사항 : 껍질과 씨를 제거한 후 익혀서 급여한다.
권장 섭취량 : 소형견 30~60g, 중형견 45~90g, 대형견 90-180g

무

영양성분 (100g 기준)	칼로리	단백질	탄수화물	지방	수분	무기질	아연
	15kcal	0.63g	3.36g	0.09g	95.3g	0.62g	0.53mg

주요 영양소 : 비타민C, 칼륨, 식이섬유, 아연, 엽산
효능 : 아밀라아제라는 소화효소가 풍부해 식욕부진을 해소해주고, 소화 기능을 강화해준다.
주의사항 : 무의 매운맛은 반려견에게 자극 요소이므로 가열해 제거한다.
권장 섭취량 : 소형견 20g, 중형견 40g, 대형견 60g

샐러리

영양성분 (100g 기준)	칼로리	단백질	탄수화물	지방	수분	무기질	요오드
	17kcal	1.1g	3.81g	0.12g	94g	0.97g	9.58μg

주요 영양소 : 식이섬유, 비타민A, 비타민C, 칼륨
효능 : 면역력 강화, 감기 예방 등에 효과가 있고, 다이어트에 좋다.
주의사항 : 성질이 서늘하므로 몸이 찬 반려견에게는 주의해서 준다.
권장 섭취량 : 소형견 20g, 중형견 30g, 대형견 60g

파프리카

영양성분 (100g 기준)	칼로리	단백질	탄수화물	지방	수분	무기질	비타민C
	24kcal	0.77g	5.95g	0.12g	92.7g	0.46g	110.6mg

주요 영양소 : 베타카로틴, 비타민C
효능 : 피로 해소나 중성지방 분해에 좋은 식재료이다.
주의사항 : 소화가 어려운 씨앗과 줄기는 제거한다.
권장 섭취량 : 소형견 1-2 슬라이스, 중형견 2-3 슬라이스, 대형견 4-5슬라이스

배추

영양성분 (100g 기준)	칼로리	단백질	탄수화물	지방	수분	무기질	칼슘
	17kcal	1.4g	3.9g	-	94.3g	0.4g	41mg

주요 영양소 : 섬유질, 칼슘, 비타민C, 비타민K
효능 : 수분을 공급하고 장의 연동운동을 도와 변비를 예방해준다.
주의사항 : 생배추에는 티오안산염이 있어 갑상선 기능 저하증이 있다면 급여를 피한다.
권장 섭취량 : 소형견 1-2장, 중형견 1.5-3장, 대형견 3-6장

비트

영양성분 (100g 기준)	칼로리	단백질	탄수화물	지방	수분	무기질	나트륨
	26kcal	1.2g	5.8g	-	92g	1.0g	55mg

주요 영양소 : 비타민B1, B2, B6, C, E, 철분, 식이섬유, 칼륨, 칼슘, 나트륨
효능 : 철분이 풍부해 빈혈에 좋고, 노폐물을 제거하여 혈관을 튼튼하게 해준다.
주의사항 : 나트륨과 옥살산 함량이 높기 때문에 소량만 급여한다.
권장 섭취량 : 소형견 30-40g, 중형견 50-70g, 대형견 90g

토마토

영양성분 (100g 기준)	칼로리	단백질	탄수화물	지방	수분	무기질	비오틴
	17kcal	0.7g	4.06g	0.14g	94.4g	0.7g	2.65μg

주요 영양소 : 비타민A, B6, C, E, 칼륨, 식이섬유, 라이코펜
효능 : 항산화 작용에 도움을 준다.
주의사항 : 덜 익은 토마토에는 솔라닌이 있으므로 잘 익은 것을 급여한다. 토마토 꽃, 줄기 섭취 시 중독 현상이 나타날 수 있다.
권장 섭취량 : 소형견 20-30g, 중형견 40-50g, 대형견 70g

가지

영양성분 (100g 기준)	칼로리	단백질	탄수화물	지방	수분	무기질	수용성 식이섬유
	19kcal	1g	4.4g	0.1g	94g	0.5g	1.7mg

주요 영양소 : 비타민B1, B2, B6, 엽산, 칼륨, 식이섬유, 나스닌
효능 : 나스닌이라는 보라색 색소가 있어, 현기증이나 고혈압 개선 등에 도움을 준다.
주의사항 : 완전히 익혀서 주지 않으면 독성 때문에 위험할 수 있다.
권장 섭취량 : 소형견 30-40g, 중형견 50-70g, 대형견 90g

연근

영양성분 (100g 기준)	칼로리	단백질	탄수화물	지방	수분	무기질	망간
	62kcal	1.07g	14.41g	0.08g	84g	0.44g	0.99mg

주요 영양소 : 망간, 식이섬유, 철, 칼륨, 비타민B1, B2, C, 탄닌
효능 : 몸을 따뜻하게 하고 피로 해소, 피부를 좋게 한다. 감기에도 효과적이다.
주의사항 : 생연근은 소화가 어려우므로 익혀서 급여한다.
권장섭취량 : 소형견 15g, 중형견 30g, 대형견 45g

청경채

영양성분 (100g 기준)	칼로리	단백질	탄수화물	지방	수분	무기질	엽산
	11kcal	1.6g	1.81g	0.13g	95.6g	0.86g	107μg

주요 영양소 : 비타민A, 비타민C, 엽산, 칼륨, 칼슘, 식이섬유
효능 : 노화방지나 변비 예방에 좋은 식재료이다.
주의사항 : 냉한 체질이나 신장 질환이 있는 경우 주의해서 준다.
권장 섭취량 : 소형견 20g, 중형견 30g, 대형견 60g

아스파라거스

영양성분 (100g 기준)	칼로리	단백질	탄수화물	지방	수분	무기질	비타민C
	23kcal	3.1g	4.2g	0.1g	92g	0.6g	59mg

주요 영양소 : 비타민C, 비타민E, 아스파라긴산, 셀레늄, 식이섬유
효능 : 비타민C가 풍부해 면역력을 향상시켜주고, 피로 해소와 항암 효과가 있다.
주의사항 : 몸이 차거나 당뇨가 있는 경우 피하는 게 좋다.
권장 섭취량 : 소형견 1/2줄기, 중형견 1줄기, 대형견 2줄기

양배추

영양성분 (100g 기준)	칼로리	단백질	탄수화물	지방	수분	무기질	불용성 식이섬유
	32kcal	1.7g	7.56g	0.12g	90g	0.61g	1.6mg

권장섭취량 : 비타민C, K, U, 엽산, 칼륨, 칼슘, 식이섬유
효능 : 위장을 보호해주는 건강식으로 우수한 식재료이다.
주의사항 : 생양배추는 가스로 인한 복부팽만을 일으키므로 익혀서 급여한다.
권장 섭취량 : 소형견 1장, 중형견 2장, 대형견 6장

케일

영양성분 (100g 기준)	칼로리	단백질	탄수화물	지방	수분	무기질	베타카로틴
	27kcal	3.5g	4.1g	0.4g	89.7g	2.3g	4407μg

권장섭취량 : 베타카로틴, 비타민C, 비타민E, 칼슘, 칼륨, 식이섬유
효능 : 베타카로틴이 풍부해 항산화 효과가 뛰어나고 눈 건강에 좋다.
주의사항 : 옥살산을 함유하고 있어 결석 유발을 할 수 있으므로 주의한다.
권장섭취량 : 소형견 2장, 중형견 4장, 대형견 6장

생강

영양성분 (100g 기준)	칼로리	단백질	탄수화물	지방	수분	철	식이섬유
	42kcal	0.97g	9.82g	0.15g	88.2g	0.95mg	2.6g

주요 영양소: 비타민B6, C, 니아신, 철
효능: 어지럼증을 완화해 멀미 예방에 좋고 염증 완화 효과도 있다.
주의사항: 혈액 응고를 방해할 수 있으므로 수술 후에는 급여하지 않는다.
권장 섭취량: 소형견 1/4t, 중형견1/2t, 대형견 3/4t

참마

영양성분 (100g 기준)	칼로리	단백질	탄수화물	식이섬유	수분	칼륨	비타민B1
	75kcal	1.5g	17.5g	2.3g	80.3g	435mg	0.11mg

주요 영양소 : 탄수화물, 비타민B1, C, 칼륨, 식이섬유, 아밀레이스, 뮤신
효능 : 소화를 촉진하여 소화 기능을 강화시켜준다.
주의사항 : 껍질을 벗겨서 급여한다.
권장 섭취량 : 소형견 20-30g, 중형견 40-50g, 대형견 70g

순무

영양성분 (100g 기준)	칼로리	단백질	탄수화물	지방	수분	칼슘	엽산
	27kcal	1.5g	5.65g	0.09g	91.6g	0.99mg	55μg

권장섭취량 : 베타카로틴, 비타민C, 칼슘, 칼륨, 엽산, 식이섬유, 철
효능 : 빈혈 예방, 소화 기능 강화, 뼈 강화 효과가 있다.
주의사항 : 과잉 섭취 시 소화장애가 발생할 수 있다.
권장 섭취량 : 소형견 30-40g, 중형견 50-70g, 대형견 90g

적양배추

영양성분 (100g 기준)	칼로리	단백질	탄수화물	지방	수분	셀레늄	식이섬유
	41kcal	2.13g	9.53g	0.21g	87.3g	0.84μg	4.7g

주요 영양소 : 비타민C, 비타민K, 안토시아닌, 셀레늄, 식이섬유
효능 : 보라색의 안토시아닌 성분이 풍부하여 항산화 작용을 하고, 장의 기능을 회복시켜준다.
주의사항 : 유황 성분이 들어있어 많이 먹으면 가스가 찰 수 있다.
권장 섭취량 : 소형견 1장, 중형견 2장, 대형견 3장

오크라

영양성분 (100g 기준)	칼로리	단백질	탄수화물	지방	수분	마그네슘	비타민C
	30kcal	2.1g	6.6g	0.2g	90.2g	51mg	11mg

주요 영양소 : 비타민A, 비타민C, 뮤신, 칼륨, 마그네슘
효능 : 진정 작용, 위 점막 보호, 면역력 강화, 항암효과가 있다.
주의사항 : 과잉 섭취 시 소화장애를 일으킬 수 있다.
권장 섭취량 : 소형견 1-2조각, 중형견 2-4조각, 대형견 3-6조각

콜리플라워

영양성분 (100g 기준)	칼로리	단백질	탄수화물	지방	수분	비타민C	식이섬유
	27kcal	2.17g	4.84g	0.48g	91.4g	33.44mg	4.6g

주요 영양소 : 비타민A, B1, B2, C, K, 엽산, 식이섬유
효능 : 비타민C가 풍부해 피부 건강과 면역력 강화에 좋다.
주의사항 : 콜리플라워의 윗부분을 급여해준다.
권장 섭취량 : 작은 것을 기준으로 소형견 1개, 중형견 1-2개, 대형견 3-4개

콩나물

영양성분 (100g 기준)	칼로리	단백질	탄수화물	지방	수분	무기질	비타민K
	33kcal	4.57g	2.55g	1.51g	91g	0.42g	92.9μg

주요 영양소 : 비타민A, 비타민C, 비타민K, 칼륨, 식이섬유
효능 : 대부분 수분으로 구성되어 있고 변비 해소에 효과적이다.
주의사항 : 머리부분은 배변 시 그대로 나오는 경우가 있어 제거하는 것이 좋다.
권장 섭취량 : 소형견 20-30g, 중형견 40-50g, 대형견 70g

감자

영양성분 (100g 기준)	칼로리	단백질	탄수화물	지방	수분	무기질	칼륨
	77kcal	2.07g	17.39g	0.08g	79.5g	0.96g	374mg

주요 영양소 : 칼륨, 식이섬유, 비타민C, 엽산, 철
효능 : 위장 염증 진정, 장 기능 강화, 부종 제거 효과가 있다.
주의사항 : 솔라닌 성분이 있으므로 생감자, 껍질, 싹은 급여하지 않는다.
상한 섭취량 : 소형견 50g, 중형견 100g, 대형견 150g

고구마

영양성분 (100g 기준)	칼로리	단백질	탄수화물	지방	수분	무기질	비타민B3
	130kcal	1.5g	31.3g	-	66g	1.2g	0.7mg

주요 영양소 : 탄수화물, 비타민B3, 식이섬유, 베타카로틴
효능 : 변비 완화, 체력 증강, 혈액 순환, 소화 기능 강화 기능이 있다.
주의사항 : 고구마 줄기에는 독성이 있기 때문에 급여하지 않는다.
권장 섭취량 : 소형견 30-60g, 중형견 60-120g, 대형견 120-180g

상추

영양성분 (100g 기준)	칼로리	단백질	탄수화물	지방	수분	무기질	베타카로틴
	10kcal	0.6g	2.1g	0.1g	96.7g	0.5g	1148μg

주요 영양소 : 베타카로틴, 식이섬유, 멜라토닌, 비타민C
효능 : 칼로리가 적고 멜라토닌 성분은 수면 유도에 도움을 준다.
주의사항 : 먹기 쉽도록 찢거나 데쳐주는 것이 좋다.
상한 섭취량 : 소형견 20-25g, 중형견 40-50g, 대형견 70g

4) 콩류

전반적인 주의사항

- 소화하기 쉽도록 익혀서 급여한다.
- 과잉 섭취 시 소화불량이 발생할 수 있다.
- 콩류는 과잉 섭취 시 가스가 발생해 복부 팽만을 일으킬 수 있으므로 소량만 섭취한다.
- 가공식품(땅콩버터, 조미료 첨가 등)은 급여하지 않는다.
- 알레르기 반응에 주의한다

권장 섭취량

- 하루 칼로리의 10% 이상을 급여하지 않도록 한다.
- 평균적으로 3~5알 정도 급여하는 것이 적당하다.

두부

영양성분 (100g 기준)	칼로리	단백질	탄수화물	지방	수분	무기질	페닐알라닌
	97kcal	9.62g	3.75g	4.63g	81.2g	0.8g	454mg

주요 영양소 : 단백질, 비타민E, 비타민K, 아연, 마그네슘, 셀레늄
효능 : 단백질과 필수미네랄이 풍부해 기력 회복에 좋다.
주의사항 : 식물성 단백질원이기 때문에 보조 단백질로 조금씩 급여한다.

렌틸콩

영양성분 (100g 기준)	칼로리	단백질	탄수화물	지방	수분	무기질	구리
	359kcal	21.01g	65.42g	1.43g	9.6g	2.54g	0.76mg

주요 영양소 : 비타민B군, 엽산, 구리, 단백질, 철, 식이섬유
효능 : 단백질과 식이섬유가 풍부하여 변비 예방과 다이어트에 좋다. 콜레스테롤을 낮춰주고 혈당조절을 도와준다.
주의사항 : 지나치게 많이 먹이면 소화불량이 될 수 있으므로 주의한다.

검은콩

영양성분 (100g 기준)	칼로리	단백질	탄수화물	지방	수분	무기질	비타민E
	184kcal	17.99g	12.71g	6.79g	60.6g	1.91g	5.76mg

주요 영양소 : 비타민E, 칼륨, 엽산, 베타카로틴, 비타민B12
효능 : 비뇨기계와 혈액순환에 좋으며 노폐물 배출에 도움을 준다.
주의사항 : 생으로 섭취하면 소화가 매우 어려우므로 완전히 익혀서 급여.

완두콩

영양성분 (100g 기준)	칼로리	단백질	탄수화물	지방	수분	무기질	비타민B6
	110kcal	8.3g	18.5g	0.2g	77.2g	0.8g	0.09mg

주요 영양소 : 비타민A, B6, K, 식이섬유, 철, 엽산
효능 : 녹황색 채소와 대두의 영양소를 모두 갖춘 식재료이다. 여름철 식재료로 열을 낮춰주는 역할을 한다.
주의사항 : 칼륨 함량이 높아 신장에 문제가 있을 경우 피하는 것이 좋다.

강낭콩

영양성분 (100g 기준)	칼로리	단백질	탄수화물	지방	수분	식이섬유	엽산
	172kcal	8.8g	32.38g	0.86g	56.1g	14.1g	63㎍

주요 영양소 : 레시틴, 식이섬유 비타민B군, 엽산, 플라보노이드
효능 : 혈관 건강 향상과 빈혈 개선에 도움을 주며 식이섬유가 풍부해 변비 예방에 좋다.
수의사항 : 익혀서 급여하고, 과잉 섭취에 주의한다.

병아리콩

영양성분 (100g 기준)	칼로리	단백질	탄수화물	지방	수분	식이섬유	칼슘
	373kcal	17.27g	63.14g	5.66g	10.8g	7.9g	153mg

주요 영양소 : 비타민C, 칼슘, 철분, 아르기닌, 식이섬유
효능 : 단백질과 칼슘, 식이섬유가 풍부하다. 설사와 소화불량에 효과가 있다.
주의사항 : 익혀서 급여하고, 과잉 섭취하지 않도록 주의한다.

땅콩

영양성분 (100g 기준)	칼로리	단백질	탄수화물	지방	수분	칼슘	인
	567kcal	27g	28.4g	47g	8.6g	37.1mg	275mg

주요 영양소 : 비타민B6, 비타민E, 올레인산, 리놀산, 칼슘, 인
효능 : 올레인산은 혈중 지질 개선에 좋아 심뇌혈관 질환 예방에 도움이 된다.
주의사항 : 고지방 식품으로, 췌장염의 위험이 있으므로 과잉 급여하지 않는다.

팥

영양성분 (100g 기준)	칼로리	단백질	탄수화물	지방	수분	철	비타민B1
	352kcal	19.3g	68.4g	0.1g	8.9g	5.6mg	0.54mg

주요 영양소 : 비타민B1, 식이섬유, 폴리페놀, 안토시아닌, 철
효능 : 이뇨작용과 부기 제거, 노폐물 배출에 효과적이다. 비타민B1이 들어 있어 피로 회복과 기력 강화에도 도움을 준다.
주의사항 : 생팥에는 독성물질이 있고 딱딱하기 때문에 익혀서 급여한다.

 땅콩 먹이지 말라던데, 괜찮은 걸까?

반려견은 먹지 못하는 견과류가 많기 때문에 주의할 필요가 있다. 그중 땅콩은 지방과 단백질, 비타민, 미네랄등이 풍부해 먹여도 괜찮지만 신경 써야 하는 부분이 많아 권장되지는 않는다. 시중에 유통되는 땅콩은 소금과 설탕, 인공 감미료가 첨가된 가공품인 경우가 많기 때문이다. 이는 소화 장애나 췌장염 등을 유발할 수 있으므로 주의해야 한다.

땅콩버터는?
경우에 따라 첨가물이 들어 있지 않아 반려견에게 급여해도 괜찮은 땅콩버터도 있다. 그러나 반려견이 섭취해서는 안되는 자일리톨이 첨가되어 있을 수 있다. 그러므로 다른 첨가물이 없는지 꼼꼼하게 확인해야 한다. 또한 땅콩버터를 과하게 섭취할 경우 구토와 설사를 유발할 수 있으므로 목적에 따라 약을 먹이거나 훈련을 시킬 때만 소량 급여하는 것이 좋다.

5) 곡류

전반적인 주의사항

- 사람처럼 탄수화물을 주식으로 급여하지 않도록 한다.
- 잘 익혀서 급여한다.
- 알레르기 반응을 주의한다.

권장 섭취량

- 하루 칼로리의 10% 이상을 급여하지 않도록 한다.
- 체중별 권장 급여량 (하루 kcal 기준)

소형견(10kg 미만)	1/3컵
중형견(10kg-25kg)	1/2컵
대형견(25kg이상)	1컵

옥수수

영양성분 (100g 기준)	칼로리	단백질	탄수화물	지방	수분	마그네슘	엽산
	164kcal	4.79g	34.02g	1.62g	58.6g	64mg	49μg

주요 영양소 : 탄수화물, 비타민B1, B6, 식이섬유, 마그네슘
효능 : 에너지를 공급하고 장 기능을 활성화시킨다.
주의사항 : 심지를 삼킬 경우 응급상황이 일어날 수 있으므로 주의한다.

귀리, 오트밀

영양성분 (100g 기준)	칼로리	단백질	탄수화물	지방	수분	무기질	식이섬유
	382kcal	13.2g	64.9g	8.2g	12g	1.7g	18.8g

주요 영양소 : 탄수화물, 비타민B5, 비타민B9, 아연, 식이섬유
효능 : 콜레스테롤을 배출하고 면역력을 높여준다.
주의사항 : 가공된 오트밀의 경우 조미료가 첨가되지 않은 것이 좋다.

기장

영양성분 (100g 기준)	칼로리	단백질	탄수화물	지방	수분	무기질	비타민B1
	365kcal	12.46g	71.91g	3.09g	11.3g	1.24g	0.41mg

주요 영양소 : 탄수화물, 비타민B1, 비타민B2
효능 : 위장 기능을 강화하여 체력을 높여주고, 비타민이 풍부해 신진대사를 돕는다.
주의사항 : 다량 제공은 금지이며, 단독보다는 다른 곡류와 섞는 것이 좋다.

메밀

영양성분 (100g 기준)	칼로리	단백질	탄수화물	지방	수분	무기질	마그네슘
	363kcal	13.64g	67.84g	3.38g	13.1g	2.04g	244mg

주요 영양소 : 탄수화물, 비타민B군, 마그네슘, 루틴
효능 : 위장에 좋고 염증을 가라앉히는 효과가 있다. 혈관을 튼튼하게 해준다.
주의사항 : 익혀서 급여하고, 너무 많이 먹이면 설사와 구토 가능성이 있다.

백미

영양성분 (100g 기준)	칼로리	단백질	탄수화물	지방	수분	무기질	인
	152kcal	3g	33.2g	0.1g	63.6g	0.1g	300mg

주요 영양소 : 탄수화물, 비타민B군, 식이섬유, 인
효능 : 주요 에너지 공급원이며 체력과 위장 기능을 돕는 식재료이다.
주의사항 : 소화가 쉽도록 잘 익혀서 급여한다.

현미

영양성분 (100g 기준)	칼로리	단백질	탄수화물	지방	수분	무기질	인
	167kcal	3.3g	37.3g	0.2g	58.5g	0.7g	143mg

주요 영양소 : 탄수화물, 인, 마그네슘, 칼륨, 식이섬유
효능 : 변비를 해소하고 혈관 건강에 도움을 준다.
주의사항 : 백미보다 소화가 어려우므로 위장이 약한 반려견은 주의한다.

흑미

영양성분 (100g 기준)	칼로리	단백질	탄수화물	지방	수분	무기질	망간
	365kcal	7.59g	75.31g	2.31g	13.5g	1.29g	3.68mg

주요 영양소 : 탄수화물, 안토시아닌, 망간, 비타민E, 철
효능 : 안토시아닌 성분이 있어 반려견의 눈을 건강하게 만드는 데 도움을 주고 체력 강화에 좋다.
주의사항 : 소화가 매우 더디게 이루어지므로 조리 형태와 가열에 주의한다.

통밀

영양성분 (100g 기준)	칼로리	단백질	탄수화물	지방	수분	무기질	불용성 식이섬유
	342kcal	13.2g	74.6g	1.5g	9.2g	1.5g	14.6g

주요 영양소 : 식이섬유, 탄수화물, 비타민B, 비타민D
효능 : 반려견의 포만감과 원활한 배변을 돕고, 스트레스 해소에 좋은 식재료이다.
주의사항 : 완전히 익혀서 급여하는 것이 좋다.

보리

영양성분 (100g 기준)	칼로리	단백질	탄수화물	지방	수분	무기질	엽산
	346kcal	11.87g	72.29g	2.15g	12.6g	1.09g	75μg

주요 영양소 : 탄수화물, 엽산, 칼슘, 철분, 아연, 식이섬유
효능 : 소화를 돕고 변비를 해소시켜 준다.
주의사항 : 수용성 식이섬유가 풍부해 과잉 섭취하면 설사를 할 수 있다.

조

영양성분 (100g 기준)	칼로리	단백질	탄수화물	지방	수분	무기질	아연
	372kcal	10.7g	72.81g	3.7g	11.4g	1.39g	413mg

주요 영양소 : 탄수화물, 아연, 엽산, 칼륨, 트립토판, 식이섬유
효능 : 항산화에 좋고 아연이 풍부해 피부와 모질 관리에 효과가 있다.
주의사항 : 반려견에게는 소량만 먹이는 것이 좋다.

치아씨드

영양성분 (100g 기준)	칼로리	단백질	탄수화물	지방	수분	식이섬유	엽산
	486kcal	16.54g	42.12g	30.74g	5.8g	34.4g	49μg

주요 영양소 : 비타민B3, B12, C, 식이섬유, 철분, 칼륨
효능 : 염증 완화, 소화기능 향상, 노폐물 배출 효과가 있다.
주의사항 : 건 치아씨드를 섭취할 경우 식도에 박히거나 장내 수분을 흡수해 부풀어 오를 수 있으므로 급여하지 않는다.

퀴노아

영양성분 (100g 기준)	칼로리	단백질	탄수화물	지방	수분	철	비타민E
	323kcal	13.4g	67.5g	4.9g	10.1g	4.5mg	6mg

주요 영양소 : 비타민B군, 비타민E, 철, 플라보노이드
효능 : 기력 회복에 좋고 항산화 기능이 있어 심장건강을 증진시킨다.
주의사항 : 옥살산 함량이 높으므로 주의해서 급여한다.

• **곡류에 대한 총정리**

우리가 펫푸드를 만들 때 곡류 즉, 탄수화물을 사용해야 할 때가 있다. 그러나 우리는 그럴 때 어떤 재료를 선택해야 하는지 의문을 가지곤 한다. 쌀가루가 좋은지 혹은 밀가루가 좋은지? 쌀가루를 사용한다면 정제된 것이 좋은지 정제하지 않은 것이 좋은지? 곡류를 사용하는 데 다양한 궁금증이 일어나는 것이다. 어느 것이 좋은지 판단하는 데는 크게 두 가지 기준을 두고 봐야한다.

첫 번째로, GI 지수를 살펴봐야 한다. GI는 Glycemic Index(글리세믹 지수, 혈당 지수)의 약자로, 탄수화물을 소화하는 과정에서 혈관에 당분이 유입되는 속도를 수치화한 값이다. 일상 용어로 혈당수치라고도 한다. 식품 섭취로 혈당이 오르면 인슐린이 분비돼 혈당 수치를 낮춘다.

Glycemic index Chart

GI지수를 말할 때, 100을 기준으로 70 이상이면 고당지수(High GI), 중당지수(Medeum GI), 55 이하는 저당지수(Low GI)로 분류한다.

쉽게 말하면 GI 지수가 높은 음식일수록 소화흡수 속도가 빠르다는 것을 의미한다. GI 지수가 높은 음식을 먹으면 배고픔을 빨리 느끼고 과식을 유발하여 비만으로 이어질 가능성이 크다. GI지수가 낮은 식품을 섭취하면 혈당치가 천천히 올라가고, 지방이 잘 쌓이지 않는 체질이 될 수 있다.

특히 다이어트 중이라면 음식 섭취 시 혈당 증가 속도를 신경 써야 한다. 혈당은 오르는 속도와 떨어지는 속도가 비례한다. 빨리 오른 만큼 빨리 떨어진다. 결국 급격한 공복감을 유발하고 식이조절을 힘들게 만든다. 극심한 배고픔을 견디지 못하고 계획에 없던 음식을 찾아 먹게 되는 이유다.

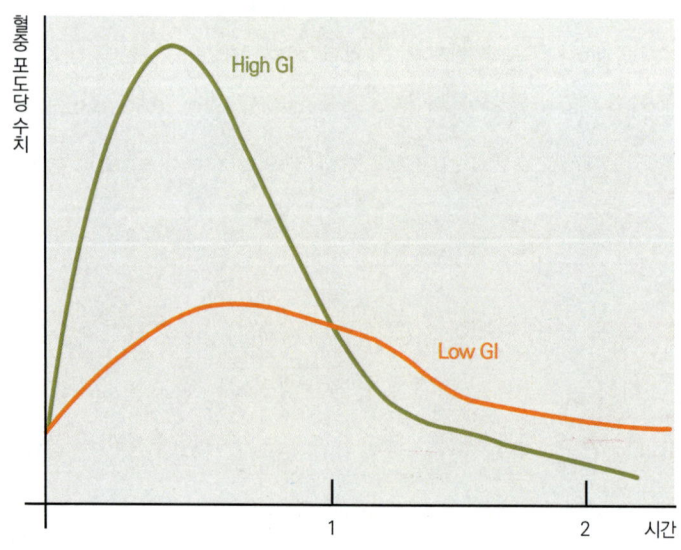

그렇다면 우리가 펫푸드를 만들 때 사용하는 곡류들의 GI는 어느 정도일까? 아래는 각종 곡류의 GI지수를 정리한 표이다.

곡류 종류 별 GI 지수 (100g 기준)			
바게트	93	현미밥	66
흰쌀밥	92	흰죽	57
식빵	91	현미	56
떡	85	밀가루	55
백미	84	오트밀	55
옥수수	75	보리	50
보리밥	66	통밀빵	50

표를 살펴보면 식빵이 GI지수가 가장 높고 그 다음 정백미와 현미 등 쌀류 그리고 다음으로 밀가루와 통밀빵 등 밀류 순이다. 식빵도 밀가루로 만들지만 제조 과정에서 이스트 등이 추가되어 가장 높은 GI지수를 보여주고 있다. 2위를 차지한 떡은 물에 불렸기 때문에 다른 곡류보다 GI지수가 높게 측정되어 있다.

눈 여겨보아야 하는 것은 밀보다 쌀의 GI 지수가 높다는 것이다. 따라서, 단순히 GI 지수만 놓고 봤을 때는 쌀보다 밀을 사용하는 것이 반려견의 비만을 예방하고 천천히 소화할 수 있도록 돕는 거라는 판단을 내릴 수 있다.

그러나 우리는 흔히 반려견의 음식을 만들 때, 밀가루사용을 권유하지 않는다. 그 이유는 바로 두 번째 고려 요소인 '글루텐' 때문이다.

글루텐이란 보리나 밀 등 곡류에 포함된 단백질 성분의 일종이다. 쫄깃한 식감을 내거나 빵이 부풀어오르게 하는 역할을 한다. 글루텐은 밀가루에 물을 섞어 반죽하는 과정에서 주로 형성된다. 글루텐 함량에 따라 밀가루의 종류를 강력분, 중력분, 박력분으로 구분하기도 한다.

글루텐에 대해 문제 제기를 하는 측에서는 '글루텐이 자가 면역 질환을 일으킨다'고 한다. 글루텐에 민감하거나 글루텐 불내증이 있는 경우 특히 조심해야 한다는 것이다. 밀가루 음식을 먹고 난 후 복통이나 설사가 잦다면 글루텐에 취약하다고 볼 수 있다. 반려견 또한 밀가루 알레르기 증상으로 얼굴, 귀, 다리, 발의 가려움증 또는 만성적 귀감염, 탈모, 피부감염 등이 나타날 수 있다.

현재는 이를 해결하기 위해 글루텐이 포함되어 있지 않은 '글루텐프리' 밀가루가 판매되고 있다. 기존 밀가루에서 글루텐이 일으키는 문제를 해결하자는 취지로 개발된 것이다.

• **글루텐프리 밀가루가 최고일까?**

그런데 실제로 GI지수도 쌀가루보다 낮고 글루텐의 위험도 제거한 글루텐프리 밀가루가 반려동물에게 최고의 곡류일까?

이에 대해서는 국내외 전문가들의 의견이 대립하고 있다. 물론 글루텐에 민감한 반응을 보이는 반려견에게 글루텐 포함 식품을 급여하면 안된다. 그러나 글루텐 민감증이 없는 반려견에게도 '글루텐 프리' 제품이 좋은지에 대해서는 전문가들의 견해가 분분하다.

결국 무조건 글루텐이 강아지에게 나쁘고, 절대로 먹으면 안된다고 단정하기는 어렵다는 것이 중론이다. 반려견에 따라 글루텐에 아무런 알레르기 증상도 보이지 않을 수 있기 때문이다. 어떤 음식이든 특정 대상에게서 체질에 안 맞고 알레르기를 일으킬 가능성이 있다. 소량을 급여해 알레르기 반응을 확인하며 민감한 반응을 보일 시 글루텐 프리 제품을 고려하는 것도 현명한 방법일 것이다. 그리고 밀가루를 급여할 때 높은 GI지수로 발생하는 비만의 위험을 낮추기 위해 급여 칼로리를 잘 계산해서 영양학적으로 고려된 식단을 구성하는 것도 필요할 것이다.

• **정제곡류 백미, 괜찮은 것일까?**

곡류와 관련하여 또 하나의 논제는 탄수화물의 정제 여부다.

현미와 백미 혹은 통밀과 흰밀 중에 어떤 것이 더 좋은지에 대해서도 한번쯤 의문을 가져 봤을 것이다. 보통 현미는 정제되지 않은 쌀, 백미는 정제된 쌀이라고 한다.

정제되지 않은 곡류인 현미나 통밀 등은 곡물을 일부분만 도정한 상태로, 정제된 상태보다 영양소, 비타민 및 섬유질을 많이 함유하고 있다. 섬유질은 탄수화물과 달리 소화효소로 잘 분해되지 않고 배출된다. 그 과정에서 다른 음식의 소화 과정을 지연시키고, 포만감을 느끼게 하여 과식을 방지해주는 역할을 한다.

섬유질은 다른 음식에 포함된 콜레스테롤이 체내에 축적되는 것을 막아주며, 장내에 있는 염분과 결합해 혈중 나트륨 농도를 조절, 혈압 상승을 방지한다. 또, 백미보다 현미의 GI지수가 낮아 혈당 상승을 줄이고 과식을 통한 비만의 위험을 줄일 수 있는 장점도 있다.

그러나 현미를 통해 섬유질을 너무 과하게 섭취하면 설사를 유발할 수도 있기 때문에 용량에 주의하여 급여해야 한다. 전문 펫푸드스타일리스트가 반려견의 상태를 지속적으로 확인하며 식단을 구성해야 하는 이유다. 그리고 정제된 쌀가루에는 야채와 단백질을 섞어서 영양학적으로 균형 잡힌 펫푸드를 만들고, 한편으로 도정하지 않은 곡물을 사용할 시에는 식이섬유의 양을 줄이고 단백질의 양을 늘리는 방식으로 영양학적 밸런스를 갖춘 식단을 구성해야 한다.

여기까지 반려견에게 어떤 곡류를 급여하는 것이 좋은지에 대해 다뤄보았다.

무엇보다도 가장 중요한 것은 절대로 먹으면 안되는 식재료가 아닌 이상 나의 반려견에게 무조건적인 식품은 없다는 것이다. 반려견에게 어떤 알레르기가 있고 어떤 선천적인 질병이 있는지 알기 전에는 해당 식재료가 확실히 안전하고 급여 가능하다고 장담하기에는 어려움이 있다.

내가 사랑하는 반려견을 위해 어떤 알레르기가 있는지 정확한 검사가 선행되어야 하고, 식재료를 급여할 때도 먼저 소량을 급여하여 반응을 살핀 뒤에 이상이 없다면 비로소 급여 가능한 식재료 리스트에 추가하는 것이 가장 바람직하다고 할 수 있다.

 **전문용어 정리**

GI 지수: GI 지수(글리세믹 지수)는 Glycemic Index(혈당 지수)의 약자로, 음식을 소화하는 과정에서 혈관에 당분이 유입되는 속도를 수치로 표시한 값이다. 혈액 속의 당지수를 의미하며, 보통 일상에서는 혈당수치 혹은 혈당 지수라고 불린다. 즉, 특정 식품을 섭취했을 때 '혈당치가 상승하는 속도'를 나타내는 지수이기도 하다.

글루텐: 글루텐이란 보리나 밀 등 곡류에 포함된 단백질 성분의 일종이다. 쫄깃한 식감을 내거나 빵이 부풀어오르게 하는 역할을 한다. 보통 밀가루를 물과 섞어 반죽하는 과정에서 글루텐이 형성된다.

글루텐프리 : 글루텐프리 제품은 보리, 밀 등의 곡류에 존재하는 불용성 단백질인 글루텐이 함유되지 않은 식품을 말한다. 글루텐프리 식품은 글루텐에 알레르기 반응을 일으키는 사람들을 위해 만들어졌다.

그레인프리 : 반려동물의 곡물 알레르기를 최소화하기 위해 옥수수, 밀, 쌀 등을 사용하지 않고 만든 무곡물 음식을 말한다. 글루텐프리와 구분이 필요하다.

이스트 : 당분이나 영양분을 가한 습기 있는 밀가루에 섞으면 알코올발효를 일으키는 빵효모. 빵을 만들 때 사용되지만 반려견이 섭취 시 복부 팽창의 위험이 있어 사용이 금지된다. 위에서 설명한 글루텐과 다른 개념으로 확실한 구분이 필요하다.

6) 버섯류

전반적인 주의사항
- 생버섯에서는 독성이 있기 때문에 반드시 완전히 익혀서 급여한다.
- 과잉 섭취는 설사나 배탈을 일으킬 수 있으므로 주의한다.

권장 섭취량
- 하루 칼로리의 10% 이상을 급여하지 않도록 한다.
- 빈도는 한 달에 한 번 정도
- 익힌(작은)버섯 기준으로 소형견 1-3개, 중형견 1/4컵, 대형견 1/2컵

느타리버섯

영양성분 (100g 기준)	칼로리	단백질	탄수화물	지방	수분	무기질	엽산
	23kcal	3.28g	7.69g	0.18g	88.3g	0.55g	16mg

주요 영양소 : 비타민D, 식이섬유, 마그네슘
효능 : 근육 기능을 도와 근육통에 좋고, 다리가 자주 아플 경우 효과가 좋다.
주의사항 : 생버섯은 독성이 있기 때문에 완전히 익혀서 소량만 급여한다.

목이버섯

영양성분 (100g 기준)	칼로리	단백질	탄수화물	지방	수분	무기질	비타민D
	13kcal	0.6g	5.2g	0.2g	93.8g	0.2g	8.8μg

주요 영양소 : 비타민D, 칼슘, 철분, 식이섬유
효능 : 체력을 높여주고 폐 기능을 도와주며 비타민D가 풍부해 칼슘 흡수를 보조한다.
주의사항 : 반려견에게는 흰목이버섯보다 검은목이버섯을 추천한다.

양송이버섯

영양성분 (100g 기준)	칼로리	단백질	탄수화물	지방	수분	무기질	셀레늄
	15kcal	3.69g	3.25g	0.18g	92g	0.88g	9.94μg

주요 영양소 : 비타민D, 베타글루칸, 셀레늄, 식이섬유
효능 : 버섯류 중 단백질 함량이 높은 편이며 셀레늄이 풍부해 면역력과 항산화에 도움이 된다.
주의사항 : 반려견에게는 반드시 완전하게 익혀서 먹여야 한다.

팽이버섯

영양성분 (100g 기준)	칼로리	단백질	탄수화물	지방	수분	무기질	식이섬유
	18kcal	2.4g	6.29g	0.24g	90.7g	0.37g	6.2g

주요 영양소 : 비타민B1, 비타민C, 베타글루칸, 식이섬유, 엽산, 아연
효능 : 피부를 튼튼하게 보호하는 항종양작용, 심장기능 개선 등에 효능이 있다.
주의사항 : 완전히 익힌 것만 급여해야 한다.

표고버섯

영양성분 (100g 기준)	칼로리	단백질	탄수화물	지방	수분	무기질	식이섬유
	29kcal	3.63g	10.48g	0.26g	84.9g	0.71g	10.2g

주요 영양소 : 탄수화물, 베타글루칸, 비타민D, 식이섬유
효능 : 변비예방과 칼슘흡수, 면역력 증가, 항암효과가 있다.
주의사항 : 다른 버섯에 비해 칼로리가 높은 편이니 소금씩만 줄 것

새송이버섯

영양성분 (100g 기준)	칼로리	단백질	탄수화물	지방	수분	무기질	엽산
	19kcal	2.93g	6.24g	0.18g	89.9g	0.75g	72μg

주요 영양소 : 엽산, 트레할로스, 비타민C, 베타글루칸
효능 : 염증을 가라앉히고 트레할로스 성분을 함유하고 있어 뼈 건강에도 도움이 된다.
주의사항 : 다른 버섯보다 더 오래 가열 조리해 완전하게 익혀서 먹일 것

잎새버섯

영양성분 (100g 기준)	칼로리	단백질	탄수화물	지방	수분	식이섬유	엽산
	13kcal	2.2g	3.29g	0.5g	93.3g	3.6g	30µg

주요 영양소 : 베타글루칸, 식이섬유, 비타민D
효능 : 면역 강화, 혈액 정화, 항암효과가 있다.
주의사항 : 소화 불량이 있을 수도 있으므로 처음에는 소량만 급여해본다.

만가닥버섯

영양성분 (100g 기준)	칼로리	단백질	탄수화물	지방	수분	식이섬유	엽산
	17kcal	2.34g	5.21g	0.48g	91.1g	3g	54µg

주요 영양소 : 베타글루칸, 식이섬유, 아스파라긴산, 비타민D, 비타민E
효능 : 면역 강화, 혈액 건강 증진, 노화방지, 피로 해소 효과가 있다.
주의사항 : 완전히 익혀서 급여한다.

7) 육류 및 알

전반적인 주의사항

- 생버섯에서는 독성이 있기 때문에 반드시 완전히 익혀서 급여한다.
- 과잉 섭취는 설사나 배탈을 일으킬 수 있으므로 주의한다.

권장 섭취량

- 하루 칼로리의 10% 이상을 급여하지 않도록 한다.
- 빈도는 한 달에 한 번 정도
- 익힌(작은)버섯 기준으로 소형견 1-3개, 중형견 1/4컵, 대형견 1/2컵

달걀

영양성분 (100g 기준)	칼로리	단백질	탄수화물	지방	수분	무기질	비타민C
	143kcal	13.94g	2.19g	7.97g	75g	0.9g	미량

주요 영양소 : 단백질, 비타민A, B2, D, K, 철, 칼슘, 인
효능 : 필수 아미노산을 모두 갖춘 완벽한 단백질원이다.
주의사항 : 날달걀 흰자는 용혈성 빈혈의 원인이므로 급여하지 않는다.

메추리알

영양성분 (100g 기준)	칼로리	단백질	탄수화물	지방	수분	무기질	엽산
	156kcal	12.2g	3.1g	9.7g	73.9g	1.01g	297mg

주요 영양소 : 단백질, 비타민B2, 엽산, 아연, 트립토판
효능 : 다양한 영양소가 풍부하고 트립토판이 풍부해 심신 안정과 뇌 건강에 도움을 준다.
주의사항 : 흰자는 용혈성 빈혈의 원인이므로 급여하지 않는다.

돼지고기(안심)

영양성분 (100g 기준)	칼로리	단백질	탄수화물	지방	수분	무기질	트레오닌
	177kcal	32.32g	미량	4.31g	61.4g	1.29g	1494mg

주요 영양소 : 단백질, 지질, 비타민B1, B2, B6, 나이아신, 철, 칼륨, 아연
효능 : 비타민B군이 풍부하며, 특히 비타민B1이 풍부해 피로 해소에 도움을 준다.
주의사항 : 생고기는 기생충 감염의 위험이 있으므로 잘 익혀서 급여한다.

소고기

영양성분 (100g 기준)	칼로리	단백질	탄수화물	지방	수분	무기질	비타민B3
	105kcal	22.5g	미량	1.0g	75.4g	1.2g	1.5mg

주요 영양소 : 단백질, 지질, 비타민B2, B6, 나이아신, 콜린, 철, 아연, 칼륨
효능 : 비타민B2, B6이 풍부해 피로 해소나 동맥경화 예방에 도움을 준다.
주의사항 : 과량 섭취 시 산성화, 노폐물 과다 생성, 혈압 등의 문제가 발생한다.

닭가슴살

영양성분 (100g 기준)	칼로리	단백질	탄수화물	지방	수분	무기질	발린
	128kcal	28.09g	미량	0.93	70.4g	1.31g	1371mg

주요 영양소 : 단백질, 발린, 비타민B2, 철, 아연, 칼륨, 인
효능 : 필수 아미노산이 풍부하면서도 탄수화물과 지방의 거의 함유되어 있지 않다. 필수 아미노산 중 하나인 발린의 함유량이 높고 원기 회복에 좋은 훌륭한 단백질원이다.
주의사항 : 닭껍질은 소화가 어렵고 비만과 췌장염으로 이어질 수 있기 때문에 제거된다.

소간

영양성분 (100g 기준)	칼로리	단백질	탄수화물	지방	무기질	엽산	철
	131kcal	19g	2.2g	4.6g	1.4	미량	8mg

주요 영양소 : 비타민A, 철, 엽산
효능 : 철분, 엽산, 비타민A가 풍부해 안구 건강에 도움을 주고, 반려견의 눈물 관리에 유용하다.
주의사항 : 너무 많이 주면 비타민A 부작용 등이 나타날 수 있다.

오리고기

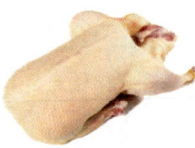

영양성분 (100g 기준)	칼로리	단백질	탄수화물	지방	수분	무기질	아르기닌
	117kcal	21g	미량	3.07g	76.8g	1.05g	1395mg

주요 영양소 : 단백질, 아르기닌, 비타민B3, B6, 칼륨
효능 : 알레르기 발생이 비교적 적고, 필수 아미노산인 아르기닌이 풍부하여 심장 질환 예방, 면역력 증가에 도움이 된다.
주의사항 : 설사 증상이 있을 때는 용량에 주의가 필요하다.

토끼고기

영양성분 (100g 기준)	칼로리	단백질	탄수화물	지방	수분	무기질	비타민B3
	135kcal	21.7g	0.6g	4.4g	72.2g	1.1g	7.9mg

주요 영양소 : 단백질, 철분, 아연, 나이아신
효능 : 알레르기 발생률이 낮고, 과도한 열로 인해 체력이 떨어졌을 때 좋은 식재료이다.
주의사항 : 귤과 함께 급여하면 복통과 설사를 일으킬 수 있다.

칠면조고기

영양성분 (100g 기준)	칼로리	단백질	탄수화물	지방	수분	무기질	비타민B6
	143kcal	21.64g	0.13g	5.64g	72.69g	0.98g	0.59mg

주요 영양소 : 단백질, 비타민B6, B12, 아연, 셀레늄
효능 : 성질이 따뜻해 체력을 높여 주며, 닭가슴살과 비교했을 때 육질이 더 단단한 것이 특징이다.
주의사항 : 반려견에게는 주로 가슴살을 제공한다.

양고기

영양성분 (100g 기준)	칼로리	단백질	탄수화물	지방	수분	무기질	이소류신
	143cal	20.88g	미량	5.94g	72.55g	1.06g	1007mg

주요 영양소 : 단백질, 비타민A ,B1, B2, D, 나이아신, 철, 카르노신
효능 : 지방 연소에 효과적으로 작용하는 카르노신이 풍부하다. 다른 고기에 비해 지질이 적고 소화가 잘되는 것이 특징이다.
주의사항 : 열성 질환을 앓은 직후나 임신 중에는 먹이지 않는 게 좋다.

말고기

영양성분 (100g 기준)	칼로리	단백질	탄수화물	지방	수분	무기질	비타민B12
	110kcal	20.1g	0.3g	2.5g	76.1g	1.0g	7.1μg

주요 영양소 : 단백질, 비타민B2, 철분, 마그네슘
효능 : 근육과 기력 강화에 효과적이며 소고기에 비해 철분과 마그네슘 함량이 높다.
주의사항 : 피부 질환이 있을 때는 피하는 것이 좋다.

사슴고기

영양성분 (100g 기준)	칼로리	단백질	탄수화물	지방	수분	철	칼슘
	120kcal	23g	미량	2.40g	73.6g	3.4mg	5mg

주요 영양소 : 단백질 철분, 코엔자임큐텐, 칼륨, 철, 칼슘
효능 : 지방 함량이 낮고, 코엔자임큐텐을 함유하고 있어 항암 면역력 개선에 도움을 준다.
주의사항 : 시중 통조림 제품의 경우 염분이 높을 수 있으므로 주의한다.

8) 해조류 및 생선류

김, 미역, 다시마 등 해조류는 외국에 비해 우리나라의 소비량이 많다. 해조류는 '바다 채소'라 불릴 만큼 열량이 낮지만 영양이 풍부한 식품군이다. 특히 미네랄이 풍부하게 들어 있어 반려견의 면역력을 보충하는 데 도움이 된다.

칼슘과 철분이 다량 함유된 해조류는 뼈와 치아 건강에 탁월하다. 따라서 성장기 강아지나 출산을 한 반려견에게 좋다. 특히 철분은 헤모글로빈의 원료이기 때문에 피를 만들어내는 데 도움이 된다. 우리나라에서 출산한 산모가 미역국을 먹는 것과 비슷한 이치이다. 또한 식이섬유가 많이 함유되어 있어 노폐물 배출로 인한 변비 해소와 체중 관리에도 도움이 된다. 그러나 해조류는 반려견이 완전히 소화시킬 수 없기 때문에 잘게 썬 뒤 푹 익혀서 먹이는 것이 좋다.

전반적인 주의사항

- 식중독, 바이러스 감염, 기생충 등의 위험이 있으므로 반드시 익혀서 급여한다.
- 가시는 목에 걸릴 수 있으므로 잘 제거해준다.
- 염분이 많은 편이므로 반드시 잘 제거해서 급여한다.
- 일부 재료의 경우 수은(고등어, 참치 등)과 같은 중금속의 위험이 있으므로 주의한다.

권장 섭취량

- 하루 칼로리의 10% 이상을 급여하지 않도록 한다.
- 해조류 및 생선류는 나트륨, 중금속 등 위험성이 있기 때문에 소량만 급여하는 것이 좋다.
- 매일 급여하지 않고 일주일에 한번씩 급여하는 것이 좋다.
- 주식으로 급여하기보다는 사료나 간식에 살만 곁들여 급여하는 것이 좋다.
- 조개류: 작은 것 기준 1~3개
- 생선류: 25~40g

굴

영양성분 (100g 기준)	칼로리	단백질	탄수화물	지방	수분	무기질	비타민B3
	86kcal	10.5g	5.1g	2.4g	80.4g	1.6g	4.5mg

제철 : 9~12월
주요 영양소 : 비타민B3, DHA, 아연, 철
효능 : 영양소가 풍부해 반려견의 모질 건강이나 성장기 반려견의 발육에 도움이 된다.
주의사항 : 식중독, 바이러스 감염 위험이 있으므로 반드시 익혀서 먹일 것

미역

영양성분 (100g 기준)	칼로리	단백질	탄수화물	지방	수분	무기질	칼슘
	18kcal	3g	5.1g	0.3g	87.6g	4.0g	149mg

제철 : 연중 내내
주요 영양소 : 칼슘, 알긴산, 수용성 식이섬유
효능 : 알긴산을 함유하고 있어 소화를 돕고 염증을 가라앉힌다. 갑상선이나 림프계통 질환에 도움을 준다.
주의사항 : 과잉 섭취 시 요오드 등의 미량 미네랄을 지나치게 섭취하게 된다.

홍합

영양성분 (100g 기준)	칼로리	단백질	탄수화물	지방	수분	무기질	철
	82kcal	13.8g	3.1g	1.2g	79.7g	2.2g	6.1mg

제철 : 10~12월
주요 영양소 : 단백질, 오메가3, 비타민, 철
효능 : 혈액 생성과 순환을 도와 빈혈 예방에 도움을 주고, 갑상선 기능에도 좋다.
주의사항 : 껍질과 염분은 잘 제거해서 급여한다.

전복

영양성분 (100g 기준)	칼로리	단백질	탄수화물	지방	수분	칼슘	인
	90kcal	152g	5.1g	0.7g	77.2g	49mg	141mg

제철 : 8~10월
주요 영양소 : 단백질, 칼슘, 칼륨, 인
효능 : 갈증해소, 소화촉진, 면역력 향상 효과가 있다.
주의사항 : 염분, 칼륨 함량이 높기 때문에 신장질환이 있는 반려견은 주의한다.

게살

영양성분 (100g 기준)	칼로리	단백질	탄수화물	지방	수분	마그네슘	비오틴
	77kcal	16.19g	0.43g	0.7g	80.6g	46mg	98.21μg

주요 영양소 : 단백질, 오메가3, 철, 아연, 인, 마그네슘, 구리, 비오틴
효능 : 질병 예방, 염증 완화, 체력 보강, 뼈 건강 개선 효과가 있다.
주의사항 : 잘 익혀서 급여하고, 알레르기 반응에 주의한다.

가리비

영양성분 (100g 기준)	칼로리	단백질	탄수화물	지방	수분	칼슘	아연
	80kcal	15.18g	-	1.73g	81.6g	65mg	2.56mg

제철 : 11~12월
주요 영양소 : 단백질, 칼슘, 인, 아연, 칼륨, 레티놀, 타우린
효능 : 혈관 건강을 개선하고 철분이 풍부해 빈혈 예방에 도움을 준다.
주의사항 : 껍질을 다 제거하고 나트륨 함량이 높으므로 소량만 급여한다.

재첩(육수용)

영양성분 (100g 기준)	칼로리	단백질	탄수화물	지방	수분	칼슘	철
	93kcal	12.5g	5.8g	1.9g	77.5g	181mg	21mg

제철 : 5~6월
주요 영양소 : 오르니틴, 트립토판, 타우린, 칼슘, 철
효능 : 간 독소 배출에 효과적이며 피로를 해소해준다.
주의사항 : 해감을 잘 해주고 육수용으로 사용하는 것이 좋다.

갈치

영양성분 (100g 기준)	칼로리	단백질	탄수화물	지방	수분	무기질	비타민B1
	147kcal	18.5g	0.1g	7.5g	72.7g	1.2g	0.13mg

제철 : 7~10월
주요 영양소 : 단백질, 비타민B1, 타우린
효능 : 체력 보강에 좋고 불포화지방산이 많아 혈관 건강에도 좋다.
주의사항 : 알레르기 반응을 보이는 경우가 있어 주의가 필요하다.

고등어

영양성분 (100g 기준)	칼로리	단백질	탄수화물	지방	수분	무기질	비타민B12
	309kcal	18.7g	0.3g	22.6g	57.4g	1.0g	0.48µg

제철 : 9~11월
주요 영양소 : 단백질, 비타민B12, 오메가3
효능 : 혈액의 적혈구 생성을 돕고, 위장에 좋아 체력이 떨어진 경우 도움이 된다.
주의사항 : 반려견에 따라 알레르기 반응이 나타날 수 있다.

도미

영양성분 (100g 기준)	칼로리	단백질	탄수화물	지방	수분	무기질	리신
	125kcal	20.7g	미량	4.0g	74.2g	1.1g	2000mg

제철 : 11~3월
주요 영양소 : 리신, 비타민B1, 비타민B2, 타우린
효능 : 고단백 영양분을 함유하고 있어 기력 회복과 체력 보강에 효과적인 단백질원이다.
주의사항 : 뼈를 잘 제거하고 잘 익혀서 급여한다.

건멸치*

영양성분 (100g 기준)	칼로리	단백질	탄수화물	지방	수분	무기질	칼슘
	246kcal	49.69g	1.07g	14.14g	31.8g	14.14g	2486mg

제철 : 3~11월
주요 영양소 : 칼슘, 칼륨, 오메가3, 비타민D
효능 : 우유의 약 20배에 달할 만큼 칼슘이 풍부한 음식으로 뼈와 치아 건강에 좋다.
주의사항 : 짠맛이 강하므로 물에 넣어 염분을 줄인 후 급여한다.

빙어

영양성분 (100g 기준)	칼로리	단백질	탄수화물	지방	수분	무기질	비타민B2
	86kcal	18.4g	미량	0.8g	79.4g	1.4g	0.29µg

제철 : 11~2월
주요 영양소 : 단백질, 비타민B2, 칼슘, 칼륨
효능 : 칼로리가 낮고 비타민B2가 풍부해 체중 감량이 필요한 반려견에게 좋다. 피로 해소에 좋다.
주의사항 : 알레르기 반응에 주의한다.

송어

영양성분 (100g 기준)	칼로리	단백질	탄수화물	지방	수분	무기질	비타민B3
	126kcal	21.1g	0.1g	3.9g	73.3g	1.6g	5.7mg

제철 : 10~11월
주요 영양소 : 단백질, 비타민B3
효능 : 송어의 필수 지방산은 반려견의 피부 건강에 좋은 효과를 보인다.
주의사항 : 반려견에게는 반드시 익혀서 주는 것이 좋다.

연어

영양성분 (100g 기준)	칼로리	단백질	탄수화물	지방	수분	무기질	비타민B3
	106kcal	20.6g	0.2g	1.9g	75.8g	1.5g	7.5mg

제철 : 9~10월
주요 영양소 : 단백질, DHA, EPA, 타우린, 코엔자임Q10
효능 : 필수지방산이 풍부해 피부, 뇌세포 활성, 항산화에 도움을 준다.
주의사항 : 알레르기 반응의 가능성이 있으므로 주의한다.

전갱이

영양성분 (100g 기준)	칼로리	단백질	탄수화물	지방	수분	칼슘	비타민B2
	132kcal	20.7g	0.1g	4.8g	72.6g	24mg	0.2mg

제철 : 7~8월
주요 영양소 : 단백질, 비타민B2, B6, D, 칼륨, 칼슘, DHA, EPA
효능 : 뇌 기능 향상, 노화 방지, 동맥 경화 예방의 효과를 가지고 있다.
주의사항 : 뼈를 잘 제거하고 충분히 익혀서 급여한다.

정어리

영양성분 (100g 기준)	칼로리	단백질	탄수화물	지방	수분	칼슘	비타민B2
	168kcal	20g	0.2g	9.1g	69.2g	94mg	0.35mg

제철 : 10~11월
주요 영양소 : 단백질, 비타민B2, B6, D, 철, 칼슘, DHA, EPA
효능 : 칼슘 흡수를 돕는 비타민D가 풍부하고, 어패류 중에서도 특히 EPA 함유량이 높아 고혈압을 개선할 수 있다.
주의사항 : 뼈를 잘 제거하고 충분히 익혀서 급여한다.

대구

영양성분 (100g 기준)	칼로리	단백질	탄수화물	지방	수분	인	비타민B2
	87kcal	19.5g	0.3g	0.3g	78.6g	193mg	0.16mg

제철 : 12~2월
주요 영양소 : 단백질, 비타민A, B1, B2, D, E, 칼륨, 인, 글루타티온
효능 : 지방이 적고 고단백, 저열량이다. 소화흡수가 잘되고 몸을 따뜻하게 해준다.
주의사항 : 가시를 잘 제거하고 충분히 익혀서 급여한다.

참다랑어(참치)*

영양성분 (100g 기준)	칼로리	단백질	탄수화물	지방	수분	철	칼슘
	175kcal	23.99g	-	8.09g	67.1g	1.98mg	27mg

제철 : 4~6월
주요 영양소 : 단백질, 비타민B6, D, E, 나이아신, 철, DHA, EPA
효능 : 항산화 물질을 함유해 암 예방과 노화 방지에 효과적이다. 또한, DHA, EPA가 풍부해 뇌 기능을 향상시키며 동맥경화를 예방한다.
주의사항 : 참치는 수은 함유량이 높으므로 다른 재료로 대체하는 편이 좋다.

꽁치

영양성분 (100g 기준)	칼로리	단백질	탄수화물	지방	수분	칼슘	칼륨
	141kcal	22.7g	0.4g	4.7g	70.9g	42mg	150mg

제철 : 10~11월
주요 영양소 : 단백질, 오메가3, 칼슘, 칼륨
효능 : 오메가3를 함유해 노화빙지, 염증 완화에 도움을 준다.
주의사항 : 알레르기 반응이 나타날 수 있으므로 주의한다.

청어

영양성분 (100g 기준)	칼로리	단백질	탄수화물	지방	수분	칼슘	인
	207kcal	16.3g	0.4g	15.1g	66.3g	35mg	304mg

제철 : 1~2월
주요 영양소 : 단백질, 오메가3, 칼슘, 철, 인
효능 : 오메가3를 함유해 노화방지, 염증 완화에 도움을 준다.
주의사항 : 알레르기 반응에 주의한다.

9) 유지류

전반적인 주의사항

- 알레르기 반응을 주의한다.
- 나트륨이 첨가되지 않은 무염 버터, 무염 치즈를 급여한다.
- 반려견은 유당 분해 능력이 낮아 소화가 어려우므로 일반우유는 급여하지 않는다.
- 과량의 지방은 건강에 악영향을 끼치므로 급여량에 주의한다.
- 소화불량이 있을 경우 소량만 급여하는 것이 좋다.

락토프리 우유

영양성분 (100g 기준)	칼로리	단백질	탄수화물	지방	수분	무기질	칼슘
	65kcal	3.08g	5.53g	3.32g	87.4g	0.67g	113mg

주요 영양소 : 칼슘, 비타민D, 마그네슘, 셀레늄
효능 : 칼슘과 영양이 풍부해 체력 보강과 뼈 건강에 좋다. 그러나 콜레스테롤을 함유하고 있어 많이 먹이는 것은 좋지 않다.
주의사항 : 알레르기 반응에 주의하고, 일반 우유는 급여하지 않는다.
권장 섭취량 : 1/4컵(≒ 60ml)

무염버터

영양성분 (100g 기준)	칼로리	단백질	탄수화물	지방	수분	무기질	비타민E
	761kcal	0.59g	1.81g	82.04g	15.3g	0.26g	0.8mg

주요 영양소 : 지방산, 비타민D, 비타민E, 셀레늄
효능 : 양질의 지방산과 비타민E가 함유되어 있어 건조 증상을 해소해준다.
주의사항 : 너무 많이 섭취하면 설사와 구토를 유발할 수 있으므로 주의한다.
권장 섭취량 : 1t(≒ 4~5g)

무염치즈

영양성분 (100g 기준)	칼로리	단백질	탄수화물	지방	수분	무기질	리신
	105kcal	13.3g	1.9g	4.5g	79g	1.3g	1200mg

주요 영양소 : 단백질, 비타민D, 칼슘
효능 : 리신 함량이 높아 성장발달에 도움을 주고 기혈을 보충해준다.
주의사항 : 재료(마늘, 양파, 나트륨)가 첨가된 가공치즈는 성분을 잘 확인한다.
권장 섭취량 : 1~2 작은 조각

산양유

영양성분 (100g 기준)	칼로리	단백질	탄수화물	지방	수분	셀레늄	칼슘
	62kcal	3.16g	4.03g	3.62g	88.4g	3.32㎍	149mg

주요 영양소 : 칼슘, 철, 비타민A, 비타민D, 인, 칼륨
효능 : 우유와 비슷하지만 영양성분이 더 풍부한 고영양 제품이다.
주의사항 : 소화 과민증이 있는 경우 주의한다.
권장 섭취량 : 1/4컵(≒60ml)

두유

영양성분 (100g 기준)	칼로리	단백질	탄수화물	지방	수분	칼륨	비타민E
	62kcal	3.01g	3.42g	3.92g	89g	152mg	2.6mg

주요 영양소 : 단백질, 비타민B1, 비타민B2, 비타민D, 비타민E
효능 : 무조정 두유가 좋고, 소화율이 뛰어나다.
주의사항 : 시중 두유는 설탕 함량이 높을 수 있으므로 섭취를 권장하지 않는다.

올리브유

영양성분 (100g 기준)	칼로리	단백질	탄수화물	지방	수분	무기질	리놀렌산
	921kcal	미량	미량	100g	0.1g	0.04g	8187mg

주요 영양소 : 오메가3, 오메가6, 비타민E
효능 : 항산화 효능이 있어 노화 방지와 면역력 향상에 도움을 준다.
주의사항 : 지방 함량이 높으므로 섭취량에 주의한다.
권장 섭취량 : 1t(≒4~5g)

아마씨유

영양성분 (100g 기준)	칼로리	단백질	탄수화물	지방	수분	무기질	비타민E
	884kcal	0.11g	미량	99.98g	0.12g	미량	31.43mg

주요 영양소 : 비타민E, 셀레늄, 오메가3
효능 : 오메가3 지방산이 풍부해 피모건강, 탈모개선, 변비 치료에 도움을 준다.
주의사항 : 70℃ 이상 가열 시 영양소가 거의 파괴되므로 가열조리를 피한다.
권장 섭취량 : 1t(≒4~5g)

 ## 2 반려견 섭취 불가 식재료

1) 양파, 마늘, 부추 등 파류

파류에 함유되어 있는 '알릴 프로필 디설파이드' 성분이 개의 적혈구를 단시간에 파괴하여 빈혈, 쇠약, 호흡 곤란을 일으킬 수 있다. 반려견이 10kg 미만인 경우에는 체중 1kg 당 양파 15g, 체중이 10kg 정도라면 양파 3/4개 정도를 섭취하면 수일 내에 증상이 나타나게 된다. 생으로 섭취하는 것뿐 아니라 조리된 상태에서도 반려견에게는 위험할 수 있기 때문에 주의해야 한다.

2) 포도, 건포도

건포도나 포도를 반려견이 소량만 섭취해도 급성 신부전 증상이 나타날 수 있으며, 살아남더

라도 만성 신부전으로 이어질 수 있다. 섭취 시 신장기능 이상으로 빠르면 2~3시간 이내에 증상이 발현되며, 최대 72시간 이내에 설사, 구토, 탈진, 다뇨증 등의 증상이 나타난다. 일반적으로 치사량은 반려견의 체중 1kg당 1-3알 정도이다.

3) 초콜릿(테오브로민), 커피, 차(메틸잔틴)

초콜릿에 함유되어 있는 '테오브로민'에는 반려견에게는 유해한 독성이 있기 때문에 중독 증상을 일으킬 수 있다. 카카오 함량이 높을수록 위험하며, 카페인 중독 증상으로 구토, 근육경련, 발작 등이 나타난다. 28g의 초콜릿은 14kg 체중의 개를 사망에 이르게 할 수도 있는 양이다. 일반적으로 체중 10kg의 강아지의 경우 작은 초콜릿 1개로도 증상이 나타날 수 있다.

4) 자일리톨

반려견이 '자일리톨'을 섭취하게 되면 인슐린이 과도하게 분비되는 현상이 일어난다. 과도한 인슐린 분비는 혈당을 하강시켜 신체 조절 기능 상실, 발작, 탄진, 혼수 상태가 나타날 수 있다. 신속히 조치하시 않는다면 사망에 이를 수도 있다. 0.1g/kg 복용 시 저혈당증, 0.5g/kg 복용 시 간 괴사가 나타날 수 있다. 일반적으로 껌 2알로도 증상이 일어날 수 있다. 또한 사람들이 사용하는 치약이나 다이어트 식품에도 들어가 있는 경우가 있으니 성분에 주의해야 한다.

5) 알코올류

개는 인간보다 에탄올에 훨씬 더 민감하기 때문에 섭취 시 구토, 혼수상태, 심할 경우 사망에 이를 수도 있다. 치사량은 100% 에탄올 기준 5.5~7.9g/kg이다.

6) 빵 반죽

이스트를 넣어 만든 빵은 반려동물의 위장 기관에서 증식하여 과도한 가스를 발생시킬 수 있다. 이로 인해 복부 팽만, 신체 조절 기능 상실, 방향 감각 상실 등의 증상이 나타날 수 있다.

7) 아보카도

퍼신(Persin)이라는 성분이 있어 섭취 시 호흡 곤란, 복부 확장 등의 증상이 나타날 수 있다.

8) 과일(사과, 체리, 복숭아, 자두, 살구 등)의 씨

과일의 씨 근처의 속 부분에는 청산가리로 알려져 있는 '시안화물'이라는 성분이 들어있어 섭취 시 동공 확장, 불안, 쇼크, 구토 등의 증상이 나타날 수 있다.

9) 과량의 소금

짠 음식을 과다 섭취 시 음수량이 증가해서 위 확장을 일으킬 수 있다. 하루 권장 섭취량은 62.4~125mg/kg이다.

10) 생선회

바이러스, 세균, 기생충의 위험이 있으며, 감염 시 식욕 저하나 발작을 일으킬 수 있다.

11) 기름진 식품

다량의 기름은 췌장염, 대장염을 일으킬 가능성이 있다.

12) 생 뼈

동물의 뼈는 구강에 상처를 입히거나 장폐색 등 소화기관에 문제를 일으킬 수 있다. 어느 정도 익힌 후에도 뼈가 깨질 수 있기 때문에 특히 가금류의 뼈는 취식을 금해야 한다. 경우에 따라서는 뼈를 섭취하다가 이빨이 깨지는 경우도 있기 때문에 이런 점에도 유의해야 한다.

13) 날달걀 흰자

날달걀 흰자에 있는 '아비딘'이라는 성분은 비타민B의 흡수를 방해하여 탈모, 기력 저하, 성장 저하 또는 뼈의 기형을 초래할 수 있다. 또한 닭 농장의 사육환경이 위생적이지 못한 경우 날달걀 껍질에 살모넬라와 대장균이 오염될 수 있다. 이런 상태에서 섭취하게 되면 중독의 위험성이 있기 때문에 달걀의 경우 노른자와 함께 잘 익혀서 급여하는 것이 좋다.

14) 일반우유

반려견은 유당 분해 능력이 낮기 때문에 일반우유 섭취 시 설사나 구토를 할 수 있다.

15) 마카다미아

섭취 시 뒷다리 쇠약, 통증, 근육 떨림, 마비 등의 증상이 나타날 수 있다. 정확한 독성원리는 아직 밝혀지지 않았다.

3 영양소별 식재료

1) 개요

모든 동물은 언제나 일정한 영양분을 필요로 한다. 영양분은 생명을 유지하고 기본적인 활동이 가능하도록 하는 에너지원이 된다. 또한 신체의 뼈와 근육, 혈액 등의 조직을 형성하며 호르몬과 면역 활성 물질 등을 통해 신체의 상태를 조절하는 기능을 수행하도록 한다. 인간과 마찬가지로 반려견도 다양한 영양소들을 필요로 하기 때문에 영양의 균형을 맞춰주는 것이 건강 유지에 있어서 대단히 중요하다.

2) 탄수화물, 단백질, 지질

앞선 단락에서 이미 살펴본 것처럼 탄수화물과 단백질은 매우 중요한 역할을 한다. 단백질과 탄수화물은 주요한 에너지원으로 사용되며, 반려동물의 조직을 구성하는 성분이기도 하다. 탄수화물의 경우 반려견에게 필수 영양소는 아니지만, 중요한 에너지 공급원으로 일정량을 급여해주는 것이 좋다. 지질은 에너지를 저장하고 뇌 기능을 유지하는데 매우 중요한 역할을 한다. 일부 지질은 체내에서 합성할 수 없는 종류도 있기 때문에 음식을 통해서 급여해주도록 해야 한다. 따라서 아래의 표를 참고하여 다양한 식재료들이 영양의 균형을 이루도록 급여하는 것을 추천한다.

탄수화물	당질		에너지원, 피로 해소, 뇌 활성화	백미, 현미, 고구마, 감자, 콩, 딸기, 바나나, 사과, 수박 등
	식이섬유	수용성 식이섬유	지방과 포도당 흡수 지연하고, 장액의 점도를 높여 포만감을 오래 유지함	사과, 귤 등의 과일과 채소, 감자, 옥수수, 콩류, 바나나, 갈조류
		불용성 식이섬유	배변량 증가, 대장의 연동운동 증가	밀, 보리, 현미, 곡류, 채소류, 버섯
단백질 10개의 필수아미노산 : 발린, 루신, 아이소루신, 메티오닌, 트레오닌, 리신, 페닐알라닌, 트립토판, 히스티딘, 아르기닌			신체 구성 성분, 에너지원, 면역기능, 체액 균형 유지	달걀, 닭고기, 소고기, 돼지고기, 간, 고등어, 콩, 두부, 우유

지질 필수지방산 : 오메가3, 오메가6	고효율 에너지원, 세포막 구성, 성장 및 피부 건강, 체온 유지	올리브유, 콩, 생선류, 육류, 우유

3) 비타민

비타민은 생명 유지에 필수적인 아미노산 화합물로 원활한 대사를 위해서 반드시 필요하다. 각종 비타민들은 반려견의 면역력을 높이며, 항암과 항스트레스 효과를 보여주며, 뼈와 혈액의 건강을 유지하는데 도움을 준다. 다양한 종류의 비타민이 적정량 섭취될 수 있도록 조절해 주어야 한다. 아래의 표를 참고하여 급여하도록 하자.

지용성 비타민	비타민A	항산화 기능, 안구, 피부 건강 증진	간, 당근, 단호박, 시금치, 달걀 노른자
	비타민D	골격 성장 및 유지	간, 생선 기름, 유제품, 버섯
	비타민E	적혈구 보호, 항산화 기능	육류, 간, 잎줄기 채소
	비타민K	혈액응고, 골격 강화	녹색채소, 해조류, 달걀 노른자
수용성 비타민	비타민C	피부 건강, 항암효과	브로콜리, 호박, 피망, 딸기, 귤, 키위, 녹색채소
	비타민B1(티아민)	에너지 생산 관여, 피로 해소	돼지고기, 닭고기, 달걀, 현미, 감자, 두부, 콩
	비타민B2(리보플라빈)	성장 및 세포 재생 촉진	장어, 간, 고등어, 달걀, 우유, 두부, 돼지고기, 닭고기, 소고기
	비타민B3(나이아신)	효소 기능 정상화, 뇌신경 기능 도움	소고기, 닭고기, 돼지고기, 간, 멸치, 현미
	비타민B5(판토텐산)	에너지 생성 보조, 스트레스 완화	버섯, 달걀, 닭고기, 간, 연어, 꽁치
	비타민B6	단백질·지질 대사 관여, 적혈구 생성	돼지고기, 닭고기, 달걀, 고구마, 바나나, 고등어
	비타민B7(비오틴)	성장 촉진, 피부 건강 강화, 탈모 예방	간, 달걀, 닭고기, 돼지고기, 연어
	엽산	적혈구 생성, 동맥경화 억제	콩, 시금치, 브로콜리, 아스파라거스, 달걀
	비타민B12	적혈구 생성, 빈혈 예방	소고기, 돼지고기, 닭고기, 유제품, 달걀, 고등어, 꽁치

4) 무기질

무기질은 대사 과정을 거치지 않는 동시에 에너지를 발생시키지 않는 무기화합물을 말한다. 반려동물들은 기본적으로 체내에서 무기질을 합성할 수 없기 때문에 음식을 통해서 반드시 공급되어야 한다. 아래의 표를 참고하여 다양한 무기질이 영양 균형을 이루며 공급될 수 있도록 유의한다.

다량 무기질	칼슘	뼈와 치아 건강 유지, 면역 기능 유지, 근육의 수축과 이완, 신경 기능 유지, 혈액 응고, 혈압 조절	우유 및 유제품, 두부, 짙은 녹색 채소, 콩, 뼈, 연어
	인	뼈와 치아 건강 유지, 세포 구조의 기초, 산-알칼리 평형 유지	생선, 달걀 노른자, 우유 및 유제품, 곡류, 육류, 가금류, 콩, 옥수수
	나트륨	체액 평형, 신경 전달, 근육 수축	소금, 우유, 일부 채소와 고기
	염소	체액과 위액의 성분, 체액 평형 유지	소금, 우유, 일부 채소와 고기
	칼륨	체액 평형, 신경 전달과 근육 수축	곡류, 우유, 과일, 채소, 전곡, 콩
	마그네슘	뼈의 구조, 근육 수축, 신경 전달과 면역 반응 유지, 단백질 제조	콩, 씨, 녹색 채소, 두부, 곡류, 해산물, 사과
	황	단백질 성분	모든 단백질 원료(곡류, 생선, 우유, 콩 등)
미량 무기질	철	산소 운반, 에너지 대사에 필수	동물 내장, 돼지고기, 소고기, 녹색 채소, 달걀 노른자, 해산물
	아연	효소 대사에 필요, 단백질 구조 유지, 상처 치유, 면역반응 유지	소고기, 돼지고기, 닭고기, 치즈, 굴, 생선, 전곡, 채소
	요오드	갑상선호르몬의 성분	해산물, 유제품
	셀레늄	항산화제	고기, 곡물, 해산물
	구리	항산화 기능, 철 대사에 관여	콩, 씨, 전곡, 동물 내장, 굴
	망간	일부 효소의 구성 요소	대부분의 음식에 함유
	불소	뼈와 치아의 형성에 관여	생선

4 목적별 식재료

반려동물이 어떤 질병에 걸리게 되면 대부분의 증상은 몸의 균형과 질서가 무너진 형태로 발현된다. 반려견이 겪게 되는 대부분의 질병은 배설 불량과 관련이 되어 있다. 몸 밖으로 원활하게 배출되어야 할 물질이 체내에 쌓이면서 특정한 질병을 야기하기도 하기 때문에 신체의 신진대사를 원활하게 유지하도록 하는 식이요법이 필요하다. 음식은 영양분을 공급하고 활동하는데 필요한 에너지를 공급하는 기능을 수행할 뿐 아니라 반려견이 건강하게 생활할 수 있도록 돕기도 하고 특정한 질병들을 완화하는데도 도움을 준다.

동일한 견종 내에서도 개체 특성에 따라 같은 음식을 섭취해도 질병이 오히려 악화될 수도 있고, 치료될 수도 있다. 식이요법만으로 모든 질병을 치료하거나 완화시킬 수 있는 것은 아니지만, 상당한 도움이 된다는 점을 이해해야 한다

1) 두뇌기능 활성화에 도움

- 필요영양소 : 오메가3, 폴리페놀, 비타민A
- 기능 : 뇌 발달, 집중력 강화, 뇌 노화 방지, 항산화 기능
- 식재료 : 등푸른생선, 사과, 시금치, 블루베리, 당근, 단호박

2) 피부 및 모질 개선

- 필요영양소 : 오메가3, 오메가6, 아연, 비타민C
- 기능 : 염증 감소, 피부 강화, 피부 및 모발 성장
- 식재료 : 등푸른생선, 코코넛, 육류 및 알류, 과일류

3) 뼈 건강 증진

- 필요영양소 : 칼슘, 인, 비타민D, 비타민K

- 기능 : 뼈 및 관절 강화, 칼슘 흡수 보조
- 식재료 : 유제품, 멸치, 녹색채소, 달걀 노른자, 해조류

4) 안구건강 증진

- 필요영양소 : 비타민A, 안토시아닌, 루테인
- 기능 : 시각기능 강화, 시력회복, 백내장 예방
- 식재료 : 당근, 단호박, 브로콜리, 블루베리, 검정콩, 시금치

5 색상별 식재료

다양한 식재료의 색상들은 음식을 더 즐겁게 만들어주는 요소이다. 물론 반려견의 경우 특정한 색상을 인식하지 못하지만, 다양한 색을 활용해준다면 목적에 맞는 스타일링이 가능하다. 특히 스튜디오 사진 촬영이나 포스터, 광고 촬영, 유튜브 촬영과 같은 특정한 목적이 있는 경우에는 다양한 식재료들을 활용하여 음식에 활기를 주는 것이 좋다. 아래의 표를 참고하여 다양하게 시도해보도록 하자.

	펫푸드 식재료 색상
빨간색/핑크색	사과, 수박, 딸기, 토마토, 파프리카, 비트, 생고기, 복숭아, 크렌베리, 라즈베리, 자두, 생고기 등
주황색	오렌지, 당근, 호박, 생강, 귤, 감, 파프리카, 연어 등
노란색	배, 바나나, 옥수수, 망고, 달걀 노른자, 레몬, 파프리카, 콩나물, 기장 등
녹색	수박, 완두콩, 브로콜리, 샐러리, 오이, 양배추, 멜론, 키위, 매실, 시금치, 청경채, 파슬리, 아스파라거스, 상추, 케일, 타임, 바질, 오크라, 녹두, 완두콩, 미역 등
보라색	블루베리, 가지, 적양배추 등
갈색	연근, 감자, 고구마, 밤, 귀리, 오트밀, 기장, 메밀, 현미, 보리, 조, 퀴노아, 렌틸콩, 병아리콩, 땅콩, 팥, 버섯, 아티쵸크, 케롭파우더 등
흰색	두유, 순무, 코코넛, 참마, 콜리플라워, 백미, 통밀, 차전자피, 비지, 버섯, 달걀, 메추리알, 치즈 등
검정색	검정깨, 흑미, 치아씨드, 검은콩 등
회색	갈치, 고등어, 굴 등 해산물류

Chapter 05

펫푸드 - 생리학

1 반려견의 소화기계 구조

1) 개요

반려견이 육식인지 잡식인지에 대한 논란은 상식 수준에서 오랜 시간 동안 진행되어 왔지만, 전문가들의 의견에 의하면 반려견은 육식에 가까운 잡식 동물이다. 사람처럼 구강에서 아밀레이스가 분비되지 않기 때문에 개의 침에는 음식을 분해하는 성분이 포함되어 있지 않으며, 음식을 잘 삼킬 수 있는 윤활유의 기능만을 수행한다. 본 단락에서는 사람과는 다른 반려견의 소화 기관에 대해 그 특성을 이해하는 것을 목표로 한다. 개의 소화기관에는 크게 구강, 인두, 식도, 위, 소장(십이지장, 공장, 회장), 대장 및 항문으로 구성되어있다.

2) 소화 과정에 대한 이해

먼저 소화(digestion)란, 국어 사전에 의하면 섭취한 음식을 분해하여 영양분을 흡수하기 쉬운 형태로 만드는 일, 또는 작용 등을 의미한다. 식물의 경우 생명활동을 위한 모든 물질을 무기물과 태양의 빛 에너지를 통해 직접 합성할 수 있지만, 동물은 생명활동에 필요한 유기물을 직접 합성하는 능력이 없다. 따라서 음식의 형태로 유기물을 섭취해야 하는데, 대부분의 유기물들은 분자량이 크기 때문에 그대로 신체 내부에 흡수될 수 없다. 따라서 영양분이 소화될 수 있도록 분해하는 과정을 소화라고 한다 .

소화는 소화기계에서 일어나며 기계적 소화와 화학적 소화로 구분된다.

기계적 소화	기계적 소화 과정은 저작 운동, 연동운동, 분절운동으로 구성된다. 저작운동은 음식물을 이빨로 잘게 부수고 으깨는 운동이고, 연동운동은 소화관이 연속적으로 수축하여 음식물을 이동시키는 운동이다. 분절운동은 소화관이 수축과 이완을 반복하여 음식물과 소화액을 골고루 섞는다. 기계적 소화 과정에서는 영양소의 화학적 변화가 일어나지 않는다.
화학적 소화	영양소가 화학적 변화를 거쳐 크기가 작은 분자로 분해되는 과정으로, 소화효소에 의해 나타난다.

3) 소화기관의 생물학적 구조

반려견이 섭취한 음식을 소화하기 위해 체내에 지니고 있는 소화기계는 크게 소화관과 소화샘으로 구성된다.

소화관	음식물이 지나가며 소화가 되는 통로 구강, 인두, 식도, 위, 소장, 대장, 항문
소화샘	소화에 필요한 소화액을 생성하거나 분비하는 장소 침샘, 간, 쓸개, 이자

• **소화샘**

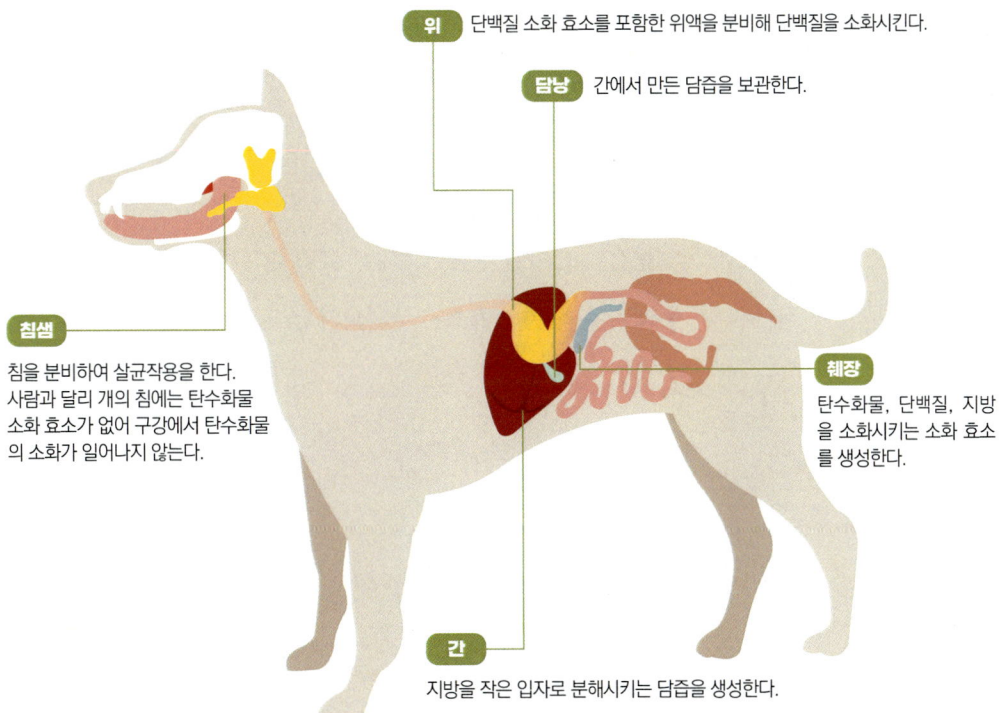

위 단백질 소화 효소를 포함한 위액을 분비해 단백질을 소화시킨다.

담낭 간에서 만든 담즙을 보관한다.

침샘 침을 분비하여 살균작용을 한다. 사람과 달리 개의 침에는 탄수화물 소화 효소가 없어 구강에서 탄수화물의 소화가 일어나지 않는다.

췌장 탄수화물, 단백질, 지방을 소화시키는 소화 효소를 생성한다.

간 지방을 작은 입자로 분해시키는 담즙을 생성한다.

- **소화관에서의 소화**

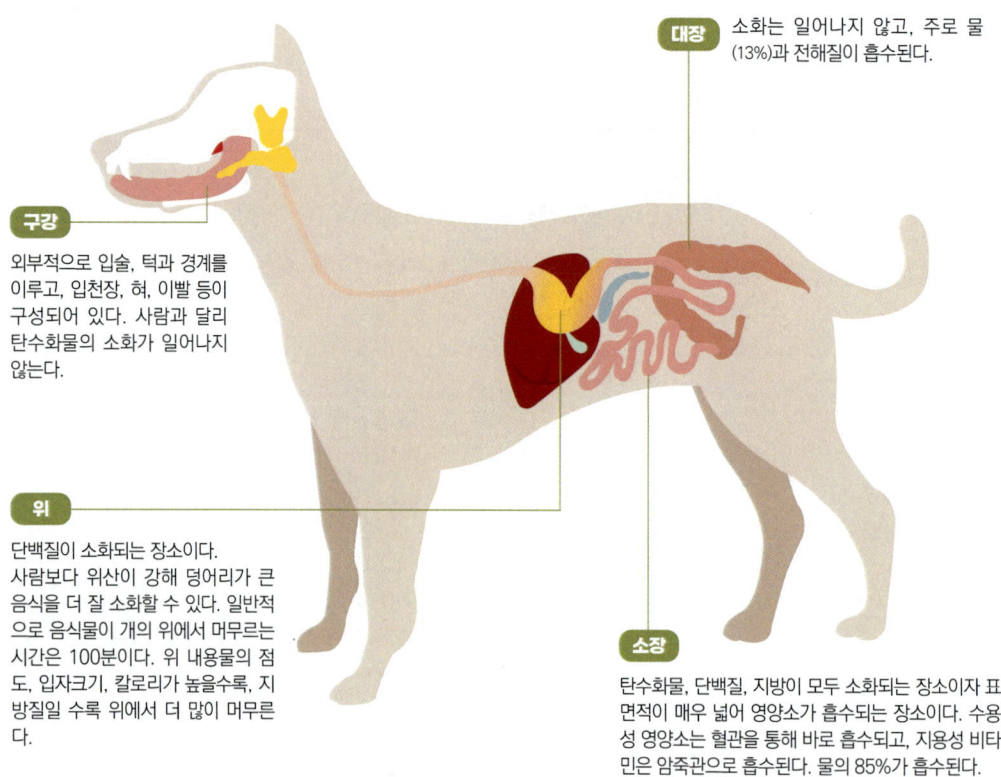

대장: 소화는 일어나지 않고, 주로 물(13%)과 전해질이 흡수된다.

구강: 외부적으로 입술, 턱과 경계를 이루고, 입천장, 혀, 이빨 등이 구성되어 있다. 사람과 달리 탄수화물의 소화가 일어나지 않는다.

위: 단백질이 소화되는 장소이다. 사람보다 위산이 강해 덩어리가 큰 음식을 더 잘 소화할 수 있다. 일반적으로 음식물이 개의 위에서 머무르는 시간은 100분이다. 위 내용물의 점도, 입자크기, 칼로리가 높을수록, 지방질일 수록 위에서 더 많이 머무른다.

소장: 탄수화물, 단백질, 지방이 모두 소화되는 장소이자 표면적이 매우 넓어 영양소가 흡수되는 장소이다. 수용성 영양소는 혈관을 통해 바로 흡수되고, 지용성 비타민은 암죽관으로 흡수된다. 물의 85%가 흡수된다.

    소화샘에서 분비된 소화액 속 효소들에 의해 소화기관에서 단백질, 지방, 탄수화물이 분해, 흡수되며, 물, 무기질, 비타민 등과 같은 작은 영양소는 분해되지 않고 흡수된다.

2 반려견 소화기관에 대한 이해

1) 구강

구강은 외부적으론 입술, 턱과 경계를 이루고 있으며, 입천장(경구개, 연구개), 혀, 이빨 등이 구성되어있다.

개의 치아는 고기는 물론 뼈도 씹어 먹을 수 있는 형태로, 사람처럼 잘게 부수는 것이 아닌 한입 크기로 자르는데 적합하다. 윗니 20개, 아랫니 22개로 총 42개의 이빨을 가지고 있다. 음식을 대충 씹어 삼키더라도 체하거나 하지 않는다. 오히려 고기류보다 채소류를 소화시키기 어려울 수 있으니 채소류를 급여할 때는 잘게 다지거나 갈아서 넣어 주어야 한다.

(1) 구강의 대표적인 기능

① 소화기능 : 이빨의 저작에 의한 기계적 소화가 이루어진다. 사람과 달리, 개에서는 탄수화물을 소화하는 아밀레이스(amylase) 효소가 없어 탄수화물의 화학적 소화가 이루어지지 않는다.

② 감각기능 : 구강점막에 존재하는 온도, 촉각, 통각에 관여하여 수용기와 맛봉오리는 구강 내의 감각을 인지하게 한다. 연하, 구토, 구역질, 침분비 반사작용도 구강 내 수용기에 의해 나타난다.

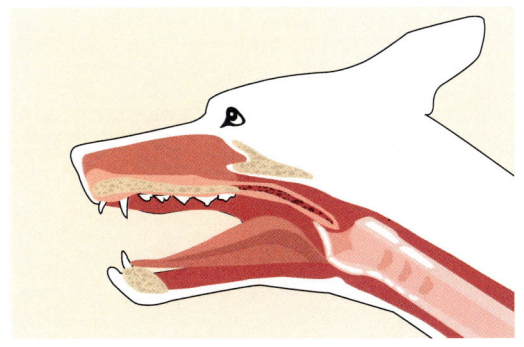
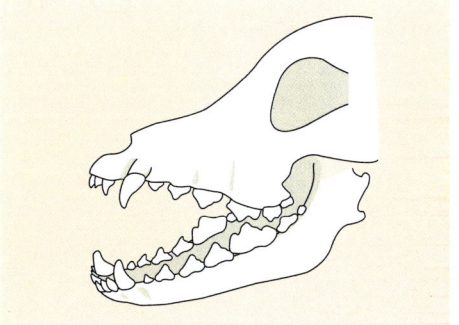

③ 분비기능 : 구강점막을 통해 침이 분비되어 점막 표면을 촉촉한 상태로 유지한다.
④ 체온조절기능 : 사람과 달리 개는 헐떡이는 과정을 통해 체열이 구강점막을 통해 발산되면서 체온이 조절된다.

(2) 개의 이빨 구조

개는 앞니(incisor, I), 송곳니(canine, C), 작은어금니(premolar, PM), 큰어금니(Molar, M) 4가지 구조로 구성되어 있다. 개의 유치는 3~6주, 영구치는 2~6개월에 걸쳐 올라온다. 성견은 윗턱에 20개, 아래턱에 22개로 총 42개의 이빨을 가지고 있다. 그러나 퍼그와 불독과 같은 단두종에 한해 아래턱 첫 번째 앞어금니와 세 번째 뒤어금니가 결손되어 있을 수 있다.

개는 음식을 자르거나 그루밍 할 때 앞니를 사용한다. 음식을 부수고 찢는 데는 송곳니를, 음식을 잘게 자르는 데는 앞어금니를, 자잘한 음식을 더 잘게 빻는 데는 뒤어금니를 사용한다. 이때 뒤어금니에는 충치가 쉽게 생길 수 있다. 특히 위턱 네 번째 (PM4)와 아래턱의 첫 번째 큰어금니(M1)는 음식을 씹을 때 필수적으로 사용되는 치아(절단치아)이다. 음식을 씹는 것은 이 두 치아가 맞물리며 이루어진다.

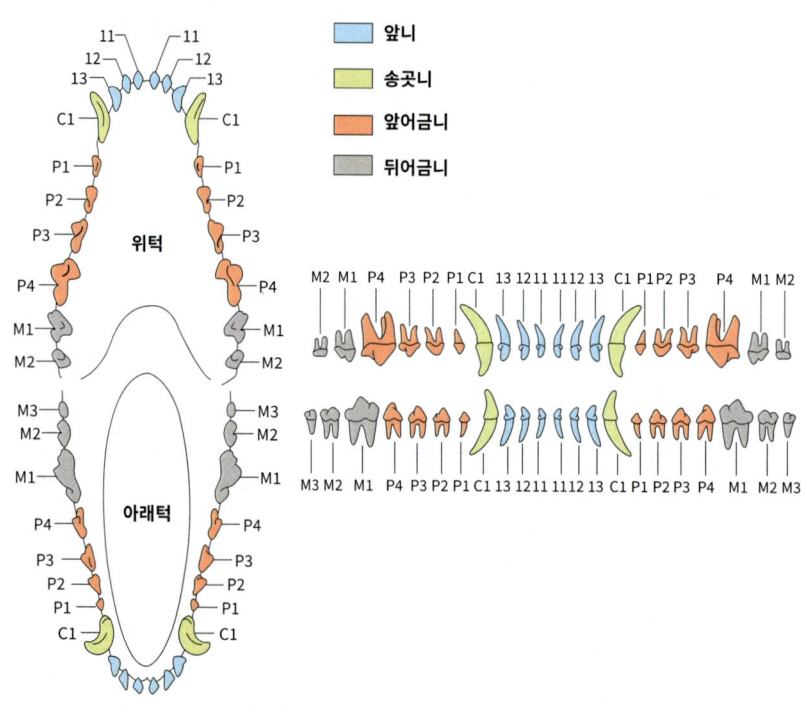

① 앞니
- 구조 : 좌우 송곳니 사이의 작고 가느다란 이
- 역할 : 먹이를 물고 자르고, 부수는 역할
- 개수 : 위아래 6개씩 모두 12개

② 송곳니
- 구조 : 가장 크고 날카로운 이
- 역할 : 먹이를 잡아서 찢는 이
- 개수 : 위아래 좌우 모두 4개

③ 앞어금니
- 구조 : 크기는 크나 씹는 면이 평평하지 않음
- 역할 : 잡은 먹이를 물어서 자르는 이
- 개수 : 위아래 좌우 4개씩 모두 16개

④ 뒤어금니
- 구조: 다소 크고 평평한 모양이며 유치 때는 나지 않는다.
- 역할: 먹이를 갈아 부수거나 쪼개는 이
- 개수: 위는 좌우 2개씩 아래는 좌우 3개씩 모두 10개

인간과 반려견은 구강 구조에 따라 씹는 방법이 다르다. 반려견의 구강 구조는 사냥을 하는데 최적화되도록 진화해 왔다. 특히 사냥감을 잡아 먹다가 천적의 위협을 받거나 빼앗길 수 있기 때문에 빠른 속도로 많이 먹을 수 있도록 이루어져 있다. 반려견이 음식을 씹지 않은 채 삼킨다고 걱정할 필요가 없다. 반려견은 인간과 달리 침에서 분비되는 소화효소가 없어 위산만 사용해 소화를 시킨다. 반려견이 아침 공복에 노란 토를 하는 이유는 반려견의 위산이 강하기 때문이다.

그러나 어린 강아지는 성견과 달리 섭식량 조절에 실패해 쉽게 체하거나 응급상황이 발생할 확률이 높다. 따라서 어린 강아지에게는 넓은 그릇에 사료를 뿌려서 천천히 먹을 수 있도록 하는 것이 좋다.

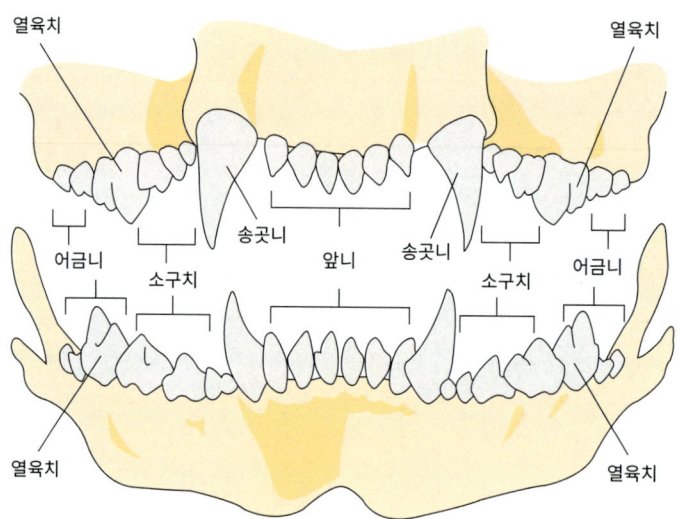

 반려견 이빨에 대한 궁금증

Q1. 이빨을 뽑아도 음식을 먹을 수 있을까?
동물의 치아는 음식을 잘게 갈아주는 기능이 아닌 삼킬 수 있는 크기로 잘라주는 역할만 하기 때문에 이빨이 몇 개 없어도 통증이 없다면 음식을 먹는 데에 큰 영향이 없다.
Q2. 이빨을 뽑으면 다시 나올까?
아니다. 대부분의 포유류는 발치 후 새 치아가 다시 나오지 않는다.

(3) 개의 미각, 후각구조
① 개가 느끼는 맛

사람과 같이 개의 혀에는 여러 개의 작은 돌기들이 있다. 이 돌기에는 미각을 담당하는 맛봉오리(taste bud)가 존재하며, 맛봉오리는 미각세포로 이루어져 있다. 개는 사람(9000개)보다 적은 1700개의 맛봉오리를 가진다. 사람과 같이 개도 단맛, 신맛, 짠맛, 쓴맛을 느낄 수 있지만, 맛봉오리의 개수가 적어 맛을 섬세하게 느끼지는 못한다. 개는 신맛을 느끼면 음식물이 상했다고 여기고, 쓴맛은 독성이 있다고 여기는 경향이 있어 신맛과 쓴맛을 선호하지 않는다. 자연

상태의 개는 80%를 육류로 섭취하는데, 이 육류에는 신체 요구량을 충족할 수 있을 만큼의 나트륨이 들어있어 짠맛을 잘 느끼지 않아도 되도록 진화했다. 따라서 사람과 비교했을 때 짠맛을 잘 느끼지 못한다. 개는 단맛을 가장 선호한다. 사람은 혀의 앞부분에서 단맛을 느끼지만, 강아지의 혀의 뿌리부분에서 단맛을 느낀다. 이는 개가 음식을 꿀꺽 삼키는 이유이다.

 개의 물 마시는 방식과 물맛

개는 물을 마실 때 혀 끝부분을 뒤로 말아 국자 형태로 만들어 물을 마신다. 사람과 달리, 개의 혀 끝부분에는 물 맛을 느끼는 맛봉오리가 존재한다. 따라서 개는 사람과 달리 물의 맛을 느낄 수 있다. 이는 대부분의 육식동물에 발달해 있는데, 탈수를 방지하기 위해서 단 음식이나 짠 음식을 먹은 후 높은 물 함유량을 가진 음식이나 물을 찾는 이유이다.

② **후각과 식욕**

개는 비강이 길고 넓어 사람보다 많은 후각세포가 가지고 있다. 사람은 약 500만개인데 반해 개의 경우 2억개 이상이 존재하기 때문에 후각이 몹시 뛰어나다. 맛은 냄새와 밀접하게 연관되어 있기 때문에 개는 맛을 느끼는 데 있어 후각에 의존하는 편이다. 그렇기 때문에 나이가 들어 후각과 미각 감각이 감소하면 식욕도 감소한다. 이 때 펫푸드 영양학자들은 자극적인 향을 가진 재료를 첨가하여 식욕을 돋운다.

촉촉한 음식은 수분 함유량이 높아 향을 잘 보유하는 반면 건조한 트릿, 키블의 경우 향을 잘 보존, 방출하지 못한다. 때문에 건조한 음식을 급여할 때는 지방, 파우더, 액체단백질, 육류 첨가물 등과 같은 자극적인 냄새가 나는 재료를 분사해주면 식미를 돋우는 데 도움이 된다. 개는 고기 냄새가 나는 향, 기름진 향, 유황향, 구운 향, 스모키향을 선호한다.

2) 인두

인두는 소화기관과 호흡기관의 기능을 가지고 있다. 음식을 넘길 때는 성문이 기관을 덮어 이물성 폐렴을 방지한다. 구강에서 인두로 보내는 과정은 수의적 운동이지만, 인두에서 식도로 보내는 과정을 불수의적 운동이다.

3) 식도

두꺼운 근육으로 구성되어, 구강으로 섭취한 음식물을 위로 보내는 통로 역할을 한다. 식도에는 상, 하부 식도 조임근이 있어 위로 넘어간 음식물이 역류하지 않도록 한다. 식도를 통과하는 시간은 매우 짧아 소화작용이 일어나지 않는다.

4) 위

개를 육식 동물이라고 보는 견해의 타당성을 뒷받침하는 이유는 몸에 비해 큰 위를 가지고 있기 때문이다. 위의 모양은 불규칙한 배 모양이며, 약 60%차지하고 있는 만큼 다량의 음식물을 받아들일 수 있다.

- 개의 위액은 강한 산성으로 이루어져 생고기에 있는 세균에도 대항이 가능하다. 사람의 경우 위의 산성이 pH 2-3 정도이며, 개의 경우는 pH 1-2 정도로 웬만한 고기, 뼛조각까지도 소화가 가능하다. 음식이 소장까지 내려온 뒤에는 추가적인 효소들에 의해 소화가 진행된다.

- 음식이 위로 들어오면 위점막세포에서 위액을 분비한다. 위액에는 위산이 들어 있어 살균작용을 하고, 펩신이라는 효소가 들어있어 단백질의 화학적 소화를 진행한다.

- 음식이 위에 머무는 시간은 약 100분으로, 위 내용물의 상태가 점도, 입자크기, 칼로리, 삼투물질농도가 높을수록 위배출이 늦어진다. 또한 십이지장의 pH가 낮거나 식사 시 심리 상태가 우울할 경우도 마찬가지이다.

- 개의 위는 확장력이 커 음식을 한꺼번에 많이 먹을 수 있다. Kg당 30~35g까지 식사가 가능하며 견종에 따라 위의 용량이 최대 9L까지도 늘어난다.

 **개도 체할까? 반려견 급체에 관하여**

반려견은 급하게 사료를 먹을 경우 체할 수 있지만, 때로 급하게 먹지 않았는데 체하는 경우도 있다. 반려견도 위장 내 불쾌감, 메스꺼움, 속 쓰림 등을 경험한다. 흔히 급체나 소화 불량 등으로 불리는 이러한 증상은 나이나 견종과는 상관 없다. 대부분 자연 회복이 되지만 증상이 24시간 이상 유지될 경우에는 동물병원에 내원하는 것이 좋다.

반려견이 체했을 때 증상

체한 반려견은 위에 불편감을 느끼고, 어둡고 시원한 곳에 기운 없이 누워 있는 경우가 많다. 일반적으로 계속 누워 있으나, 때로 헛구역질, 구토, 설사, 기력 저하, 복부 팽만, 풀 먹기, 식욕 부진, 방귀, 배를 씹거나 핥는 등 복부 불쾌감 표현 등의 증상이 보일 수도 있다. 특히 다른 질병의 합병증으로 위장 불편감이 생기거나 증상이 심할 경우에는 고열, 혈변, 혈토, 악취, 경련 등의 증상이 나타날 수 있다.

반려견 급체 원인

반려견은 일반적으로 음식을 빠르게 먹거나 많이 먹었을 때, 또는 먹어서는 안되는 것을 먹었을 때 급체할 수 있다. 이럴 경우 소화기에 염증이 생겨 근육이 수축되고 위장 불쾌감, 구토 등이 발생하는 것이다. 차 멀미, 식생활 변화, 알레르기, 세균이나 바이러스 감염, 스트레스 등으로 인해 급체하는 경우도 있다. 반려견이 급체하는 이유는 식사가 바뀌거나 일상 루틴이 변화하는 등 아주 사소한 것부터 분리불안과 같이 심각한 문제까지 넓은 범위를 포함한다.

급체 시 보호자가 할 수 있는 일

식사와 물을 제한하는 것이 가장 간단한 대처법이다. 반려견이 설사, 구토 등 뚜렷한 증상을 보인다면 위장 자극을 제한해 회복을 도울 수 있다. 12~24시간 정도 음식 섭취를 제한하고, 물도 극소량만 섭취하도록 해 소화기에 충분한 휴식을 주는 것이다. 금식을 할 정도가 아니라면 소화기에 부담이 되지 않는 저지방 음식을 급여하면

> 좋다. 자주 체하는 반려견에게는 빨리 먹기를 방지할수 있는 식기를 제공하고 급여량을 조절하는 것도 좋다. 식사 시 프로바이오틱스, 무가당 요거트를 추가하는 것도 좋은 방법이다.

5) 소장

개의 소장은 비교적 굵고 전체의 길이가 약 4m정도이다. 위에서 1차적으로 소화된 음식들이 소장으로 내려와 체액 및 장액 등의 소화 효소를 통해 2차 소화 및 흡수가 진행된다. 소장은 십이지장, 공장, 회장으로 나뉜다. 소장은 3대 영양소가 모두 소화되는 곳으로 분해 된 영양소의 흡수가 일어나며 십이지장액, 담즙, 췌장액과 장액이 분비된다.

- 십이지장액은 알칼리성 점액을 분비하여 위에서 배출된 산성으로부터 십이지장 점막을 보호하는 기능을 한다.

- 췌장액은 췌장에서 만들어져 십이지장으로 분비되는데 아밀레이스, 라이페이스, 트립신 소화효소가 들어있어 3대 영양소를 소화시킨다.

- 담즙은 간에서 만들어져 담낭에 보관되었다가 십이지장으로 분비되며 지질의 소화흡수에 중요한 기능을 한다.

6) 대장

개의 대장은 맹장, 결장, 직장으로 구성되어 있으며 소장과 굵기가 거의 같다. 음식은 위에서 부분적으로 소화된 뒤 소장에 다다라 췌액과 장액이 분비하는 효소에 의해 소화되고, 다시 맹장과 대장에서 세균과 만나 대변으로 배설된다. 개의 대장에서는 소화 효소가 분비되지 않는다. 따라서 미생물에 의해 분해가 이루어지는데, 이때 이로운 비타민이 분해되거나 유해 물 질이 생성되는 등 미생물이 해롭게 작용하기도 한다. 대장의 전체 길이는 60~75cm에 달한다. 장의 길이는 육식동물일수록 짧고 초식동물일수록 길다. 개와 고양이 또한 본래 육식동물이기 때문에 미생물보다는 소화 효소에 의해 소화가 이루어지기 때문에 장도 상대적으로 짧다. 특히 고양이는 대표적인 육식동물로, 신장과 장이 1:4의 비율을 이루고 있다. 토끼가 1:10, 소는 1:20의 비율이라는 점을 감안하면 굉장히 짧다는 것을 알 수 있다. 장이 길수록 소화력이 높아 탄수화물을 잘 소화할 수 있다. 개는 신장과 장의 비율이 1:6 정도로 잡식동물 수준에 해당한다. 다음 사진은 동물 별 장을 나타낸 사진이다. 초식동물일수록 장이 더 길고 복잡한 모양임을 확인할 수 있다.

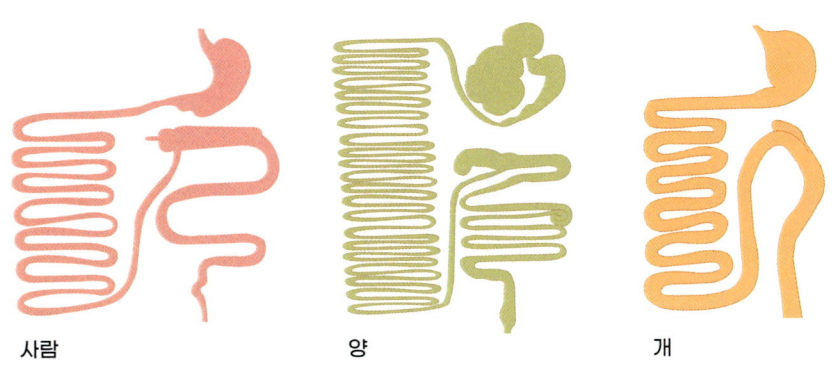

사람　　　　　양　　　　　개

세계보건기구(WHO)에 따르면 유익한 미생물인 프로바이오틱스는 적정량 섭취할 경우 장 건강에 도움이 된다. 특히 반려견의 장 건강을 관리하는 데도 도움이 될 것이라는 인식이 있어 시중에 판매되고 있는 반려견 제품도 많다. 실제로 전문가들은 프로바이오틱스가 많은 질환의 치료 및 회복에 대해 보조적인 역할을 수행할 수 있다는 견해를 보이고 있다.

 **개와 사람 중에 누가 소화시간이 더 빠를까?**

보통 인간은 음식 섭취 후 24~30시간 후 완전히 소화를 마친다.

물론 컨디션과 섭취한 음식에 따라 편차가 있겠지만, 반려견은 인간보다 장이 짧아 소화 시간도 비교적 짧은 편에 속한다. 그렇다면 반려견의 소화 시간은 얼마나 될까?

반려견의 구강구조는 저작 운동보다는 물고 뜯고 잘라 조각을 내는 데 유리하게 발달되어 있다. 반려견이 음식을 삼키면 음식은 10초 이내에 위로 내려가고, 위에서 소화액과 섞이고 부서지며 죽처럼 되어 소장으로 내려가게 된다. 앞서 알아보았듯 반려견은 위산이 강한데, 실제로 반려견은 인간보다 위의 산도가 높다. 이때 산도(ph)란 용액에 포함된 산의 세기를 말하는데, 일반적으로 0~14까지의 숫자로 표기한다. 7을 기준으로 ph가 7보다 낮으면 산성, 높으면 염기성으로 구분한다. 인간의 위는 보통 ph 2~3의 산도를 유지하는 데 비해 반려견은 ph 1~2 정도가 통상적이다. 이러한 산도에서는 고기나 뼛조각까지도 소화를 시킬 수 있다.

위에서 소장으로 내려온 음식은 소장의 효소들에 의해 소화가 된다. 이때 소화된 영양소는 혈류로 흡수되고, 나머지 부분은 대장으로 건너가 분으로 형성되어 배출되기 전까지 저장된다.

앞서 설명했듯 반려견은 인간에 비해 소화관의 길이가 짧다. 인간의 장이 7~8m에 이르는 반면 반려견은 2~5m 정도밖에 되지 않는 장을 가지고 있다. 소화관의 무게 역시 가벼운 편에 속한다. 인간의 체중 대비 소화관 무게가 11%에 이르는 반면 반려견은 3~7%로 매우 적다. 음식을 소화시키는 속도가 빠른 이유는 소화관이 짧기 때문인 것이다. 입으로 들어온 음식이 위와 장에서 소화된 후 나머지 찌꺼기가 대변으로 배출되는 데 걸리는 시간은 음식의 종류에 따라 다르다. 통상적으로 생음식은 4~6시간, 반건조 음식은 8~10시간, 완전 건조 음식은 10~12시간 내에 완전히 빠져나간다.

평균적으로 24시간 안팎을 보이는 인간의 소화 시간에 비해 반려견의 소화 시간은 굉장히 빠른 편이다. 물론 반려견도 견종, 음식의 종류, 식이섬유 함유량 등에 따라 소화 시간에 편차가 있다.

	개	사람
체중 대비 소화관 무게	3~7%	11%
장의 길이	2~5m	7~8m
위 Ph	1~2	2~3
소화시간	생 음식 : 4~6시간 반건조 음식 : 8~10시간 건조 음식 : 10~12시간	24~30시간

펫푸드 - 병리학

 1 식이로 나타날 수 있는 질환

1) 개요

 일반적으로 질병은 다양한 원인에 의해서 발생한다. 반려견의 경우에도 견종과 개체별 특성, 생활 환경 등에 의해 다양한 원인으로 인해 질병이 유발될 수 있다. 그 중에서도 본 단락에서는 식이 문제로 인해서 발생하는 질환들을 중점적으로 살펴보면서 펫푸드 스타일리스트가 기본적인 지식을 가지고 있어야 할 질환들에 대해 개괄적으로 알아보기로 한다.

2) 식이성 설사

식이성 설사는 식이 변경 후 1~3일이 경과하는 사이에 발생하는 경우가 많다. 설사가 24~36시간 이내에 끝나는 경우에는 식이성 설사라기 보다는 스트레스성일 가능성도 있다. 설사는 다양한 질병의 증상으로 나타나기 때문에 원인에 대해서 정확하게 진단해야 대처할 수 있다.

- 특징 : 식이 변경 1~3일 후 설사.
- 원인 : 식이를 급격히 변경할 경우 소장벽이 새로운 식이에 적응하기 전에 특정 영양소를 소화 및 흡수하지 못해 발생.
- 증상 : 양이 많고 물기가 많은 급성 설사.
- 예방법 : 기존 식이와 새로운 식이 비율을 25:75, 50:50, 75:24, 100:0으로 점진적으로 변경한다.
- 대처방안 : 삶은 감자, 삶은 닭 등 무자극식을 여러 번에 걸쳐 먹인다. 1~3일 이내 회복된다.

3) 급성 위, 장염

반려견이 상한 음식이나 기생충, 독성 물질, 유해한 성분을 가진 식물 등을 먹는 경우 급성 위, 장염이 발생할 수 있다. 또한 소화가 되지 않는 이물을 섭취하는 경우에는 급성 위염이 발생할 수 있다. 가장 두드러진 증상은 반복적인 구토이며, 체내의 수분이 소실되면 탈수가 올

수도 있기 때문에 체력이 약한 반려견이나 유견, 노령견의 경우에는 조금 더 주의해야 한다.
- 특징 : 자연적으로 치료되는 경우가 대부분이지만 어린 강아지는 위험할 수 있다.
- 원인 : 감염성 요소, 식이 부족, 식이교체, 부적절한 식이 급여 등 다양하며, 정확한 원인을 알 수 없다.
- 증상 : 급성 설사 구토, 탈수, 고열, 식욕부진, 복통, 울음소리.
- 예방법 : 조리환경을 청결히 하여 감염 요소를 최소화하고, 신선한 재료를 사용한다. 자극이 강한 식이는 피하고 균형 잡힌 식이를 제공한다.
- 대처방안 : 심한 설사가 지속되면 동물병원에 내원한다.

4) 미생물성 식중독(세균, 바이러스, 기생충)

미생물성 식중독은 급성 위장염의 일종으로 음식이 상하면서 발생한 균, 바이러스 등이 음식을 섭취하는 과정에서 신체에 들어오면 이상이 발생하게 된다. 가장 일반적인 증상은 설사와 혈변이다.
- 특징 : 급성 위장염의 일종으로 식중독의 99%를 차지한다.
- 원인 : 장기 보관으로 미생물이 증식한 식재료 섭취, 생식, 덜 익힌 음식, 육류를 손질했던 도구로 손질한 채소, 과일, 미생물에 오염된 물.
- 증상 : 급성 설사, 구토, 식욕감퇴, 무기력, 탈수, 심한 경우 혈변, 신경증상, 사망.
- 예방법 : 식재료는 냉장보관하고 가급적 가열 조리한다. 육류는 중심온도 75도 이상, 어패류는 85도 이상에서 1분 이상 가열 조리한다.
- 대처방안 : 구토 후 24시간 동안 금식하며 경과를 지켜본다. 구토, 설사가 지속된다면 동물병원에 내원한다. 단, 물 구토를 하거나 신경증상이 있는 경우엔 즉시 동물병원에 내원한다.

5) 식이 불내성

식이 불내성은 비면역성 질환으로 어떤 재료를 처음 섭취한 경우 날 수 있다. 일반적으로 반려견은 유당 불내성을 가지고 있으므로 우유를 마시는데 어려움을 겪을 수 있다.
- 특징 : 비면역성 질환은 특정 재료를 처음 섭취했을 때 나타난다. 대표적으로 젖당 불내성, 글루텐 불내성 등이 있다.
- 원인 : 섭취한 영양소를 분해하는 소화효소 부족 및 결핍.
- 증상 : 급성 또는 만성 구토, 설사, 식이 알러지와 증상이 유사하며 피부증상은 없다.
- 대처방안 : 증상을 보이는 반려견에게 음식을 바꿔 먹여보며 문제가 된 음식을 가려낸다.

6) 식이 알러지

식이성 알레르기는 음식의 일부 구성성분에 대한 특이 면역반응으로 식이 과민반응(food hypersensitivity)라고 부르기도 한다. 식이에 함유되어 있는 특정 성분에 대해 2번 이상 접하면서 개체에 따라 그 특정 재료에 대해 알레르기 반응을 나타내게 된다.
- 특징 : 면역성 질환이며 2번 이상 접한 식이, 재료에 대해 알러지 반응을 나타낸다.
- 원인 : 모든 재료, 영양소, 첨가물이 알러지를 일으킬 수 있다. 개에게 알러지 원인이 되는 주재료는 소고기, 유제품, 밀, 양고기, 계란, 닭고기, 콩 등의 단백질 식품이다.
- 증상 : 급성 설사, 구토, 입주변, 귀끝, 배, 항문 등에서 발적, 농포, 가려움증, 탈모, 상처 등 피부증상이 나타난다. 외이염, 눈물량 증가를 보이기도 한다.
- 예방법 : 알러지 검사를 통해 알러지를 일으키는 재료를 체크한 뒤 급여를 피한다.
- 대처방안 : 알러지가 심한 경우 수분~수시간 내 쇼크가 나타날 수 있다. 가려움증, 두드러기, 부종, 기절, 호흡곤란 등이 나타나다가 사망에 이르기도 한다. 심한 알러지 반응을 일으킨다면 즉시 동물병원에 내원한다.

7) 이물

반려견은 섭취해서는 안 되는 물건들을 삼키는 경우가 있는데, 식도에 이물이 걸리면 식도 이물, 기도로 넘어가면 기도 이물, 위장관에 걸리면 위장관 이물로 분류하게 된다.
특징 : 위장관에 큰 이물이 걸리는 경우 위장관이 막혀 장폐색으로 이어질 수 있으며, 뾰족한 이물은 천공으로 이어질 수 있으니 각별히 주의해야 한다.
- 원인 : 뼈 간식, 쫀득한 개껌, 과일 씨, 덩어리가 큰 식품 등의 식품. 반려견이 음식물을 급

하게 먹는 성향을 가진 경우 기도로 음식물이 넘어가 기도 이물이 생길 수 있다.
- 증상 : 식도 이물의 경우 켁켁거림, 기침, 호흡곤란, 구토, 음식을 계속 삼키는 행동이 나타난다. 위장관 이물의 경우 급성 또는 만성 구토, 설사, 식욕저하가 나타나며 장폐색의 경우 흑변, 혈변을 보일 수 있다. 기도 이물의 경우 켁켁거림, 침 흘림, 입 주변을 자꾸 긁는 행위, 하얀 잇몸, 파래진 혀가 나타난다.
- 예방법 : 덩어리가 크고 소화가 쉽지 않은 식품은 잘게 잘라 급여한다. 급하게 먹는 반려견의 경우 슬로우 식기 등을 사용하여 천천히 먹을 수 있도록 한다.
- 대처방안 : 식도 이물의 경우 입을 벌렸을 때 육안으로 이물이 보인다면 혀를 잡아당기고 이물을 손으로 빼낸다. 육안으로 보이지 않지만 소화할 수 있는 음식물이라면 물을 먹인 후 경과를 살피고 증상지속 시 병원에 내원한다. 섭취해선 안 되는 물질 혹은 음식을 삼킨 경우도 마찬가지다. 이 경우 구토, 내시경 방법을 통해 제거 가능하지만, 이물이 장으로 넘어가 움직이지 않는 경우 개복수술이 필요하다. 기도 이물이 기침으로 배출되지 않고 반려견의 기도를 막았다면 응급 상황으로 등 두드리기, 하임리히법 등을 시도해볼 수 있다.

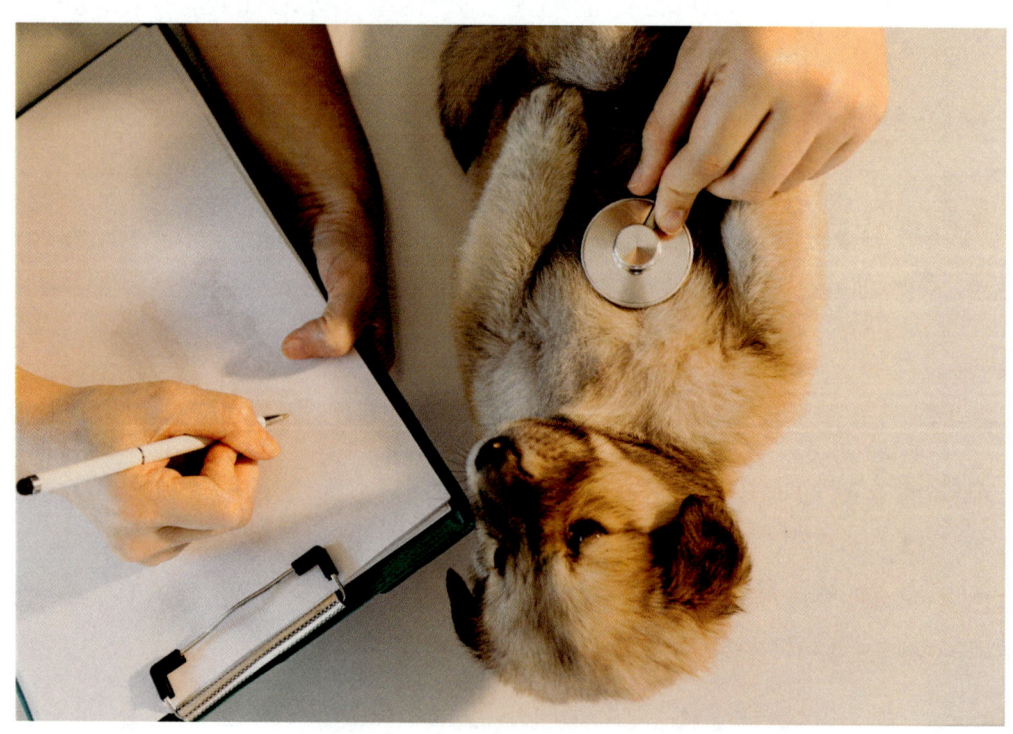

 2 영양 불균형 시 나타날 수 있는 질환

1) 개요

인간이나 반려동물이나 마찬가지로 건강한 생활을 유지하기 위해서는 적절한 운동과 함께 균형잡힌 식단이 무엇보다 중요하다. 하루 필요한 영양소가 골고루 충분하게 제공되어야 하며, 음식을 통해서 반드시 공급되어야 할 영양소에 대해서는 특별히 주의해야 한다. 특정 영양소가 너무 많거나 너무 적은 경우 영양 불균형으로 인해 특정한 질환들이 발생할 수 있다. 본 단락에서는 반려견에게 요구되는 특정한 영양소들이 부족한 경우 발생하는 질환들에 대해 살펴보기로 한다.

2) 필수 영양소 결핍증

급여 시 가장 주의해야 할 것은 미네랄이다. 식이의 86%에서 칼슘, 인, 칼륨, 아연, 구리 수치가 부적절하며 45%에서는 비타민 A, E 부적절, 35%가 아미노산이 부적절하다. 결핍뿐 만 아니라 비타민 D, E의 축적, 칼슘과 인의 비율 역시 문제가 될 수 있다.

(1) 단백질

단백질 결핍은 어린 강아지의 체중 정체, 골격근 위축, 체중 감소, 무기력, 거친 피모의 증상을 가져온다. 각각의 아미노산 결핍 증상은 모두 다르게 나타난다. 특히 성장기의 어린 강아지에게 영양소의 결핍은 악영향을 미치니 각별히 주의해야 한다.

결핍된 단백질에 따른 증상

아르기닌	히스티딘	이소류신	메타이오닌	류신/리신/트레오닌/트립토판/발린
구토, 유연, 근육 떨림을 보이고, 어린 강아지의 경우 백내장 발생 위험.	체중감소, 헤모글로빈, 알부민 농도 감소, 음식거부, 무기력증.	성장기의 개에서 식욕감소와 체중 정체.	타우린 결핍으로 이어져 담석과 확장성 심근병증(DCM)이 유발될 수 있다. 또한 체중감소, 부종, 피부 적색변화, 괴사성, 과각화성의 전지발바닥 소견을 보인다.	성장기의 개에서 체중감소, 식욕감소를 보인다.

(2) 지방

지방은 세포막 형성, 기관 보호, 지용성 비타민 수송에 꼭 필요한 영양소이다. 지방 결핍 시 건조한 피모, 지루, 박리, 감염 취약성, 체중 감소 증상이 나타난다. 특히, 리놀레산(LA) 결핍은 지루성 소양감과 피부의 각화를 나타낸다.

(3) 미네랄

부족한 미네랄에 따라 증상이 달라진다. 일반적으론, 성장 장애, 근골격계 장애, 빈혈, 감염 취약성, 무기력증, 건조한 피부 등이 나타난다.

결핍된 미네랄에 따른 증상

칼슘	인	마그네슘	나트륨	칼륨
칼슘 결핍 시 2차적인 부갑상선항진증이 나타날 수 있으며, 이 경우 뼈의 밀도가 감소하고 골절이 속발될 가능성이 있다.	저인혈증, 성장정체, 심한 경우 빈혈을 유발한다.	성견에게는 저마그네슘혈증, 어린 자견에게는 보행부전과 상완의 과신장을 유발한다.	성견에게는 저나트륨혈증, 어린 자견에게는 건조한 점막, 불안증, 심박수 증가, 헤모글로빈과 헤마토크리트의 증가, 다음, 다뇨를 보인다.	성견에게는 저칼륨혈증, 저혈압이 나타난다. 어린 자견에게는 더딘 성장, 불안증, 고개 숙임, 후지 마비, 전신 유약함이 발생한다.
염소	철	구리	아연	요오드
성장기의 개에서 저염소혈증, 저칼륨혈증과 대사성 산증, 더딘 성장, 위약함과 보행 장애를 보인다.	빈혈을 유발하여 창백한 점막, 무기력, 더딘 성장, 설사, 흑색변, 혈변 설사를 나타낼 수 있다.	어린 자견의 경우 털색소가 빠지고 말초의 지골이 과신장된다.	성견에게서 피부질환을, 어린 자견에게서 매우 낮은 성장률, 옷을 입는 부분에서 시작되는 피부병변이 나타난다.	갑상선종, 갑상선의 비대, 탈모, 건조한 피모, 체중증가, 갑상선 호르몬의 감소를 보인다.

(4) 비타민

① 지용성 비타민

비타민 A	비타민 D	비타민 E	비타민 K
식음전폐, 체중감소, 보행이상, 안구건조증, 결막염, 각막혼탁, 궤양, 피부병변과 청각이상을 보인다.	어린 자견에게서 무기력, 근육 약화, 뼈의 성장판 부분에 부종, 골감소증, 뼈 굽음이 나타난다.	피부병, 골격근의 퇴행성 변화, 근육의 약화, 망막 퇴행성 변화, 피하부종, 식음전폐, 침울, 호흡곤란 등의 증상을 보인다.	지혈시간이 증가하며 과도한 출혈이 나타난다.

② 수용성 비타민

비타민 B1	비타민 B2	비타민 B6	비타민 B3
어린 자견에게서 식욕감소, 성장 실패, 체중감소, 식분증, 신경증상을 보이며 급사할 수 있다.	식음전폐, 체중 감소, 근육 위축, 보행이상, 안과 병변, 급작스러운 반혼수상태, 급사를 나낼 수 있다.	발작, 근연축, 빈혈이 나타난다. 어린 자견은 급사할 수 있다.	식음전폐, 체중감소, 윗입술 안쪽의 염증과 괴사로 이어지는 발적, 입술의 주홍색선, 혈액성 설사, 급사가 발생할 수 있다.

비타민 B5	비타민 B12	비타민 B9	비타민 H or B7
식욕감소, 빈맥, 발작, 위장염, 장중첩을 보일 수 있다.	식욕부진, 호중구 감소증, 빈혈을 보일 수 있다.	구개열(보스턴테리어 종), 성장속도 저하를 보인다.	과각화증을 보인다.

3) 개에게 고탄수화물 식이란?

개는 과거 육식성 동물이었지만, 현대에 이르러서는 탄수화물을 소화할 수 있는 잡식성 동물로 진화하였다. 단백질과 지방만으로 신체 요구량을 충족시킬 수 있기 때문에 영양적으로 탄수화물의 요구량은 매우 적다고 볼 수 있다. 사람과 비교했을 때 탄수화물을 소화할 수 있는 소화효소가 적어 대량의 탄수화물 섭취는 소화기계에 무리를 주고 건강 악화 요소로 작용할 수 있다.

적정 탄수화물 함량은 20~40%이다. 고탄수화물 식이 시 혈당과 혈중 인슐린 농도를 높여 비만, 당뇨, 암으로 이어질 수 있다(당뇨병가 있을 경우 저탄수화물 고단백 식이가 도움이 된다). 문제가 되는 탄수화물은 빠르게 에너지를 만들 수 있는 설탕, 흰쌀, 과일, 유제품, 정제 곡류이다(녹말, 채소의 섬유소는 소화를 돕고 면역, 신경계의 대사를 돕는다).

 **각별히 주의가 필요한 견종이 있다?**

비만 : 퍼그, 비글, 골든 리트리버, 래브라도 리트리버, 코커 스패니얼 등 식욕이 왕성한 견종. 그 중 래브라도 리트리버의 경우처럼 일부 유전자의 결핍이 있는 견종이 식욕이 더 왕성하고 비만 가능성이 높다는 연구 결과가 있다.

당뇨 : 미니푸들, 비숑프리제, 퍼그, 닥스훈트, 사모예드, 비글, 미니어처 슈나우저. 개도 사람과 마찬가지로 당뇨병에 취약한 유전자를 가지고 있거나 가족력의 영향을 받는다. 위 품종들은 당뇨병에 취약한 유전자를 가진 개체가 많아 당뇨병 위험도가 높다.

암 : 로트와일러, 버나드 마운틴 독, 셰퍼드, 그레이트 데인, 래브라도 리트리버, 골든 리트리버, 코커 스패니얼, 복서, 도베르만 핀처. 특히 골든 리트리버의 경우 사망원인의 60%가 암이다. 대형견일수록 암 발병률이 높은 이유는 성장호르몬의 변이와 빠른 성장속도에 의한 유전자 손상 때문이다.

4) 개에게 그레인프리 식이란?

10%의 개가 그레인(곡물)에 대한 알러지를 가지고 있는데, 이로 인해 그레인프리 식이가 프리미엄이라는 인식이 생겨 과거 몇 해간 유행하기도 했다. 밀, 보리, 옥수수, 수수 등의 볏과 식물을 주원료로 하지 않고 콩류와 고구마류를 배합하는 식이를 의미한다. 곡물에 알러지를 갖지 않는 반려견에게는 그레인프리 식이가 필요하지 않다.

- 이완성 심근병증(DCM): 미국에서 유행했던 BEG diet(boutique, exotic, grain-free)로 인해 많은 반려견들에서 이완성 심근병증(DCM)에 이완되는 상황이 나타나 FDA에서 그레인프리 식이와 DCM의 연관성을 연구 중이다.
- 증상 : 허약함, 피로함, 헐떡거림, 실신, 기침, 폐수종

DCM이 특히 위험한 품종
그레이트 데인, 도베르만 핀처, 복서, 래브라도 리트리버, 시츄, 닥스훈트. 유전적으로 DCM에 품종 소인을 가진다.

5) 개에게 고지방 식이란?

고지방 식이는 급성 췌장염을 유발한다. 특히, 미니어처 슈나우저, 셔틀랜드 쉽독, 요크셔테리어 등의 품종에게 쉽게 촉발될 수 있다.

> 위 품종에선, 단백질 분해효소인 트립신의 유전적인 변이가 품종소인으로 있을 수 있다. 평소에는 비활성화 상태로 존재하는 트립신이 조기에 활성화되어 췌장을 분해시켜 염증이 유발된다.

- 원인 : 지방을 많이 함유한 돼지, 소, 닭고기 부위, 튀긴 음식, 과량의 견과류, 사람 음식.
- 증상 : 급성으로 반복적인 구토, 설사, 식욕감소, 복부팽만, 식후 극심해지는 복부 통증, 고열, 과호흡.
- 예방법 : 펫푸드에 사용하는 식재료는 지방이 적은 부위를 사용한다. 튀긴 음식, 과량의 견과류를 급여하지 않는다.
- 대처방안 : 고지방 식이를 먹인 후 심한 구토, 복통을 보이면 췌장염을 의심하고 동물병원에 내원한다.

또한, 고지방 식이로 인해 직접적으로 발생하진 않지만, 췌장염에 이완된 경우 당뇨병을 보일 수 있다. 췌장이 인슐린을 분비하는 내분비 기능이 있기 때문이다.

- 증상 : 다음, 다뇨, 다식, 체중감소.
- 대처방안 : 당뇨병까지 발전하는 데에 몇 주~몇 달의 기간이 걸리므로 식이와의 직접적인 연관성은 찾기 어렵다. 허나 다음, 다뇨 증상을 보인다면 쿠싱, 당뇨병, 신부전 등 다양한 질환 소견을 보일 수 있으니 동물병원에 내원한다.

6) 개에게 짠 음식은? 소금에 대한 오해

소금은 체내 흡수 시 NA 이온과 CL 이온으로 분해된다. 이 두 이온은 체내에서 중요한 역할을 담당하기 때문에 어떤 형태로든 꼭 섭취해야 한다.

> NaCl 역할 : 삼투압 유지, 체액의 산, 알칼리성 평형 유지, 신경전달물질, 소화액 성분.

 **소금에 대한 오해**

오해 1 : 개가 소금을 먹으면 배출이 안 되기 때문에 먹여서는 안 된다?

사람과 마찬가지로 개도 섭취한 소금은 신장을 통해 최종 배출된다. 호흡이나 땀샘으로 일부 배출되기도 하지만 사람에 비해 땀샘발달이 미약해 땀샘을 통한 배출은 거의 없다. 하지만 신장을 통한 배출만으로 충분히 Na, Cl 이온을 배출할 수 있다.

오해 2 : 개가 소금을 먹으면 고혈압 등 심장에 문제가 생긴다?

소금을 많이 먹으면 혈액 중 Na, Cl 이온이 증가하고 균형을 맞추기 위해 물을 많이 마시게 된다. 이로 인해 혈액 양이 많아져 혈압을 일시적으로 상승시키지만 신장으로 배출하기 때문에 문제가 되지 않는다. 다만 고혈압, 심장질환, 신장질환이 있는 개에게는 문제가 될 수 있으니 저염식을 급여해야 한다. 또한, 지속적인 소금섭취로 인한 고혈압은 심장, 신장에 무리를 줄 수 있으니 주의한다.

- 소금은 음식의 맛에 중요한 역할을 하고, 개도 짠맛을 느끼기 때문에 소금이 전혀 들어있지 않은 음식보다 적당량의 소금이 들어있는 음식을 좋아한다. 하지만 개는 짠맛을 섬세하게 느끼지는 못한다.
- 강아지에게 적정한 나트륨 섭취량은 하루 기준 체중 1kg 당 62.4mg~125mg이다.
- 소금은 천일염, 정제염, 재제염, 가공염으로 분류되는데, 암염, 정제염은 혈압을 상승시킬 가능성이 높다. 때문에 소금을 급여하고 싶다면, 가급적 천일염을 사용하는 것이 좋다.
- 노령견은 나트륨 배출 능력이 떨어지므로 성견의 권장량보다 적게 급여한다.

3 반려견 중독 증상과 대처법

1) 개요

　인간과 반려견 모두에게 문제를 일으키는 성분들도 있지만, 인간에게는 별다른 문제가 되지 않고 반려견이 섭취하는 경우 치명적인 중독 증상을 일으키는 성분도 있다. 펫푸드 스타일리스트는 이러한 치명적인 중독을 일으키는 성분과 요소들에 대해 풍부한 사전 지식을 갖추어야 한다. 음식의 제조 시 특정 재료로 인해 반려견에게 치명적인 문제가 발생한다면 펫푸드 스타일리스트로서의 자질에 큰 문제가 발생하게 될 것이다. 따라서 이 단락에서는 각 성분의 명칭뿐 아니라 원인이 되는 재료들, 증상, 대처방안에 대해 면밀히 살펴보고 이해하도록 한다.

2) 솔라닌 중독

- 특징 : 신경계와 신체 기관(특히 간)의 기능을 감소시킨다.
- 원인 식품 : 감자의 초록색을 띠는 부위, 생감자, 감자껍질, 감자 잎, 감자 싹.
- 증상 : 출혈, 부정맥, 호흡곤란, 침흘림, 동공확장, 고열, 설사, 마비, 황달. 소형견, 노령견, 아픈 개, 다량을 섭취한 경우 심각한 증상이 나타날 수 있다.
- 대처방안 : 증상을 보인다면 동물병원에 내원한다.

3) 리신 중독

- 특징 : 아주 적은 양으로도 심한 독성 작용을 일으킨다.
- 원인 식품 : 피마자씨, 피마자유, 피마자 유발.
- 증상 : 무식욕, 침흘림, 복부통증, 구토, 설사, 저혈압.
- 대처방안 : 신속히 동물병원에 내원하여 구토를 유도한다.

4) 청산배당체 중독

- 원인 식품 : 사과, 배, 자두, 살구, 복숭아, 매실, 아몬드, 카사바 등의 씨

- 증상 : 체리색 피, 과호흡, 허약, 호흡마비, 경련.
- 대처방안 : 신속히 동물병원에 내원하여 구토를 유도한다.

5) 사포닌 중독

- 원인식품 : 아스파라거스, 대두, 완두, 땅콩, 강낭콩 등.
- 증상 : 구토, 설사, 복부통증, 알러지성 진피염.
- 예방법 : 가열 조리하면 대부분 활성이 감소하므로 가열조리 한다.
- 대처방안 : 섭취 후 증상이 있다면 동물병원에 내원한다.

6) 버섯독

- 특징 : 어떤 버섯을 섭취했느냐에 따라 간독성, 신경독성, 위장관독성, 신장독성을 나타낼 수 있다.
- 원인식품 : 독성이 알려진 버섯(팔로이드 버섯, 환각버섯, 광대버섯, 끈적 버섯 등)
- 대처방안 : 신속히 동물병원에 내원하여 구토를 유도한다.

7) 포도중독

- 원인식품 : 포도, 건포도, 커런트류, 포도껍질, 줄기, 씨앗, 포도주스, 와인.
- 증상 : 구토, 식욕부진, 설사, 헛구역질, 복부통증, 소변 과다.
- 대처방안 : 신속히 동물병원에 내원한다.

8) 마카다미아 중독

- 원인식품 : 마카다미아. 체중 1kg당 2.4g 이상 섭취 시 증상이 나타난다.
- 증상 : 구토, 허약, 고열, 떨림.
- 대처방안 : 대부분 48시간 내 스스로 치료된다. 증상이 심하다면 동물병원에 내원한다.

9) 양파, 마늘 중독

- 특징 : 독성물질이 적혈구에 부착되어 신체에 면역반응에 의해 공격받아 빈혈이 나타난다.

- 증상 : 구토, 빈혈, 혈뇨, 허약, 창백한 혀, 호흡곤란.
- 대처방안 : 신속히 동물병원에 내원한다.

10) 카페인 중독

- 특징 : 개는 카페인을 대사할 수 없다. 소형견, 노령견일수록 위험도가 증가한다. 간, 심장, 신장, 폐, 중추신경 등 주요 장기를 손상시킨다.
- 원인식품 : 카페인이 함유된 커피, 차, 탄산음료, 에너지음료, 초콜렛.
- 증상 : 과흥분, 빈맥, 혈압상승, 심장부정맥, 구토, 설사, 경련.
- 대처방안 : 신속히 동물병원에 내원한다.

11) 초콜렛 중독

- 특징 : 초콜렛에는 카페인뿐만 아니라 치오브로민이라는 독소가 있다. 개는 카페인, 치오브로민을 대사하지 못한다.
- 원인식품 : 초콜렛을 함유한 식품. 다크 초콜렛, 쓴 초콜렛일수록 위험도가 높다.
- 증상 : 구토, 설사, 갈증, 과도한 소변, 심박수 증가, 근육떨림, 경련.
- 대처방안 : 신속히 동물병원에 내원한다.

12) 자일리톨 중독

- 특징 : 자일리톨은 설탕의 대체제로 사용되는데, 자일리톨이 개의 췌장에서 인슐린 분비를 촉진시킨다. 인슐린의 작용으로 인해 혈당이 빠르게 떨어져 섭취 10~60분 내로 저혈당증이 유발된다.
- 증상 : 저혈당 증상, 구토, 허약함, 무기력증, 떨림, 경련.
- 대처방안 : 신속히 동물병원에 내원한다.

13) 어패류 독

- 특성 : 제철이 아닌 어류, 패류를 식재료로 사용할 시 증상이 나타날 수 있다. 어떤 어패류를 섭취했는지에 따라 다양한 증상이 나타난다.
- 원인식품 : 어류(amberjack, 능성어류, 파랑돔, 꼬치속 바닷고기, 복어 등), 패류(모시조개, 섭조개, 대

합조개, 굴, 가리비, 홍합, 고둥 등)
- 증상 : 설사, 구토, 마비 등.
- 예방법 : 독이 있는 어패류 종을 확인하고, 재철에 맞는 어패류만 급여한다.

대처방안 : 신속히 동물병원에 내원하여 구토 유도와 처치를 한다.

14) 유기수은 중독

- 원인 식품 : 참치 같은 대형 생선류의 지속적인 섭취.
- 증상 : 복부통증, 불안증, 실명, 떨림, 혈토, 수양성, 혈액성 설사.
- 대처방법 : 증상이 빠르게 나타나지 않아 판단이 어렵다. 만일 수은 중독이 의심된다면 정밀검사를 진행해야 한다.

 # 4 반려견 증상별 건강상태

1) 설사

(1) 개의 대변 상태 개요 : 건강한 대변 vs 비정상적 대변

이상적인 대변

건강한 대변은 건강 상태의 중요한 지표가 될 수 있다. 대변의 특징을 관찰하면 질환의 유무와 종류를 추적하는데 도움이 된다. 건강상 문제가 될 수 있는 징후와 비정상적 대변을 구분하는 방법을 알아보자.

대변에서 관찰해야 하는 특징 : 색깔, 내용물, 농도와 모양, 표면 코팅.
- 색깔 : 강아지가 먹는 음식의 재료와 연관이 깊고, 황갈색~어두운 적갈색이 정상이다.
- 내용물 : 기생충, 털, 플라스틱, 옷가지 등의 이물질이 있을 수 있으나 일반적으로 내용물이 없는 것이 정상이다.
- 농도와 모양 : 공예용 찰흙처럼 약간 단단한 것이 정상이다. 모양은 작은 틈이 있는 통나무 같은 모양이어야 하며 손으로 눌렸을 때 잘게 부서진다.
- 표면 코팅 : 표면 코팅이 없어야 정상이다. 건강상 문제가 있다면 기름지거나 혈액성의 코팅이 있을 수 있다.

(2) 대변의 색깔

대변의 색깔로만 몸의 상태를 판단하는 것은 무리가 있지만, 대변 색깔이 평소와 다르다면 각 대변 색깔이 어떤 신호를 나타내고 있는지 알아두는 것이 유용하다.

	갈색	이상적인 대변 색깔로, 밝은 갈색~어두운 갈색이 정상이다.
	초록색	풀을 섭취함으로써 일어난다. 배탈이나 담낭의 문제일 수 있다.
	검은색	입, 식도, 위, 상부 소장 등 상부 소화기계의 출혈을 의미한다. 위장질환, 위궤양, 이물질, 아스피린 같은 사람 약을 섭취한 것이 원인이 될 수 있다.
	붉은색, 붉은 줄무늬	하부 소장, 대장의 출혈을 의미한다. 붉은색 줄무늬 대변은 직장이나 항문에 상처, 감염 등이 원인이다.
	주황색~노란색	간, 담도의 문제일 수 있다.
	암회색	대변에 기름기가 많고 짙은 회색을 띠면 췌장의 문제일 수 있다.
	노란색	최근 섭취한 특정 음식에 대한 과민증이나 소화불량을 의미한다. 평소 식단과 달라진 음식을 체크해보는 것이 좋다.
	흰색 점	위장관의 기생충 감염을 의미한다.
	흰색	고칼슘성 식이 섭취 시 발생한다. 대체로 변비를 동반한다.

(3) 대변의 내용물

대변 내용물은 육안으로 보이지만, 경우에 따라 동물병원에서 분변검사가 필요할 수 있다.

- 털 : 소량의 털은 정상이다. 대변에 섞여 나오는 털의 양이 많거나 덩어리로 자주 발견된다면, 강아지가 피부를 과도하게 핥는다고 볼 수 있다. 이럴 경우 알러지나 피부 질환을 의심해볼 수 있다.
- 기생충 : 얇고 긴 기생충이나 쌀알 같은 모양의 기생충이 발견될 수 있다. 기생충이 의심될 시 내부 구충제를 복용해야 한다.
- 이물질 : 풀, 플라스틱, 돌, 옷가지 등 섭취한 이물질이 대변에서 발견될 수 있다.

대변 기생충

(4) 대변의 농도와 모양

정상 대변의 경우 단단하지만 딱딱하지 않은 적당한 강조의 변이 나온다. 대변을 바닥에서 떼어낼 때 똑 떨어지거나 살짝 묻어 나오면 건강하다고 볼 수 있다. 대변의 농도와 모양은 아래 7단계로 구별할 수 있다.

단계	설명	구분
1	매우 단단하고 건조한 변. 각각 떨어져 있는 변. 반려견이 변을 누기 위해 많은 노력을 함. 변을 들어올렸을 때 묻어나지 않음. → 변비, 물 섭취 부족, 섬유소의 과잉 또는 부족 섭취를 의미할 수 있다.	변비
2	단단하지만, 딱딱하지 않음. 분절화되어 있지만, 촉촉하고 연결된 형태. 변을 들어올렸을 때 묻어나지 않음.	정상변
3	통나무 모양. 표면이 촉촉함. 분절 형태가 약하게 있거나 없음. 변을 들어올렸을 때 묻어남. 연변이라고도 부름.	정상변
4	매우 촉촉함. 통나무 모양은 유지됨. 변을 들어올렸을 때 묻어나고 형태를 잃음.	설사
5	매우 촉촉하지만 모양을 잃은 형태. 통나무 모양이 아닌 더미 같은 형태. 변을 들어올렸을 때 묻어나고 형태를 잃음.	설사
6	질감은 있으나 일정한 모양이 없는 형태. 더미나 점 같은 형태. 들어올렸을 때 묻어남.	설사
7	매우 수양성이고, 평평하며 질감이 없는 형태.	설사

설사 시 복부팽만, 혈변, 점액성 변, 색깔의 변화, 노력성 배변, 기력저하, 탈수, 고열, 구토, 식욕감소, 체중감소 등이 동반될 수 있다.

- 4~5단계의 설사는 일반적으로 급작스런 식이 변경, 녹말이나 탄수화물이 과함유된 조리 음식을 먹은 경우 나타난다. 개는 녹말과 탄수화물 소화가 어렵기 때문이다. 양이 많은 설사가 관찰되며, 며칠 긴 지속된다면 질병 위험이 있으니 동물병원에 내원해야 한다.

- 6단계의 설사에서는 불편감과 복통이 동반될 수 있다. 반려견을 가까이서 관찰하고, 만약 12시간 이상 설사가 지속된다면 동물병원에 내원한다.

- 7단계의 설사는 아주 심한 수양성 설사이기 때문에 탈수를 동반할 수 있다. 2~3번 이상 지속된다면 동물병원에서 내원한다. 어린 강아지, 노령견, 기저질환이 있을 경우 위험요소가 될 수 있으므로 즉시 동물병원에 내원하는 것을 권고한다.

탈수 확인 방법

피부를 살짝 잡아 올렸을 때 피부가 원래 상태로 돌아가는 시간이 1.5초 이상일 경우 탈수라고 판단한다. 또한 입 안 점막이 건조하거나 눈이 패여 보일 수도 있다. 탈수 증상이 있을 경우 내원 전에 물을 섭취시키는 것이 좋다.(구토가 심한 경우 제외)

간혹 아침 첫 대변은 정상변을 보고 이후엔 설사를 하는 경우가 있다. 소장 세균 과증식, 과민성 대장증후군, 흡수 불량 등을 원인으로 볼 수 있다. 지속 시 동물병원에 내원한다. 내원 전에 미리 분변 사진을 준비하거나 샘플을 직접 가져가는 것이 도움이 된다.

(5) 대변의 표면 코팅

일반적으로는 대변 표면에 코팅 물질이 없어야 한다.

- 점액 : 젤리 같은 매끈한 물질이 분변의 표면을 덮고 있는 경우. 일반적으로 4-5단계의 설사와 같이 나타난다. 대장에 염증이 있음을 의미하며, 이틀 이상 설사와 함께 지속된다면 동물병원에 내원하는 것이 좋다.
- 매우 기름진 코팅 : 너무 기름진 식사를 했거나, 담낭, 췌장, 소장, 지방 소화와 흡수의 문제를 가지고 있을 수 있다.

(6) 대변의 양과 횟수

대변의 양은 섭취한 음식의 양, 음식의 품질, 소화 흡수 능력 등에 영향을 받는다. 일반적으로 섬유소, 탄수화물이 많은 음식, 저품질의 건사료를 섭취한 경우, 습식에 비해 건사료를 섭취하는 경우 대변 양이 많다.

- 횟수 : 하루 1회 이상이 정상이나 2~3번, 많게는 5회 정도 대변을 보기도 한다. 만약 반려견이 5번 이상 대변을 본다면 대변의 양상을 주의 깊게 살펴보아야 한다.

(7) 설사의 원인

① 일상생활 속 원인

- 사료의 변화
- 간식 등 음식 과민반응
- 쓰레기나 상한 음식 섭취
- 독성물질이나 중독물질 섭취
- 이물질 섭취(장난감, 지우개, 플라스틱, 단추 등)
- 알레르기 반응
- 스트레스
- 세균 또는 바이러스 감염
- 기생충 감염(ex. 회충 원충 등)

② 질병에 의한 원인

- 염증성 장 질환
- 신장 또는 간질환
- 소화기계에 종양
- 특정 약물에 대한 반응
- 대장염
- 출혈성 위장염

(8) 동물병원 내원 전, 할 수 있는 처치

가벼운 설사를 보이거나 동물병원 내원 전 주의와 관찰이 필요한 상태일 때 할 수 있는 처치이다.

- 1단계 : 최소 12~24시간 동안 금식한다. 소화기계의 자극 완화와 회복을 위해 물만 급여하며 탈수를 방지한다. 단, 어린 강아지, 노령견, 질환이 있는 반려견 등 금식이 위험요소가 될 수 있는 반려견은 섣불리 금식하지 않는다.
- 2단계 : 하루 금식 후에는 부담이 적고 소화가 잘 되는 식단으로 1~2일 급여한다.

> **추천 식단**
> - 삶은 닭가슴살과 닭가슴살을 삶은 육수로 끓인 흰 쌀죽을 2:1의 비율로 급여한다. 하루 3회 이상 나눠서 소량 급여한다.
> - 식단을 하기 힘든 상황이라면, 시중의 소화기계 처방식을 급여한다.
> - Hill's 회사의 i/d 사료, 로얄캐닌의 Gastrointestinal 사료 등이 있다.
> - 그 밖에도 도움되는 식재료: 단호박, 유산균, 껍질을 벗겨 삶은 감자.
> - 식이를 진행하는 동안 설사 호전, 활동 정도, 식욕 등을 꾸준히 관찰한다. 증상이 호전되지 않는다면 동물병원에 내원한다.

- 3단계 : 호전을 보인다면, 기존 식사(사료)로 돌아간다. 이 때, 위의 소화가 잘 되는 식단과 기존 식사를 75:25, 50:50, 25:75, 0:100의 비율로 점차 조율하여 급여하여 위장관의 자극을 줄이고 식이성 설사를 예방한다.

2) 구토

반려견은 사람에 비해 토하는 일이 잦은 편이지만, 반려견의 토사물이 무엇을 의미하는지 이해하는 것은 반려견의 건강을 진단하기 위해 중요하다. 구토의 내용물, 색깔에 따른 원인에 대해 알아보자.

(1) 구토 VS 역류에 의한 토출

우선, 반려견이 진짜 구토를 하고 있는지 구분해야 한다. 구토와 토출은 혼동하기 쉽지만 원인이 다르기 때문이다. 토출이란 식도 내 내용물이 역류하면서 분출되는 것을 의미한다.

증상	토출	구토
메스꺼움	없음	보통 나타남
구역질	없음	보통 나타남
시기	음식, 물을 먹은 직후	다양하게 나타남

- 메스꺼움 증상 : 침 흘림, 무기력, 무식욕, 장난감에 대한 흥미 잃음, 불안한 듯한 행동.

(2) 반려견 구토의 일반적인 원인

반려견이 구토 증상을 보인다면 원인은 다음과 같다.
- 이물이나 먹지 말아야 할 음식 섭취(휴지, 종이, 기름진 음식, 쓰레기, 장난감 등)
- 식이(사료)의 변화
- 위, 장염
- 췌장염
- 독성 물질 섭취(독성 식물, 약 등)
- 장 내 기생충
- 기저 질병, 신장병, 당뇨, 간 질환, 암 등
- 식이 알레르기, 식이 불내성
- 멀미

(3) 강아지 토사물 내용물

- 덩어리 진 토사물 :

소화된 음식이 부분적으로 섞인 토사물을 말한다. 음식을 소화시킬 충분한 시간이 없었음을 의미하며 원인으로는 섭취한 음식이나 물질 또는 위장관에 음식이 통과하지 못하게 막는 요소일 가능성이 있다.

- 액체 토사물 :

반려견의 위가 비어 있음에도 메스꺼움을 느끼고 있는 상태를 말한다. 액체나 담즙구토와 같은 공복구토를 하는 경우 복통, 침 흘림, 무기력증, 메스꺼움 등 다른 증상을 동반하는 경우가 많다. 음식, 이물질이 아닌 질병이 원인일 수 있다.

- 이물질 토사물 :

반려견이 섭취한 이물질 구토를 말한다. 장난감 조각, 양말, 종이, 플라스틱 등 소화되지 않는 이물질이 구토물에 섞여 나온다. 식도나 위를 자극하는 이물질(닭뼈 등)이나 아직 이물질이 위장 내 남아있을 것으로 예상되면 곧장 동물병원에 내원해야 한다.

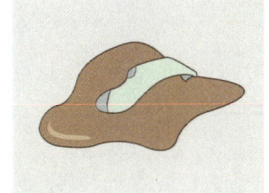

(4) 구토의 색깔과 의미

토사물의 색깔로 반려견의 현재 질병, 상태에 대해 많은 정보를 얻을 수 있다. 색깔에 따라 반려견의 생명을 위협할 수도, 전혀 걱정하지 않아도 되니 잘 살펴봐야 한다.

- 갈색 토사물 :

사료 구토인 경우가 흔하다. 음식을 급히 먹었거나 과식, 소화불량일 수 있다. 대변 섭취에

의한 구토일 수 있으니 대변 냄새가 나는지 확인해볼 수 있다. 만약 짙은 갈색을 띤다면, 소장, 대장의 출혈을 의미하므로 휴지로 닦아 확인한 뒤 동물병원에 내원한다.

• 녹색 토사물 :

산책 중 식물을 섭취한 경우 흔히 나타난다. 식물 섭취 후 구토 시 반려견의 상태가 평소와 같은지 확인한다. 만약 식물을 섭취하지 않았는데 녹색의 공복구토를 한다면 토사물 내 담즙이 있음을 의미하며, 이는 췌장질환 등을 의심할 수 있기 때문에 가능한 빨리 동물병원에 내원해야 한다.

• 빨간색 토사물 :

 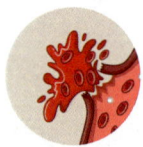

섭취한 음식이나 간식 중 빨간색이 있는지 확인한 뒤 없다면 구강, 식도, 위장의 출혈을 의미하니 신속히 동물병원에 내원해야 한다.

• 노란색 토사물 :

구토 내 담즙, 위액이 있음을 의미하며, 보통 공복 상태가 길어지면 거품이 동반되는 것이 일반적이다. 음식을 소량씩 천천히 급여해주고, 식사 횟수를 늘려주거나 규칙적인 배급을 해주는 것이 도움이 된다. 일회성 구토라면 걱정하지 않아도 되지만 반복적이거나 복통, 메스꺼움이 동반된다면 동물병원에 내원한다.

- 투명/흰색 토사물 :

위액, 침의 역류, 공복이 오래 지속된 경우이다. 거품이 동반될 수 있으며 대부분 물, 위액, 침으로 구성되어 있어 크게 문제되지 않으니 하루 정도 지켜본 뒤 지속된다면 동물병원에 내원한다.

동물병원에 즉시 내원해야 하는 경우는 짙은 갈색 토사물, 식물 섭취 이력이 없는 녹색 토사물, 빨간색 토사물, 이물질 토사물의 경우이다. 3회 이상 연속적으로 구토하거나 설사, 복통, 복부 팽만, 침 흘림 등 다른 증상을 동반 시 동물병원을 내원한다. 특히 어린 강아지, 노령견의 경우 탈수 위험이 높으니 각별히 주의해야 한다.

구토에 의해 동물병원에 내원하는 경우, 반려견의 구토물 사진을 찍거나 직접 가져가는 것이 도움이 된다.

(5) 구토하는 반려견에게 필요한 것

반려견의 구토 내용물, 색깔, 동반 증상을 종합적으로 살펴보고 동물병원에 내원하지 않아도 괜찮다고 여겨질 시 다음의 조치를 취하도록 한다.

- 금식 : 반려견이 메스꺼움을 계속 느끼고 구토한다면, 2시간 이상 금식한다. 건강한 상태라면 24시간까지 금식할 수 있다.

- 소량의 무자극식과 물 급여 : 메스꺼움이 멈췄다면, 물을 소량 급여한다. 껍질, 뼈가 없는 삶은 닭가슴살(혹은 지방이 적은 소고기)과 쌀을 25:75의 비율로 급여하도록 한다. 이때, 위장관에 무리가 가지 않도록 1~2일 동안 소량씩 자주 급여한다.(1일 4~5회 급여)

- 상태 확인 : 무자극식을 급여하면서 반려견의 상태를 확인하고, 호전되었다면 기존에 먹였던 식이를 다시 먹인다.
  - 금식, 무자극식을 시도했는데도 계속적으로 구토, 무기력을 보인다면 동물병원에 내원한다.

3) 고열

(1) 개의 정상 체온

개의 정상 체온은 소형견 38.6~39.2도, 대형견 37.5~38.6도이다. 개는 신체대사를 통해 항상 일정한 범위로 온도를 유지시키기 때문에 체온이 39.5도 이상인 경우 고열, 35도 이하인 경우를 저체온증이라고 판단한다.

(2) 강아지 고열확인법

- 체온계 측정 방법 : 일반적으로 항문으로 측정하는 체온계가 가장 정확한 방법으로 알려져 있다. 이 외에도 귀로 측정하는 체온계, 적외선으로 측정하는 비접촉성 체온계가 있다.
- 체온계가 없는 상황에서 고열을 의심할 수 있는 증상
    - 입을 벌리고 헉헉대는 행동
    - 구강 점막이 검붉게 충혈
    - 침을 흘림
    - 강아지를 만졌을 때 뜨거운 느낌이 듦
    - 붉어진 피부
    - 안쪽 허벅지를 만졌을 때 맥박이 빠른 느낌이 듦

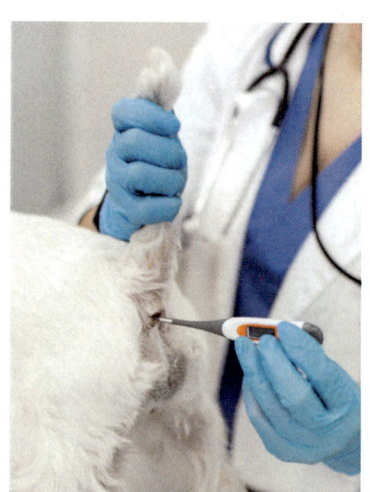

(3) 고열이 의심될 때 필요한 응급 조치

강아지의 체온이 39.5도 이상인 경우 고열에 해당되며 몸에 이상 증상이 생긴 것으로 볼 수 있다. 이때 동물병원에 내원하여 검사를 받아보는 것이 좋으며, 특히 40도 이상 열이 올라간 경우엔 전신 장기에 손상을 입어 사망에 이를 수 있어 몹시 응급한 상황이니 지체해선 안 된다. 따라서 40도 이상의 고열의 경우 열을 식혀주는 응급처치가 필요하다.

- **고열을 특히 주의해야하는 반려견**
    - 얼굴이 평평하고 주둥이가 짧은 단두종: 퍼그, 불독, 보스턴테리어, 시츄, 치와와, 말티즈, 포메라니안 등
    - 과거 발열로 치료받은 적이 있는 반려견

- 비만, 노령견, 어린 강아지
- 심장질환, 호흡기 질환, 갑상선 항진증이 있는 반려견
- 털이 빽빽한 대형견

• **고열 시 응급처치 방법**

① **피부의 체온을 식혀 주기**

시원한 물을 뿌려주거나, 물을 적신 수건을 덮은 뒤 선풍기 등을 활용하여 바람을 쐬어 준다. 아이스팩을 수건으로 감싸 반려견의 등과 엉덩이, 몸통 부분에 대어 주는 것도 좋은 방법이다.

② **시원한 물 급여**

스스로 물을 마실 수 있는 상황이라면 시원한 물을 급여하고 마실 수 없는 상황이라면 억지로 먹이는 것은 피한다.

③ **동물병원 내원**

열이 떨어졌다 하더라도 다시 고열이 생기는 경우가 많고, 열이 발생한 원인 파악 및 고열로 장기 인한 장기 손상 여부 등을 확인하기 위해 동물병원에 내원하는 것이 좋다.

• **주의사항**

체온체크를 지속적으로 하면서, 39도 이하로 체온이 떨어지면 응급처치를 중단한다. 정상체온으로 돌아왔는데 계속해서 체온을 식혀주면 저체온증, 장기손상을 가져올 수 있다.

4) 복통

반려견은 통증 부위에 대해 직접 의사표현을 할 수 없으므로 행동을 통해 불편함을 추정할 수밖에 없다. 또한 반려견 스스로도 통증의 원인이 배인지, 뒷다리인지 확실히 알지 못하는 경우가 많기 때문에 다양한 행동들이 나타난다.

(1) 앞발을 내민 상태로 엉덩이를 높이 치켜듦 : 복통이 있을 경우에 나타나는 전형적인 자세. 스트레칭이나 놀이를 할 때와 구별해야 한다.

(2) 계속 엎드려 있으면서 만지려고 할 때 으르렁거림 : 쉬고 싶은 것처럼 계속 엎드려 있다. 만지려고 할 때 으르렁거리거나 물려고 할 수 있다.

(3) 몸 떨림이 나타남 : 고통을 참느라 몸 떨림이 나타날 수 있다.

(4) 어쩔 줄 몰라 하면서 몸의 자세를 이리저리 바꾼다.

(5) 계속 뒤를 돌아보면서 배 부위나 뒷다리를 핥음 : 반려견 스스로 통증 부위가 배인지 뒷다리인지 헷갈리는 경우가 있고, 아픈 부위를 핥으려는 행동을 보인다.

(6) 배에서 꾸르륵 소리가 남

5) 소변색 이상

소변색 역시 대변색, 구토색과 마찬가지로 반려견의 건강 상태를 확인하는 지표 중 하나이다. 소변의 색은 비뇨생식기계 뿐만 아니라 때로 전신 건강 상태를 파악할 수 있는 단서가 되기도 한다. 정상적인 소변의 색은 투명한 노란색이며, 소변의 양과 농축된 정도에 따라 옅거나 짙어질 수 있다. 그러나 반려견의 소변이 아래 열거된 색상이라면 이상 신호라고 볼 수 있다.

- **투명색**

투명한 소변은 음수량이 너무 많거나 체내 수분이 과다하다는 것을 의미한다. 일시적으로 투명하다면 걱정하지 않아도 되지만, 지속적으로 음수량이 많고 투명한 소변을 본다면 당뇨 및 신장 질환을 의심할 수 있다.

• **짙은 노란색**

소변이 짙은 노란색인 경우 탈수일 가능성이 있다. 장시간 산책을 하거나 야외 활동을 했을 경우 짙은 소변을 볼 수 있는데 이는 일시적인 탈수 상태이므로 물을 많이 마실 수 있도록 한다.

• **주황색(오렌지색)**

오렌지색 소변의 경우 적혈구 파괴, 간 질환, 황달 등의 질병에 걸렸을 수 있다. 즉시 동물병원에 가서 혈액검사와 소변검사를 한 뒤 적합한 치료를 받아야 한다.

• **붉은빛(혈뇨)**

소변색이 붉거나 어두운 색을 띠는 경우 혈액이나 비정상적인 색소에 의한 것일 수 있다. 혈액 검사와 소변 검사를 통해 원인을 찾을 수 있으며, 혈액이 원인인 경우 혈뇨라 하며, 기타 색소들에 의한 경우 혈색소뇨 또는 근색소뇨 등으로 분류한다. 혈뇨는 비뇨기계와 생식기계의 염증, 외상에 의한 손상을 의심할 수 있으며 혈색소뇨의 원인으로는 적혈구가 파괴되는 질환일 수 있는데, 양파중독, 타이레놀 중독, 용혈성빈혈 등이 대표적이다.

• **짙은 갈색**

짙은 갈색의 소변인 경우 매우 위험한 상황이다. 마카다미아, 포도 등의 독성 물질을 먹고 중독 증세를 보이고 있다는 뜻일 수 있기 때문이다. 또한, 체내에서 출혈이 있는 경우도 해당된다. 이는 응급상황이기 때문에 즉시 동물병원에 내원해야 한다. 반려견이 먹은 독성 물질과 양을 확인하고 알려주어야 한다.

• **초록빛**

초록빛 소변은 신장 질환을 의심할 수 있다. 가끔 산책 중 풀을 섭취하여 일시적으로 초록빛이 돌 수 있지만 풀을 먹은 것을 직접 본 게 아닌 이상 일단 진단을 받아보는 것이 정확하다.

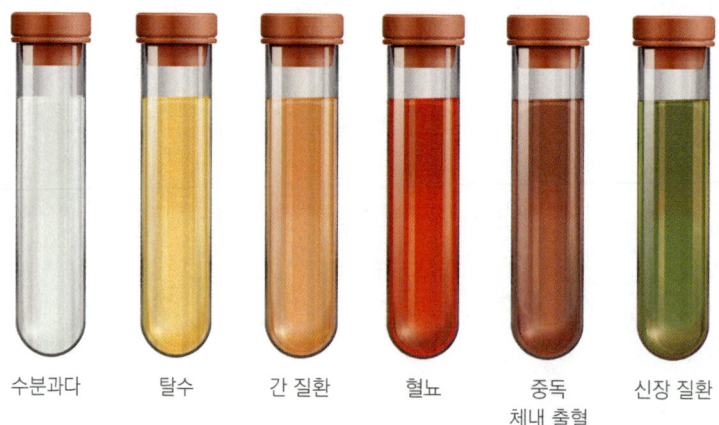

5 반려견 구급법

1) 하임리히법

음식을 빠르게 섭취하다가 기도가 막힐 수 있다. 기도 막힘이 발생하면 켁켁거림, 호흡곤란, 하얀 잇몸, 침 흘림 등의 증상이 나타난다. 응급상황이므로 질식하여 사망하지 않도록 응급처치인 하임리히법을 적용해야 한다.

(1) 양손으로 입을 벌린 후 혀를 잡아당기고 입 안의 이물질을 손으로 제거해준다. 이때, 반려견이 놀라 이물질을 삼키려고 할 수 있으니 빠르게 제거해준다.

(2) 반려견의 사이즈에 따라 다음과 같이 대처해준다.
- 소형견 : 소형견은 뒷다리를 양손으로 잡고 거꾸로 들어 흔들어주고 등을 밀어 쳐준다.
- 중, 대형견 : 반려견의 뒷다리를 들고 입을 아래로 한 상태에서 등을 밀어 쳐준다. 이물질이 나오지 않는다면, 반려견이 서있는 상태에서 배에 양팔을 두른 다음 한손으로 주먹을 쥐고 다른 손을 위에 얹어서 배를 압박하여 이물을 토하게 한다.
- 기도막힘이 해소될 때까지 반복하되, 복부를 미는 방법은 장기손상의 가능성이 있음을 인지한다.

(3) 인공적인 호흡이나 심폐소생이 필요한 경우, 심폐소생술을 진행하면서 빠르게 동물병원에 내원한다.

2) 심폐소생술(CPR)

응급상황은 예상치 못한 상황에서 언제든지 발생할 수 있다. 가장 위험하고 대표적인 응급상황은 반려견의 호흡이나 심장박동이 멈춘 상황이다. 이때 심폐소생술을 알아 두면 적절한 대처가 가능하다. 응급상황이 발생하면 심폐소생술을 진행하면서 동물병원에 연락을 취한 뒤 내원해야 한다. 골든타임 내에 빠르게 심폐소생술을 진행하여 사망을 막는 것이 가장 중요하기 때문이다. 동물병원에 미리 연락을 해두면 내원 시 바로 처치할 수 있도록 준비해둘 수 있다. 심폐소생술이 성공하여 호흡, 심장박동이 다시 돌아오더라도 쇼크의 원인이 해결되지 않으면 다시 쇼크 상태에 빠질 수 있으니 가급적 동물병원으로 빠르게 이동한다.

심폐소생술은 올바른 방법으로 진행해도 성공률이 6~7%로 희박하기 때문에 올바른 방법을 정확하게 알아 두는 것이 무엇보다 중요하다.

(1) 반려견의 맥박과 호흡 확인 : 코나 입에 손을 대거나 가슴이 움직이는지 확인하거나, 허벅지 안쪽의 동맥을 만져 맥박을 확인한다.

(2) 반려견의 입을 열어 혀를 빼내고 기도에 이물질이 있는지 확인 : 혀가 말려들어가 기도를 막거나 이물질 때문에 호흡이 멈췄을 수 있으니 입안을 꼭 확인한다. 음식물 때문에 기도가 막힌 상황이라면 하임리히법으로 이물질을 토하게 하고, 그럼에도 호흡이 돌아오지 않는다면 심폐소생술을 진행한다.

(3) 반려견의 몸을 일자로 펴고 혀를 당겨서 기도를 확보해준다.

(4) 심장위치 확인 : 앞다리 발꿈치를 올렸을 때 팔꿈치와 흉강의 아래쪽에서 1/3이 닿는 부위이다.

(5) 올바른 자세 : 반려견을 옆으로 눕히고 소형견의 경우 한 손으로 심장 압박, 대형견의 경우 두 손으로 심장압박을 한다.

- 소형견의 경우 : 심장을 전체적으로 감싸주고, 압박한다. 손가락 끝으로 마사지하지 않도록 주의한다.

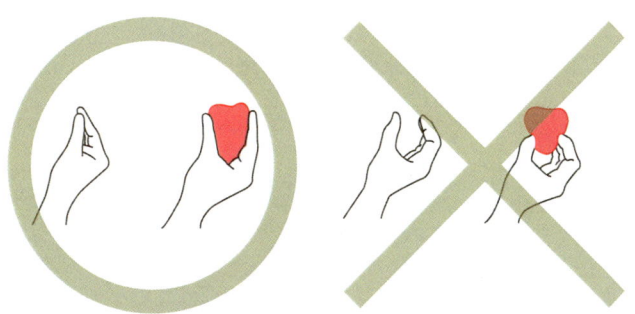

- 중, 대형견의 경우 : 손위와 어깨가 일자를 이루도록 한다. 복근을 유지하고 팔꿈치는 구부리지 않고 고정한다. 양손을 겹쳐 체중을 싣고 심장 부위를 눌러준다.

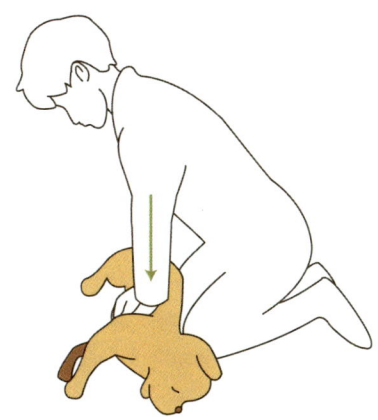

(6) 30회 가슴압박 : 가슴 넓이의 1/3~1/2까지의 깊이로 압박한다. 압박 후 손을 뗄 때에도 심장이 온전한 모양을 되찾을 수 있도록 충분히 떼준다. 압박하는 속도는 0.5초에 한번으로 애니메이션 '아기 상어' 노래를 생각하며 박자를 맞추면 된다. 심폐소생술 실패의 가장 흔한 원인이 박자 맞추기 이므로 정확히 인지하도록 한다.

⑺ 2번 인공 호흡 : 반려견의 목을 최대한 늘리고 입을 손으로 막은 후 코에 입으로 바람을 불어넣는다. 공기가 잘 들어갔는지 가슴 올라감을 확인해 준다.

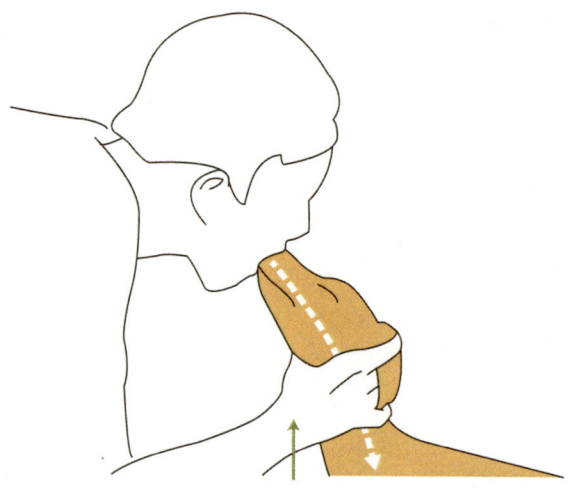

⑻ 1분당 6,7번의 과정을 4번 반복한다. 총 120번의 가슴압박, 8번의 인공호흡을 실시한다.

⑼ 위의 과정을 하면서 동물병원에 연락을 취하고 빠르게 내원한다.

6 질환별 영양관리

인간도 성장 발달 단계에 따라 필요한 필수 영양소가 있고, 특정 질환을 관리하거나 예방하기 위해 운동과 함께 식단관리를 해야 하는 것처럼 가축화되어 인간과 함께 거주해온 반려견도 생애 주기에 따른 건강 관리와 식단 관리가 요구된다. 질병을 예방하기에 요구되는 영양소부터 특정 질환의 증세를 호전시키는 식재료에 대한 기본적인 이해는 반려견의 영양 균형을 맞추는데 필수적으로 요구되는 지식이다. 따라서 본 단락에서는 대표적인 질환과 관련된 영양관리에 대해 살펴보도록 한다.

1) 피부질환

(1) 개요

반려견의 피부와 체모의 상태는 섭취하는 영양에 의해 영향을 받는다. 영양결핍과 관련된 피부학적 병변은 다음과 같다.

결핍 성분	피부 병변
단백질	각질, 탈모, 가는 모간, 털 색소 결핍, 상처치유 지연
필수지방산	미약한 각질, 기름진 피부, 피부윤기 소실
아연	홍반, 각질, 피부점막 연접부 또는 압력 받는 부위에 각질 및 딱지
구리	털이 탈색되고 거칠어짐
비타민A	각질, 모낭의 과각질화, 거친 피모
비타민E	비듬, 염증성 홍반, 각화부전증
비타민B 복합체	피모가 건조해지고 각질이 생김

(2) 영양관리

- **필수지방산**

필수지방산은 자가합성이 불가하여 반드시 음식을 통해 섭취해야 한다. 결핍 원인은 산화된 음식, 소장 흡수 불량, 외분비 췌장 질환, 만성 간 질환이 있다. 필수지방산은 피부 방어벽 유지, 각화 지질층 형성, 표피 증식 등 피부의 다양한 기능을 담당한다.

• **단백질**

단백질 함량이 극히 낮은 식이를 하거나, 단백질 요구량이 높은 성장기의 강아지에게서 결핍 증상이 나타날 수 있다. 피부는 단백질과 에너지의 요구량이 높다. 털은 95%가 단백질 성분이며, 털의 성장으로 하루 단백질 섭취량의 30%까지 소비할 수 있다. 높은 퀄리티의 단백질 급여 시 치료가 가능하다.

• **비타민A**

세포 증식과 각질 상피 분화에 영향을 미친다. 스테로이드에 의한 상처 회복 지연 효과를 반전시키는 기능이 있다.

• **비타민E**

항산화제로 활성산소로부터 세포를 보호하는 역할을 한다.

• **비타민B 복합체**

비타민B 복합체는 수많은 대사경로에 보조인자로 기능한다. 결핍 원인은 주로 장염, 항생제를 장기간 복용한 경우, 조리되지 않은 계란 흰자를 먹은 경우이다. 결핍 시 탈모를 동반한 건조한 비듬이 나타날 수 있다.

• **아연**

피부는 신체 전체 아연 저장량의 약 20%를 함유하고 있다. 코 편평면, 혀, 발바닥의 각화된 조직에서 고농도의 아연을 함유하고 있기 때문에, 피부건강과 연관이 많은 영양소이다. 아연은 상처회복, 상피화, 항염증효과에 영향을 주는 성분이다.

• **구리**

멜라닌 생성 및 케라틴 합성에 필요한 성분이다. 사료에 적절하게 함유되어 있어 결핍 증상이 나타나는 경우는 드물지만, 아연과 칼슘 같은 다른 미네랄과 함께 급여 시 불균형을 유발할 수 있다.

2) 골격계 질환

건강한 반려견도 관절에 염증이 생기거나 문제가 발생할 수 있다. 통증으로 관절이 붓거나 관절염이 생기기도 하고, 슬개골 탈구증상이 나타날 수 있다. 특별히 대형견의 경우 고관절이 형성증과 같이 다양한 근골격계 질환들이 발생한다. 특정 영양소가 과잉되거나 결핍되어도 질병이 야기될 수 있어서 주의할 필요가 있다.

〈과잉증〉

- 비타민A : 식욕부진, 체중 증량의 감소, 좁아진 연골 성장판, 새로운 뼈 형성, 얇은 골 피질을 초래한다.
- 칼슘 : 긴뼈의 피질에 따라 흐르는 혈관과 뼈의 재구성을 감소시킨다.
- 비타민D : 연골 내골화의 심한 장애를 일으켜 요골 만곡 증후군을 초래한다.

〈결핍증〉

- 칼슘 : 칼슘은 골격과 치아의 주요 구성성분으로, 결핍 시 테타니, 골연화증, 골다공증 등 다양한 문제를 일으킨다.
- 인 : 골격의 무기질화에 문제를 일으켜 성장판과 피질골에 문제가 나타난다.
- 비타민D : 개는 자외선을 통해 비타민D를 합성 가능하며, 오로지 식이로만 섭취할 수 있다. 비타민D는 칼슘 흡수 촉진, 칼슘 배출 억제, 칼슘 용출 촉진 등의 기능을 하며 결핍 시 구루병, 골연화증, 골다공증을 유발한다.

3) 신장질환

(1) 개요

신부전은 신장 기능이 저하된 상태를 말한다. 임상 경과에 따라 급성과 만성으로 구분할 수 있는데 만성의 경우 영양 관리가 필요하다. 만성 신장병은 개에게 자주 나타나는 질환 중 하나로 신장의 기능이 손상되어 신체 내 질소가 함유된 폐기물이 제대로 배설되지 못해 몸에 누적되는 질환이다. 완치는 불가하며 지속적으로 신장기능이 감소되는 병이다.

(2) 영양관리

① 요독증이 나타나지 않도록 함

- 단백질 : 단백질은 소화 흡수 후에 간을 통해 요소를 형성하므로 많이 먹으면 더 많은 요소가 생성된다. 신장 기능이 떨어지면 요소 배출이 어려워 몸에 누적되어 요독증이 나타날 수 있다. 따라서 필수 아미노산이 많이 함유된 단백질 식품을 섭취하고 단백질 섭취는 줄이는 것이 좋다. 다만 근육을 유지하는데 단백질의 역할이 중요하니 14~20%의 단백질 함유량이 추천된다(22~55g/1000kcal).

- 가용성 식이섬유 : 장내 세균총은 생장할 때 혈액 중의 요소를 사용하고, 분변과 같이 배설된다. 가용성 식이섬유를 제공하면 장내 세균총이 더 건강하고 활발하게 생장할 수 있다.

② 정상 신체 전해질 상태 유지

- 인 : 신장 질환이 있으면 인의 배출 능력이 감소하는데, 인의 농도가 증가하면 신체에서 인의 평형 유지를 위해 부갑상선 호르몬을 분비하게 된다. 이로 인해 신장 손상이 일어날 수 있다. 인이 많이 들어있는 두부, 계란 노른자는 급여를 지양하는 것이 좋다.

- 나트륨 : 신장 기능이 손상되면 나트륨 배출 능력이 감소되며, 나트륨이 몸에 누적되면 고혈압이 나타날 수 있다. 이 경우 신장이 손상되는 속도가 빨라지니 나트륨 섭취량 조절이 필요하다. 권장량은 0.4~1.2g/1000kcal이다.

- 칼륨 : 신장 기능에 문제가 있으면 칼륨 배출이 증가해 저칼륨혈증이 나타난다. 저칼륨혈증은 신장 기능을 악화시키기 때문에 칼슘 보조제를 급여하도록 한다. 그러나 급성 신장병, 신장병 말기의 경우 고혈압 관리를 위한 약물을 사용하면서 고칼륨혈증이 나타날 수 있다. 권장량은 0.4~0.8% DM이다.

③ 신장 손상 속도 완화

- 오메가3 : 오메가3는 신장 염증을 감소시키는 효과가 뛰어나 신장을 보호한다. 오메가 3를 보충제로 공급한 개는 생존기간이 더 길다. 생선기름, 수지를 통해 급여할 수 있으며 생선기름의 권장량은 50~70mg/kg이다. 오메가 필수지방산은 6과 3의 비율이 중요한데 신부

전에 도움이 되는 비율은 5:1이다.

- 항산화제 : 비타민C, 비타민E, 베타카로틴, 루테인, 플라보노이드 등의 항산화 성분은 활성 산소의 반응성을 제거하여 신장 손상 속도를 감소시킨다. 권장 용량은 비타민E의 경우 400IU/kg, 비타민C는 100mg/kg이다.

- 비타민B군 : 신장병 환자의 경우 소변 배출량이 증가하면서 수용성 비타민의 배출량 역시 증가한다. 수용성 비타민은 신체의 저장되는 양이 적어 식품으로 보충해야 결핍을 피할 수 있다.

4) 심혈관계 질환

심장질환은 개에게 가장 흔히 발생되는 질환 중 하나로, 성견에게 발생하는 심장질환이 95%를 차지한다. 심장병은 주로 심장판막 질환이다. 심장 질환에 따라 영양 조절을 진행하면 악화 속도를 늦출 수 있다. 판막질환이 생기면 판막의 열고 닫힘에 문제가 생겨 심장의 펌프 기능이 저하되고, 혈액이 저류되는 울혈성 심부전이 나타난다. 울혈성 심부전으로 인해 폐 혈관으로 혈액이 저류되어 폐수종이 나타나면 전신에 혈액 공급이 원활하지 못해 쇼크가 발생될 수 있다.

- 단백질 : 심장병을 가진 환자는 쇠약할 정도로 체중이 감소한 상태가 나타난다. 신체 근육을 유지시켜주기 위해서 단백질을 일정하게 급여한다.

- 오메가3 : 일반적으로 심장질환을 가지고 있는 환자에선 오메가3가 부족한 현상이 나타난다. 항염효과를 가지고 있고 오메가 지방산 보충을 통해 울혈성 심부전을 가진 개는 근육 손실 감소가 일어나며 식욕이 향상된다. 또한, 항부정맥 효과도 가지고 있다. 권고되는 양은 EPA 40mg/kg+DHA 25mg/kg이다.

- 나트륨 : 저나트륨 식이는 울혈성 심부전을 가진 경우 울혈을 감소시키는 효과가 있다. 울혈성 심부전의 단계에 따라 제한량이 다르다(stage 1: 100mg/100kcal, stage 2: 50-80mg/100kcal, stage 3:50mg/100kcal).

- 칼륨과 마그네슘 : 칼륨과 마그네슘이 부족하면 심장 부정맥을 유발할 수 있다. 심근 수축

력을 감소시키거나 근육 쇠약이 나타날 수도 있다. 심장 약물의 부작용을 증가시킬 수 있는 전해질들이기 때문에 심장 질환 환자는 고려해야 하는 영양소이다.

- 항산화제 : 활성산소는 세포의 손상, 수축력감소 및 염증 반응을 지속적으로 유발하는 원인이며 항산화제는 이를 제거하는 역할을 한다. 심질환 환자에게는 이뇨제가 처방되기 때문에 수용성 비타민이 계속 배설된다. vit C, vit E, b-carotene, 글루타치온 등이 필요량 이상으로 꾸준히 공급되어야 한다.

- 아르기닌 : 개의 필수 아미노산 중 하나로, 울혈성 심부전을 가진 환자의 내피세포 기능 이상을 개선시키는 효과와 심근 이완 기능이 있다.

- L-카르티닌 : 수용성의 비타민과 같은 화합물로 아미노산인 라이신과 메티오닌으로부터 합성되며, 심근의 에너지 생산에 필수적인 성분이다. 심근세포 내에서 영양분을 공급하고 독성물질들을 밖으로 배출하는 역할을 한다.

- 타우린 : 심장병을 가진 환자에서 삼투압 조절, 칼슘 농도를 조정하여 심장을 강하게 뛰게 하는 작용과 활성산소 비활성화 등에서 도움을 준다.

5) 소화계 질환

다른 질병과 마찬가지로 반려견에게 발생하는 소화 장애는 다양한 원인에 의해 나타난다. 음식에 의한 경우, 과도한 스트레스, 감염, 기생충, 대장염 등이 원인이 될 수 있다. 주로 설사, 구토, 식욕부진, 복통, 혈변 등 다양한 증상들이 나타날 수 있다.

(1) 위장염

① 개요

급성 위장염은 흔히 나타나지만 가끔 심한 설사나 혈변을 보이거나 독성을 흡수하여 중독이 되면 생명이 위태로울 수 있다.

② 영양관리
- 물 : 구토 증상이 없다면 물이 많이 급여한다. 위장염에 걸린 환자 대부분 구토나 설사 때문에 탈수 증상이 나타날 수 있기 때문이다.

- 미네랄 : 구토나 설사를 지속하면 미네랄이 과도하게 배출되어 몸의 전해질 균형이 깨질 수 있다. 일반적으로 급성 위장염의 경우 칼륨, 염소, 나트륨이 많이 배출된다.

- 식이섬유 : 위장 문제가 있는 환자에게 식이섬유를 제공하면 증상이 완화된다.

- 소화가 잘 되는 음식 : 위장에 문제가 있을 때 소화가 어려운 음식을 급여하면 소화기에 부담을 주며 완치 시간이 더뎌진다.

- 저지방 식이 : 대사 에너지의 15% 이하까지 줄여준다.

(2) 염증성 장 질환

① 개요

만성 구토와 설사의 가장 흔한 원인이다. 염증성 장 질환에 걸리면 단백질 에너지가 불량하고, 철결핍성 빈혈, 마그네슘 결핍, 엽산 결핍이 나타난다.

② 영양관리
- 지방 : 지방의 제한이 중요하기 때문에 대사에너지의 15%까지 제한해준다.
- 단백질 : 대사에너지의 25%이상 급여한다.
- 소화기에 부담이 되지 않는 음식을 급여한다.
- 프리바이오틱, 프로바이오틱 : 유익균이 숙주 내 정착해 이로운 효과를 가져온다.
- 아르기닌 보충 : 장의 항상성을 유지시켜 손상을 입은 장에 도움을 준다.
- 오메가 3 : 오메가 3 오메가 6의 비율을 5:1~10:1로 해준다.

(3) 소화계 질환 - 췌장염

① 개요

췌장염은 제대로 치료하지 않으면 사망할 수도 있는 위험한 질병이다. 구토, 복통 우울증, 식욕부진, 발열, 설사 등의 증상을 동반한다.

② **영양관리**

- 지방 : 지방이 많은 음식을 섭취하면 혈중 중성 지방산이 증가해 췌장염 발생률이 증가한다. 특히 만성 췌장염의 경우라면 재발 방지를 위해 지방 함유량이 낮은 음식을 급여해야 한다.

- 단백질 : 단백질과 지방은 췌장 효소의 분비를 증가시키고 췌장을 자극을 주기 때문에 급여량을 줄여야 한다. 하지만 췌장 회복에 필요하니 무리하게 단백질을 줄여선 안 된다. 단백질은 췌장분비에 강한 자극원이 될 수 있으니 적당한 수준으로 유지시켜준다.

- 오메가3 : 염증 반응을 감소시켜 항산화 효과를 기대할 수 있으나, 과다 섭취에 주의하도록 한다.

- 소화가 잘 되는 음식 : 췌장은 신체에서 가장 많은 소화 효소가 분비되는 장기이지만 췌장염이 생기면 소화 효소를 제대로 만들 수 없다. 그렇기 때문에 소화가 쉬운 음식을 선택해야 한다.

7 반려견 건강 잡학지식

1) 반려견 이빨, 꼭 닦아야 할까?

치주질환은 3살 이하 강아지의 2/3이 겪는 만큼 몹시 흔하게 나타나기 때문에 양치를 꼭 해주는 것이 좋다.

치주 조직이란? 치아를 둘러싸고 있는 조직으로, 잇몸을 포함한다.

치주 질환은 치석으로부터 시작된다. 이빨에 있는 세균이 이빨 표면에 치석을 형성하고, 치석이 잇몸에 닿으면 세균이 잇몸에 염증을 일으킨다. 잇몸염은 치주염의 첫 단계이고 지속되면 심한 치주염으로 발전된다.

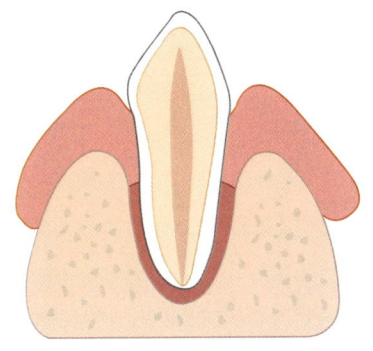 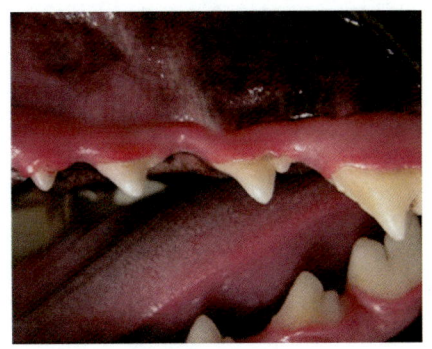

(1) 치주 질환의 종류

- 잇몸염(치은염) : 잇몸의 염증으로 치주염의 첫 단계이다. 이 단계는 빠른 회복이 가능하다.
- 치주염 : 치은염의 염증이 잇몸과 잇몸 뼈 주변까지 진행된 경우이다.
  - 치주염이 진행되면, 심한 통증과 입 냄새를 유발한다. 심한 경우 치아가 흔들리다 떨어져 나가거나 턱뼈가 녹아 내리고, 턱뼈의 골절까지 초래할 수 있다.

- 치주염의 원인 : 식사 후 이빨에 남은 음식 찌꺼기, 구강 내 세균, 덧니가 있거나 그루밍을 자주 하는 강아지.
- 예방하는 방법 : 양치질을 통한 구강관리, 정기적인 치과 검진과 스케일링.
- 반려견의 치주 질환을 예방하기 위해 하루에 한번 이상 양치질, 1년에 한번 이상의 스케일링이 권장된다.
- 치주염에 취약한 견종 : 치와와, 요크셔테리어, 토이푸들, 포메라니안, 시츄 등 덧니가 잘 나는 소형견 혹은 부정교합이 흔한 견종.

(2) 치주 질환이 있는 강아지의 펫푸드

치주 질환이 있는 강아지는 통증 때문에 식욕이 없고 딱딱한 사료, 음식을 섭취하기 어려워 한다.

3단계 이상의 치주염의 경우 발치 치료를 하게 되는데, 발치 이후 대부분의 강아지는 정상적으로 식사를 하지만 발치 치아가 많은 경우, 통증이 심한 경우 등은 음식 섭취가 어려울 수 있다.

- 치주질환이 있는 강아지는 발치 치료 이후 식사가 어려우므로 부드러운 습식이나 물에 불린 사료 혹은 음식이 권장된다.

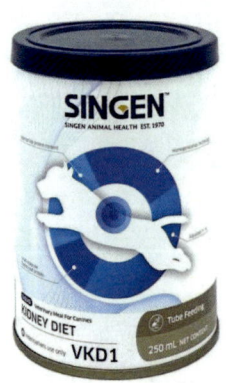 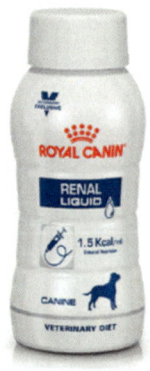

시중에 판매되고 있는 강아지 유동식

2) 광견병, 걸릴 위험이 있는 병인가?

(1) 광견병 정의

광견병은 사람과 동물을 공통숙주로 하는 병원체에 의해서 일어나는 인수 공통 전염병이다. 광견병 바이러스(Rabies virus)에 의해 발생하는 중추신경계 감염증으로 사람이 광견병에 걸려 중추신경계에 이상이 생기면 물을 무서워한다고 하여 '공수병'이라고도 부른다.

(2) 광견병 원인

사람이 광견병 바이러스를 가진 야생동물(너구리, 오소리, 여우, 박쥐 등)에게 직접 물리거나 광견병에 걸린 개에게 물리면, 광견병 바이러스가 물린 상처부위로부터 신경을 타고 중추신경까지 올라가 발병한다. 광견병에 걸린 동물로부터 물리거나 긁힌 뒤 광견병이 발병할 위험성은 물렸는지 긁혔는지의 여부, 물린 횟수, 물린 깊이, 상처부위에 따라 결정된다. 집에서 키우는 강아지가 광견병 바이러스를 획득하여 병에 걸릴 가능성은 매우 낮기 때문에 반려견에게 물린 경우라면 광견병에 걸릴 가능성은 낮다고 할 수 있다.

> **물린 후 광견병 예방접종을 하지 않았을 때 위험 범위**
> - 얼굴 주위를 심하게 여러 번 물렸을 때 : 80~100%
> - 한번 물렸을 때 : 15~40%
> - 사지 부위에 살짝 물렸을 때 : 5~10%
> - 개방창(Open wound)이 타액으로 오염되었을 때 : 0.1%

(3) 광견병 증상

- **광견병이 걸린 개의 증상**

  ① 발열과 발작

  ② 안면부 마비로 침을 과하게 흘린다.

  ③ 공격성 증가

  ④ 물을 보거나 마시는 것을 두려워하여 경련을 일으킨다.

  ⑤ 안하던 행동을 하면서 불안해 보인다.

  ⑥ 온종일 흥분상태에 있으며 마구 짖는다.

  ⑦ 안 먹던 것을 먹기도 하고 때때로 물기도 한다.

(4) 광견병 예방과 치료

- **예방백신**

  광견병을 다루는 실험실 연구원, 수의사와 직원들, 조련사, 수의과 학생 등 개를 많이 접하는 직업군이라면 예방백신을 추천한다. 백신예방접종을 했다고 해서 광견병에 노출된 후에 추가적인 치료가 필요하지 않은 것은 아니지만 노출 후의 예방조치를 간소화할 수 있다.

- **물린 후 예방조치**

  광견병이 의심되는 야생동물이나 개에게 물렸을 때, 즉시 병원에 가서 예방조치를 받으면 발병하지 않는다.

- **경과**

  광견병은 증상이 발현된 뒤에는 매우 치명적이다. 적절한 예방조치를 취하지 않았다면 광견병 바이러스가 중추신경계를 침범한 후에 증상이 나타나므로 특별한 치료방법이 없다.

3) 강아지도 우울증이 있을까?

반려견도 사람처럼 기쁨, 슬픔, 화남, 싫음, 즐거움 등의 감정을 느낀다. 따라서 파악이 어려울 뿐, 반려견도 우울증을 앓을 수 있다. 원인으로는 이사, 새로운 가족 등이 있다. 중년기, 노년기에 나타나는 것이 일반적이지만 사람과 달리 긴 기간 우울감을 앓는 경우는 흔하지 않다.

- **반려견 우울증 증상**

  ① 자신의 신체 부위(발, 옆구리 등)를 집착적으로 핥거나 뜯는다.

  ② 갑자기 식욕이 없거나 심하게 많다.

  ③ 장난감이나 놀이에 관심이 없다.

  ④ 구석에 숨거나 혼자 있고 싶어한다.

  ⑤ 평소보다 많이 잔다.

  ⑥ 눈을 마주치지 않거나 피한다.

  ⑦ 혼자 있기를 어려워하거나 불안해한다.

  ⑧ 공격성을 보이거나, 물어서는 안 되는 물건을 물어 파괴시키는 등의 행동을 한다.

  ⑨ 산책을 나가길 거부하거나 시큰둥하다.

⑩ 배변실수를 한다.
⑪ 앉아서 쉴 곳을 찾지 못하고, 방을 왔다 갔다 한다.
⑫ 주인이 외출하고 돌아와도 반가워하는 반응을 보이지 않는다.

반려견의 우울증 증상은 사람과 유사하다. 위의 증상들을 보인다면 우울증을 의심해볼 수 있다. 이때 주의할 점은 반려견이 만성적인 통증이 있거나, 인지장애증후군이 있는 경우에도 같은 증상을 보인다는 것이다. 인지장애증후군은 치매와 유사한 질환이다. 따라서 8세 이상의 반려견이거나, 구토, 설사, 심각한 무기력증, 공격성 등의 다른 증상을 보이는 경우라면 동물병원에 내원하여 상담을 권고한다.

• **우울증 원인**

우울증 해결의 가장 근본적인 방법은 우울증의 원인을 해소하는 것이다. 반려견이 우울증 증상을 보인다면 최근에 어떠한 변화(환경적, 사회적)가 있었는지 따져보아야 한다.
① 새로운 가족(사람,동물)이나 환경이 생기는 경우.
② 견주의 일상의 변화 : 출퇴근시간의 변화, 갑자기 집을 비우게 되는 일이 많아진 경우 등.
③ 정신적 또는 신체적인 자극이 부족한 경우 : 반려견의 놀이시간이 부족하거나 산책이 부족한 경우.
④ 트라우마 : 학대, 마음의 상처 등.
⑤ 고립 : 수술 후, 질병으로 인해 케이지에 있는 경우.

• **우울증 해소 방법**

반려견마다 우울증의 정도, 원인 등이 다를 수 있다. 우울증의 원인을 찾게 되면 극복방법을 통해감정 상태를 긍정적인 상태로 호전시켜줄 수 있다.
① 노는 날을 정해 마음껏 놀게 해준다.
② 긴 산책, 평소와 다른 공간에서 놀이,새로운 장난감, 노즈워크 등 집중할 수 있는 활동을 만들어 준다.
③ 맛있는 토핑을 사료 위에 뿌려주기.
④ 반려견의 문제행동을 칭찬, 관심, 간식으로 교정해주기.
⑤ 견주에게 에너지를 얻는 반려견의 경우, 견주 역시 행복한 상태를 유지하려고 노력하기.

위의 방법으로 우울증 증상이 완화되지 않는다면 심각한 우울상태라고 볼 수 있다. 이때는 전문적인 우울증 처치가 가능한 동물병원에 내원하여, 충분한 상담을 거친 후 약물 처방을 권고한다.

Chapter 07

펫푸드 - 위생학

1 식품 위생의 개념

1) 개요

최근 펫푸드 시장의 규모가 커지면서 펫푸드 사업이 활성화되고 있다. 하지만 시장의 증가와 함께 사료제조, 판매, 유통 과정에서 위생과 안전 문제가 발생하기 시작했다. 특히 사료의 품질에 대한 문제가 많이 발생하고 있는데, 사료에서 철사, 곰팡이, 중금속, 세균 등이 발견되면서 위생 문제의 중요성이 커지고 있다. 따라서 본 단락에서는 식품 위생에 대한 기본적인 내용에 대해 살펴보기로 하자.

2) 식품 위생의 중요성

펫푸드에 관한 식품위생의 개념은 최근 들어 관심을 받기 시작했다. 반려동물 산업에 있어서 식품위생 기준의 엄격한 적용은 반려동물을 인간처럼 대우하자는 '펫 휴머니제이션'(pet humanization)과 깊은 관련을 가지고 있다. 미국의 경우 연방식품의약품화장품법(FFDCA)에서 엄격한 잣대를 가지고 규제하지만, 현재 국내법은 사료에 대해 별도의 위생과 안전성문제를 잘 다루고 있지 않다. 이로 인해 사료나 각종 수제간식을 먹고 반려견이 사망하는 경우나 법적 분쟁 사례가 늘어나고 있다.

> **식품 위생의 중요성**
> - 신선하고 안전한 펫푸드에 대한 소비자들의 요구 증가
> - 인수공통 감염병의 증가
> - 동물의 복지권에 대한 관심의 증가
> - 미생물의 환경 적응력 증가로 인한 위협
> - 펫푸드 산업의 성장과 함께 산업에 대한 적절한 규제의 필요성 대두
> - 사료관리법이 규정하지 않는 세부적인 상황에 대한 보완 요구

3) 펫푸드 위생의 정의

 펫푸드의 위생과 안전에 관한 정의는 현재 명확한 기준을 가지고 있지는 않다. 다만 식품위생에 대한 '세계보건기구'(WHO)에서는 식품위생에 대해 "식품의 재배, 생산 및 제조부터 최종 섭취되기까지 모든 단계에서 식품의 안전성, 건전성을 확보하기 위해 필요한 모든 대책"이라고 정의하고 있다.

 위와 같은 정의에 따르면 '펫푸드 위생'이란 반려동물의 건강을 유지하기 위해 반려동물이 섭취하는 사료 혹은 수제 간식을 포함한 음식의 재배, 생산, 제조의 과정으로부터 섭취되기까지 모든 단계에서 식품의 안전성, 건전성을 확보하기 위한 대책으로 정의할 수 있을 것이다.

 「식품위생법」 제1조는 식품위생의 목적에 대해 "식품으로 인하여 생기는 위생상의 위해를 방지하고 식품영양의 질적 향상을 도모하며 식품에 관한 올바른 정보를 제공하여 국민보건 증진에 이바지함을 목적으로 함"이라고 규정하고 있다. 따라서 펫푸드에도 식품위생에 관한 기본적인 목적의식을 적용해 볼 수 있다.

4) 펫푸드 위생의 범위

 일반적으로 식품위생에 관련된 법령은 식중독, 감염병, 기생충증에 대해 규정을 한다. 인간과 마찬가지로 반려동물도 여러 질병에 노출되어 있는데 이러한 질병들을 예방하고 건강을 관리하기 위해서는 관리 가능한 위생의 범위를 적절하게 설정해주어야 한다.

(1) 식중독
① 식중독의 원인 및 증상

 반려견에게 식중독이 일어나는 원인은 매우 다양하다. 상한 음식, 상한 사료를 섭취하거나 오래된 유제품, 육류를 섭취하는 경우에 식중독이 일어날 수 있다. 또한 사료 그릇이나 물그릇에 세균이 번식한 경우, 산책 시 땅에 떨어져 있는 음식의 섭취, 식중독에 걸린 다른 동물의 배설물에 접촉하는 등의 요인으로도 식중독이 발생될 수 있다.

 식중독의 주요 증상은 설사와 구토이며, 식욕부진, 피부발진, 부종, 과도한 침흘림이 증상으로 나타날 수 있다. 이로 인해 탈수와 장염이 발생하거나 심각한 경우 발작을 일으키거나 생명의 위협에 이를 수 있기 때문에 보호자의 신속한 대처가 필요하다.

② 식중독의 예방

평소 사료나 간식 급여 시 청결한 식기 관리와 유통기한을 숙지하고, 보관 방법에 따라 적절히 보관하는 것이 요구된다.

(2) 감염병

① 감염병의 원인 및 증상

최근 반려견을 위한 공간과 시설들이 증가하면서 여러 마리의 반려견이 함께 생활하는 경우가 많다. 펫숍이나 동물보호소, 펫 호텔, 펫 유치원 등 여러 마리가 한 공간에서 생활하거나 어울리는 경우 감염병에 노출될 가능성이 높다.

가장 흔한 감염병으로는 인간의 감기에 해당하는 '켄넬코프'이다. 다양한 감염성 질병으로 인해 면역력이 약한 유견이나 노령견의 경우 폐렴으로 발전하여 심각한 상황에 이를 수 있다. 아래는 반려견에게서 발현되기 쉬운 감염병에 대한 개략적인 설명이다.

종류	상세내용
광견병	광견병은 인간을 비롯한 포유류에게 공통으로 감염되고 사망률이 100%에 달하는 질병으로 반려견이 감염되면 중추신경 이상으로 짖거나 침을 흘리게 되며 점점 근육에 마비가 일어나게 된다.
디스템퍼(홍역)	사망률이 높은 치명적인 질병으로 바이러스가 뇌에 침투하여 경련과 혼수상태를 일으킨다.
파보 바이러스	발병하면 설사와 구토를 시작하고 1~2일 내에 사망하게 되는 치명적인 감염병이다.
전염성 간염	개 아데노바이러스 1형에 의해 발생하는 질환으로 가벼운 증상으로부터 사망에 이르기까지 다양한 증상을 가지고 있다.
코로나바이러스	전염성이 매우 강한 특징을 가지고 있으며 설사와 구토로 인해 탈수 증상을 유발한다.
렙토스피라	렙토스피라 세균에 의한 질병으로 대부분의 동물에서 감염이 발생하며, 인수공통 전염이 일어나는 바이러스이다.
파상풍	흙 속에 있는 파상풍균이 상처를 통해 유입되면서 중추신경과 운동신경에 마비를 일으키고 발병 후 5일 이내에 사망에 이르게 하는 치명적인 감염증이다.

② 감염병의 예방

원인이 되는 바이러스에 따라 적절하게 대처해야 하며, 평소 위생관리와 함께 백신을 통해 반려견이 해당 질환에 걸리지 않도록 예방해야 한다. 사료나 수제간식을 포함한 반려견에게 급여되는 음식의 제조 과정이나 유통, 급여 과정에서 바이러스 감염이 일어나지 않도록 관리해야 하며, 수제 간식을 제조하는 업체의 경우 제조 과정에서 교차 감염이 일어나지 않도록 유의해야 한다. 이를 위해 개인위생과 소독에 관한 관리가 철저하게 이루어져야 한다.

(3) 기생충

① 기생충 원인 및 증상

반려견에게 발생하는 기생충은 신체 내부에 기생하는 것과 신체 외부에 기생하는 것으로 구분해 볼 수 있다.

종류	상세내용
회충증	반려견에게 가장 일반적으로 존재하는 기생충으로 개회충과 개소회충 두 종류가 있다.
구충증	매우 심한 증상을 일으키는 기생충으로 혈변, 빈혈, 복통, 설사가 일어나며 심한 경우 쇼크사를 야기하기도 한다.
편충증	소수가 기생하는 경우 증상이 거의 없지만, 점점 식욕부진, 털의 윤기가 나빠지고, 빈혈과 탈수 증상이 나타나기도 한다.
조충증	벼룩이 매개가 되어 감염이 일어나며 오이조충이라고 불리기도 하는데 길이가 무려 50cm에 이른다.
콕시듐	어린 유견이 감염되기 쉬우며 점액상의 변이나 혈변이 나타나고 설사, 탈수, 빈혈이 일어난다.
편모충증	아주 작은 원충이 장에 기생하여 발생한다. 일반적으로는 증상이 없지만 다른 기생충이 있거나 스트레스가 심해지면 발병한다.

내장이나 혈관에 기생하는 기생충들은 영양분을 빼앗기 때문에 영양상태가 저하되고 무기력증에 빠지게 된다. 이런 경우 구충제를 활용하고 관찰해야 하며, 예방을 위해서는 변은 빨리 처리하고 다른 반려견의 변에 접근하지 않도록 하는 것이 좋다. 또한 일부 감염매개가 되는 벼룩을 구제하기 위해 약품이나 샴푸를 활용해 주는 것도 중요하다.

종류	상세내용
진드기	나무나 풀잎에 기생하는 외부기생충으로 동물의 피부에 달라붙어 피를 빨아 먹는다.
벼룩	전 세계적으로 분포하며 2mm정도의 크기를 지니고 있다. 가려움으로 인해 환부를 문지르거나 핥게 되며 심한 경우 상처가 남게 된다.
모낭충	이미 감염된 다른 반려견과의 접촉을 통해 일반적으로 전파되며, 털이 빠지면서 여드름 같은 기포가 발생한다.
파리유충증	면역력이 약하거나 체력이 약한 반려견은 파리유충증에 걸리기 쉬운데, 상처, 귓구멍, 항문 등에 파리가 알을 낳아 생기는 질병이다.

산책을 좋아하는 반려견의 특성 상 외부에 감염되어 반려견의 건강을 훼손할 수 있는 기생충 등을 예방하기 위해서는 산책 후 빗질로 몸을 관리해주고, 정기적으로 위생 관리를 해주어야 한다. 반려견은 털이 수북하기 때문에 기생충이 몸에 숨기도 용이하고 털뭉치 속을 통해 침투하기 쉬워 보호자들의 관심이 요구된다.

5) 펫푸드 안전에 관련된 위해요소

일반적인 카테고리 안에서 펫푸드라고 우리가 지칭할 수 있는 사료 및 수제간식을 포함한 반려동물에게 제공하기 위해 판매되는 음식은 「사료관리법」에 의해 규정된다. 사료관리법 시행규칙 제15조(위해요소중점관리기준의 작성·운용 등)에 관한 규정은 국제식품규격위원회(Codex Alimentarius Commission)의 위해요소중점관리기준의 적용에 관한 지침을 따라 위해 요소를 생물학적, 화학적, 물리적 위해요소로 구분한다.

> **사료관리법**
> 제16조(위해요소중점관리기준) ① 농림축산식품부장관은 사료의 원료관리, 제조 및 유통의 과정에서 위해(危害)한 물질이 해당 사료에 혼입되거나 해당 사료가 오염되는 것을 방지하기 위하여 사료별로 제조시설 및 공정관리의 절차를 정하거나 각 과정별 위해요소를 중점적으로 관리하는 기준(이하 "위해요소중점관리기준"이라 한다)을 농림축산식품부령으로 정하는 기준에 따라 정하여 고시한다. 〈개정 2013. 3. 23.〉

> **사료관리법 시행규칙**
> 제15조(위해요소중점관리기준의 작성·운용 등) ① 법 제16조제1항에 따른 위해요소중점관리기준(이하 "위해요소중점관리기준"이라 한다)은 국제식품규격위원회(CODEX ALIMENTARIUS COMMISSION)의 위해요소중점관리기준의 적용에 관한 지침에 따라 다음 각 호의 내용이 포함되어야 한다. 〈개정 2019. 11. 14.〉
> 1. 사료의 원료관리, 제조 및 유통의 과정에서 위생상 문제가 될 수 있는 생물학적·화학적·물리적 위해요소의 분석

(1) 생물학적 위해요소

살아 있는 생물체, 세균, 바이러스, 기생충 등으로 반려동물의 건강에 위해한 영향을 끼칠 수 있는 요소들을 의미한다.

(2) 화학적 위해요소

의도적으로 사용되는 화학적 물질들 중에서 사전에 승인되지 않은 물질을 포함하여 타당성이나 안전성이 입증되지 않은 물질들, 타당성과 안정성이 입증된 경우에도 노출 허용량 등에 관한 기준을 넘어서는 것을 화학적 위해요소로 규정할 수 있다.

식물성 독, 동물성 독, 곰팡이, 농약, 중금속, 식품첨가물, 조리 과정에서 자연적으로 생성되는 물질을 포함하여 반려동물에게 위해를 가할 수 있는 화학물질을 의미한다.

(3) 물리적 위해요소

식품의 제조와 가공의 과정에 정상적으로 사용된 원료나 재료가 아닌 물질로 금속조각, 유리조각 등 환경이나 설비에서 유입된 물질 및 해충, 설치류의 분변, 곰팡이, 세균의 증식으로 인한 미생물, 그 밖이 배설물이나 혐오감을 주는 이물 등을 물리적 위해요소로 규정한다.

 사용금지 물질

 가공식품

 용기·포장유래 이행물질

 식중독균 1차 산물 (농산물 등)

 제조과정 생성 오염물질

2 위생 관리

1) 개요

펫푸드의 제품생산과 유통, 급여의 모든 과정에는 언제나 위해요소가 개입될 가능성이 있으므로 철저한 위생관리가 필수적이다. 최근 반려동물관련 산업의 활성화로 인해 많은 식품 대기업들이 펫푸드 사업이 진출하는 추세이고, 소규모의 수제간식 업체들도 늘어나고 있기 때문에 생산 종사자뿐 아니라 매장 근무자에게도 기본적인 위생 관리가 철저하게 요구되는 시점이다. 본 단락에서는 가장 기본적인 위생 관리에 대해서 알아보기로 한다.

2) 개인 위생 관리

특히 소규모 수제간식 제조업체에서는 종사자를 채용하기 위해서 식품위생법 40조에 의한 건강진단서가 요구된다.

식품위생법

제40조(건강진단) ① 총리령으로 정하는 영업자 및 그 종업원은 건강진단을 받아야 한다. 다만, 다른 법령에 따라 같은 내용의 건강진단을 받는 경우에는 이 법에 따른 건강진단을 받은 것으로 본다. 〈개정 2010. 1. 18., 2013. 3. 23.〉

② 제1항에 따라 건강진단을 받은 결과 타인에게 위해를 끼칠 우려가 있는 질병이 있다고 인정된 자는 그 영업에 종사하지 못한다.

③ 영업자는 제1항을 위반하여 건강진단을 받지 아니한 자나 제2항에 따른 건강진단 결과 타인에게 위해를 끼칠 우려가 있는 질병이 있는 자를 그 영업에 종사시키지 못한다.

④ 제1항에 따른 건강진단의 실시방법 등과 제2항 및 제3항에 따른 타인에게 위해를 끼칠 우려가 있는 질병의 종류는 총리령으로 정한다. 〈개정 2010. 1. 18., 2013. 3. 23.〉

법령이 규정하는 건강 상태에 이상이 발생한 자는 근무를 할 수 없게끔 되어 있다.

> **식품위생법 시행규칙**
> 제50조(영업에 종사하지 못하는 질병의 종류) 법 제40조제4항에 따라 영업에 종사하지 못하는 사람은 다음의 질병에 걸린 사람으로 한다. 〈개정 2010. 12. 30., 2020. 4. 13., 2020. 8. 24., 2021. 6. 30.〉
> 1. 「감염병의 예방 및 관리에 관한 법률」 제2조제3호가목에 따른 결핵(비감염성인 경우는 제외한다)
> 2. 「감염병의 예방 및 관리에 관한 법률 시행규칙」 제33조제1항 각 호의 어느 하나에 해당하는 감염병
> 3. 피부병 또는 그 밖의 고름형성(화농성) 질환
> 4. 후천성면역결핍증(「감염병의 예방 및 관리에 관한 법률」 제19조에 따라 성매개감염병에 관한 건강진단을 받아야 하는 영업에 종사하는 사람만 해당한다)

식품위생법 시행규칙에 따르면 생산 근무에 종사할 수 없는 건강 상태 이상자는 결핵, 콜레라, 장티푸스, 파라티푸스, 세균성 이질, 장출혈성대장균감염증, A형감염, 피부병, 고름형성(화농성) 질환 등을 가진 자를 의미한다. 매장 종사자는 1년에 1회 건강진단을 받아 그 내용을 건강진단결과서에 기록하여 매장에 보관하여야 한다.

그 외에도 설사, 발열, 구토 등의 증상이 있는 경우에는 신속하게 관리자에게 보고하고 건강 상태를 확인하는 것이 좋다. 본인뿐 아니라 가족 중에 법정전염병의 보균자가 있거나 발병한 경우에도 완쾌되어 위험 요소가 완전히 제거될 때까지 원칙적으로 작업을 금지해야 한다.

식품 관련 종사자의 위생은 개인의 문제일 뿐 아니라 식품 안전성에 커다란 영향을 미치기 때문에 위생 원칙에 따라 철저하게 수칙이 준수되어야 한다. 이를 위해 작업 조건에 맞도록 위생복, 위생모, 위생화, 위생 마스크를 착용하고 식품을 취급하는 경우 장갑을 반드시 착용하도록 한다. 교차오염이 발생하지 않도록 앞치마, 장갑 등은 용도별로 구분하여 사용하는 것이 좋다.

3) 기본 위생

반려견이 섭취할 음식물을 만드는 것이지만, 동물의 안전과 건강을 생각한다면 사료나 수제 간식을 만드는 과정에 종사하는 경우 기본적인 위생을 철저하게 관리하고 지켜야 한다. 기본 위생에는 다양한 요소들을 고려할 수 있지만 아래와 같은 내용에 대해 유의하여 점검하도록 한다.

(1) 조리 전 개인 건강상태를 점검 및 확인한다.
(2) 조리 전 위생 복장을 점검 및 확인한다.

(3) 후각에 예민한 반려견을 위해 향수를 뿌리지 않도록 주의한다.
(4) 조리 중 이물질이 들어가지 않도록 주의한다.
(5) 조리 중 눈썹, 손톱을 붙이거나 착용하지 않는다.

4) 재료의 보관

검수가 끝난 재료는 재료의 종류에 따라 적절히 상온, 냉장, 냉동 보관 방법을 사용할 수 있다. 입고를 위한 재료는 신속하게 보관 방법에 맞도록 적재하도록 한다. 특히 온도가 높은 여름철의 경우 냉장·냉동 보관해야 할 재료들이 상온이 오래 노출되지 않도록 유의해야 한다.

(1) 냉장·냉동 보관
① 보관용량의 70% 정도를 유지하여 냉기의 순환이 원활하도록 유지
② 냉장 5℃, 냉동 -18℃ 이하로 온도 유지하고 주기적으로 온도를 확인
③ 교차 오염 방지를 위해 식품을 구분하여 보관(조리 전/전처리 음식, 육류/생선류, 채소 등 분류)
④ 포장지와 박스를 제거 후 보관
⑤ 조리된 음식은 식힌 후 덮개를 사용하여 냉장 혹은 냉동 보관
⑥ 보관실 문 개폐는 최소화
⑦ 주 1회 이상 청소

냉장 냉동 보관의 경우 오염 방지를 위해서 날 음식은 하부에 두고, 가열 조리 음식은 상부에 두는 등 적절한 분리가 필요하다. 가급적 선입선출의 원칙을 지키는 것이 좋으며, 내부 온도 유지에 이상이 발생하는 경우에는 신속하게 조치해야 한다.

(2) 상온 보관
① 식품과 소모품을 구분하여 보관
② 온도는 15~25℃, 습도는 50~60% 유지하고 주기적으로 확인
③ 선반은 벽과 바닥으로부터 15cm이상 이격
④ 유통기한을 표시하여 잘 보이도록 진열
⑤ 포장지 제거 후 보관

특히 장마철과 같이 습도가 높아지는 기간에는 제품에 손상이 일어나는 경우가 있으므로 제습에 유의해야 하며, 한 번에 많은 양의 재료를 구입하지 않도록 조절해야 한다.

5) 전처리 작업

전처리 작업은 식재료를 세척, 소독 그리고 용도에 맞게 자르는 작업으로 해동을 포함한다. 식재료를 기본적으로 가공하여 조리에 맞는 상태와 규격으로 만들기 위한 단계이다.

(1) 교차오염 방지

전처리 작업에서 중요한 것은 교차오염을 방지하고 위생적으로 작업을 진행하는 것이다. 외포장 제거는 일반작업구역에서 진행하며 식품이 바닥에 닿지 않도록 해야 한다. 고무장갑과 앞치마 등을 활용하고, 칼, 도마 등은 육류용, 어패류용, 채소류용으로 구분하여 사용해야 한다. 해동을 위한 작업도 육류, 어패류, 채소를 구분하여 작업해야 하며, 같은 싱크대를 활용하는 경우 채소류, 육류, 어류, 가금류 순으로 작업하되 종류별 작업이 완료된 후에는 반드시 싱크대를 세척하고 소독한 후에 사용하는 것이 좋다.

(2) 해동 작업

해동 시에는 21℃ 이하의 흐르는 물에서 포장상태로 해동하고 해동 전용 싱크대에서 진행해야 한다. 종류에 따라 냉장 해동 방법이나 전자레인지를 활용하여 해동할 수 있으나 전자레인지의 경우 해동 후 즉시 조리에 활용할 경우에만 제한적으로 사용하는 것을 권장한다.

(3) 살균소독

생으로 섭취하는 채소, 과일의 경우에는 살균 소독을 실시해야 한다. 법적으로 허가된 살균 소독제를 기준대로 농도 및 처리시간을 맞추어 깨끗하게 세척하도록 한다. 처리 후에는 흐르는 물로 충분하게 세척해 준다.

6) 기구 위생관리

조리에 사용되는 기기·기구들은 식품에 직접 접촉되기 때문에 식품으로부터 미생물 오염이 발생할 가능성이 높다. 따라서 식품 취급에 사용되는 모든 기기·기구는 깨끗하게 세척하고 살균소독 과정을 거쳐 위생적으로 관리되어야 한다.

(1) 세척

조리에 활용된 기기·기구의 세척은 반드시 식품의약품안전처에서 허가한 세척제 중에서 용도에 맞는 것을 선택해야 한다. 또한 사용 설명서에 따라 적절한 용도와 용량에 맞추어 사용해야 한다.

일반적으로 세척제는 채소나 과일을 씻기 위한 1종 세척제, 식기류를 씻기 위한 2종 세척제, 그리고 가공기기·기구를 세척하기 위한 3종 세척제가 있으므로 사용 목적에 맞는 3종 세척제를 활용하면 된다.

(2) 살균소독

살균소독은 세척 후 남아 있는 미생물을 위생학적 측면에서 안전한 수준까지 감소시키는 것을 목적으로 수행하는 작업이다. 소독액은 미리 만들어 두는 경우 효과가 감소하므로 사용할 분량만큼만 제조하여 1일 1회 사용을 원칙으로 하는 것을 권장한다. 기기·기구 세척 소독을 위해서는 치아염소산나트륨, 요오드, 알코올 등이 활용되며, 소독 후에는 세척제가 기기·기구에 잔류하지 않도록 깨끗한 물로 여러 번 세척하여 보관하는 것이 좋다.

종류	대상	방법	비고
열탕	식기/행주	100℃ 이상 열탕에서 가열하여 소독하며, 행주는 끓는 물에 10분 이상 가열하여 소독 처리	그릇을 포개어 소독하는 경우 충분한 시간 경과 후 종료
건열	식기	전기살균기로 160~180℃에서 30분 이상 소독 처리	식기 표면 온도 71℃ 이상 유지
화학	작업대, 도마, 칼	용도에 맞는 살균소독제를 용법/용량에 맞도록 활용하여 소독 처리	사용 전 조제하여 농도 확인 후 시행
자외선	소도구, 용기, 도마	파장 253.7nm 자외선을 활용하여 살균 소독 처리	30~60분 이상 처리 자외선이 닿지 않는 부분은 처리 불가능

Chapter 08

푸드 스타일링

색채 디자인과 플레이팅

    푸드스타일링이란 우리가 섭취하는 식재료나 요리의 특성을 잘 살려 디자인적으로 아름답고 먹음직스럽게 이미지화하여 연출하는 작업이다.
    어느 접시에 담겼는지, 접시의 색상 또는 주변 연출을 통하여 표현하고자 하는 사람의 의도를 색상 배합을 어떻게 하였는지에 따라서 원하는 바를 다양한 방식으로 소비자들에게 전달할 수 있다. 예를 들자면 신선함을 강조할 수도 있고, 식욕을 자극할 수도 있으며 예쁘게 세팅해서 먹는 방법을 제시해줄 수도 있다.
    펫푸드스타일링은 반려견이 먹을 수 있는 식재료를 이용하여 영양학적으로 알맞은 음식을 만들어 먹음직스럽고 아름답게 보이도록 연출하는 작업을 말한다. 펫푸드의 대상인 반려견의 입장에서 색 개념을 이해하여 스타일링에 적용해야 한다.

1 색채와 디자인 개요

1) 색채의 개념

색이란 빛이 물체에 비추어 반사, 분해, 투과, 굴절, 흡수될 때 망막과 시신경을 자극함으로써 감각된 현상으로 나타나는 것이다. 오감에 의해 들어오는 정보 중 색과 빛이 많은 부분을 차지한다. 색에 대한 저마다의 감정과 경험이 다르기 때문에 빛과 색에 대한 반응은 사람마다 상이할 수 있다. 따라서 푸드 스타일리스트는 많은 사람들에게 만족과 공감을 이끌어낼 수 있는 색에 대한 폭넓은 이해가 요구된다.

색채는 물리적 현상과 더불어 생리적이고 심리적인 현상에 의하여 성립되는 시감각이라고 할 수 있다. 즉 물체의 색이 눈의 망막에 의해 지각됨과 동시에 생겨나는 느낌이나 연상, 상징 등을 함께 경험하는 것을 말한다.

2) 푸드 스타일링과 색채

색채에 대한 이해는 푸드 스타일링을 하기 위해서는 필수적인 요소이다.

저마다의 음식이 담고 있는 색채를 정확히 이해해야만 전달하고자 하는 느낌을 살려서 스타일링이 가능하며, 특정 색의 강조 및 다양한 색상의 조합을 통한 입체적인 표현을 할 수 있게 된다.

색채는 시각을 미각화하는 데도 매우 중요한데, 심미적으로 만족감을 제공하는 음식 사진 혹은 영상을 보았을 때 물론 그 자체만으로도 즐겁지만, 더 나아가 자신의 경험을 기반으로 음식의 맛을 예상하고 먹고 싶다는 욕구가 생기기 때문이다.

이처럼 시각에서 미각으로 전이되는 과정을 시각의 미각화 효과라고 하며, 효과를 극대화하기 위해서는 색채의 활용이 자유자재로 되어야 가능한 영역이라고 할 수 있다.

푸드 스타일링은 사진이나 영상 등 매체와의 밀접한 연관성을 가지고 있기에, 그러한 매체들을 통해 적절하게 표현되어 나온 최종적인 결과물은 푸드 스타일리스트 개인의 만족뿐만 아니라 그것을 접하는 클라이언트 들에게 매력적인 어필이 가능한지가 중요할 것이다. 이러한 목적 달성을 위해서는 색과 색채에 대한 기본적인 이해와 경험이 필수적이라고 볼 수 있다.

2 색의 기초

일반적으로 색은 무채색과 유채색 두 가지로 구분된다. 색채라는 개념 속에서는 무채색을 제외한 유채색만을 나타낸다.

1) 색의 종류 : 순색, 무채색, 유채색

(1) 순색

고유한 색상 가운데 채도가 가장 높은 색으로서, 무채색이 전혀 섞이지 않은 색을 일컫는다. 3원색 중 2가지 색만을 섞어서 만들어지는 색을 의미하며 그 중에는 원색도 포함된다. 2가지 색의 비율에 따라 빨강, 주황, 노랑, 연두, 초록, 청록, 파랑, 남색, 보라, 자주 등의 다양한 색이 만들어지며, 순색은 '3원색' 처럼 그 수가 별도로 정해져 있지 않다.

(2) 무채색

색조가 없는 색. 하얀색과 검은색 및 이 양극단 색 사이에 위치한 모든 회색. 하얀색, 회색, 검은색 등의 색상을 가지지 않은 회색 차원(gray scale)만을 드러내는 색을 일컫는다.

(3) 유채색

무채색을 제외한 나머지 모든 색들을 유채색이라고 부른다. 쉽게 말해 빨강, 노랑, 파랑, 초록, 보라 등과 같이 조금이라도 색을 가지고 있다면 모두 유채색이라고 생각하면 된다.

2) 색의 속성 : 색상, 명도, 채도

세상의 모든 색은 색상, 명도, 채도의 속성을 가지고 있으며 이 세 가지를 색의 3속성이라고 한다. 색의 3속성은 색상 , 명도 , 채도이다. 사람의 눈으로 구별할 수 있는 색은 약 200만 가지라고 한다. 이렇게 많은 색을 구분하기 위해서 몇 가지의 기준이 필요하다. 우리가 색을 보고 구별하는 기준은 세 가지로 볼 수 있는데 먼저 색의 종류를 말하는 색상(hue)과 밝고 어두움을 나타내는 명도(value) 그리고 색의 순수한 정도를 나타내는 채도(saturation)로 나눌 수 있다.

(1) 색상(hue : H)

색상이란 각자가 가진 고유의 성질을 말한다. 색상은 프리즘을 통해 태양광선을 분광 시켰을 때 보여지는 무지개 형상의 빛을 의미하며 빛의 파장에 따라 구분된 색의 영역을 뜻한다.

한가지 색인 경우에는 괜찮지만, 여러 가지 색이 혼합된 경우에는 색상이 강하게 드러나지 않아 지각하기가 쉽지 않다. 이를 위해 미국의 화가이자 색채연구가인 먼셀(Munsell)은 5가지 색을 기본색상으로 하여 색 체계를 만들었는데, 그에 대한 기준색은 빛의 스펙트럼에서 명확하게 구별이 가능한 빨강, 노랑, 초록, 파랑, 보라이다.

비슷한 색상들을 순서대로 배열하여 둥근 원의 형태로 만든 것을 색상환이라고 하며, 색상환에서 거리가 가까운 색을 유사색, 거리가 가장 먼 색을 보색이라 칭하고 있다. 한국산업규격에서는 해당 먼셀표색계에 기본을 두어 10색상을 지정하고 있으며, 교육부에서는 20색상을 지정하고 있다.

(2) 명도(value : V)

명도란 색의 밝고 어두운 정도를 의미한다. 색을 눈으로 직접 보려면 빛은 필수적이며, 빛이 물체에 반사되거나 흡수되는 상태에 따라 색을 인지할 수 있다.

물체가 들어오는 빛을 모두 흡수하게 되면 검정색으로 보이고, 반대로 모든 빛을 반사시키면 흰색으로 보인다. 유채색 중 가장 명도가 높은 색은 노랑이며 다음은 주황이다. 빨강과 녹색의 명도는 비슷하며, 명도가 가장 낮은 색은 남색이다.

무채색의 경우 가장 명도가 낮은 것이 검정색, 반대로 높은 것이 흰색이다. 이런 색 사이에 밝기가 다른 회색을 배열함에 따라 명도단계가 표시된다. 가장 어두운 검정(0)에서부터 밝은 흰색(10)까지 총 11단계로 나뉘며 이를 그레이 스케일(gray scale)이라 한다.

유채색 : 무채색을 제외한 모든 색감을 가지고 있는 색.
유채색은 색상, 명도, 채도의 3속성을 가지고 있다.

무채색 : 흰색과 여러 단계의 회색 및 검은색에 속하는 색.
무채색은 명도의 속성만을 가지고 있다.

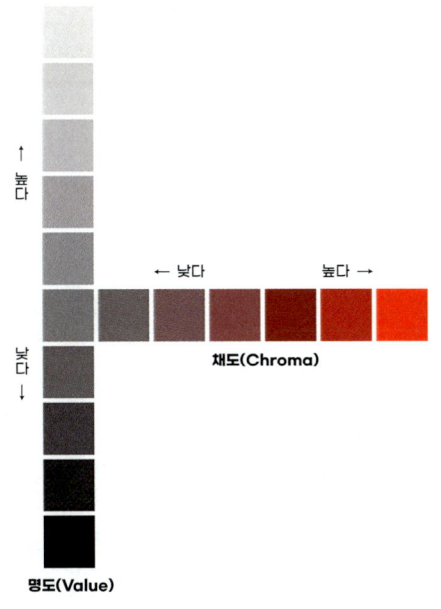

(3) 채도(chrome : C)

　채도란 색 고유의 맑고 탁함을 말하는데 각각의 색마다 가지고 있는 맑기가 다르다. 그 중 가장 맑은 색을 순색이라 한다. 색의 파장은 빛이 어느 정도로 반사되고 흡수되었는가를 나타내는 것이다. 색상은 채도가 높을수록 잘 나타나며, 동일색상 중에서도 채도가 가장 높은 색을 순색(clear color), 선명하지 않고 채도가 가장 낮은 색을 탁색(dull color)이라고 한다. 여러 색을 섞으면 섞을수록 채도는 낮아지며 여러 색상을 많이 혼합할수록 무채색으로 변한다. 무채색은 채도가 없는 색상을 말하며, 채도의 정도에 따라 1부터 16단계로 구분한다.

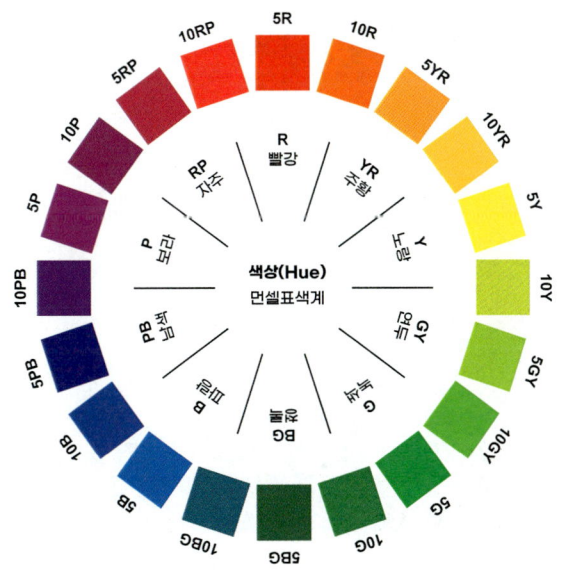

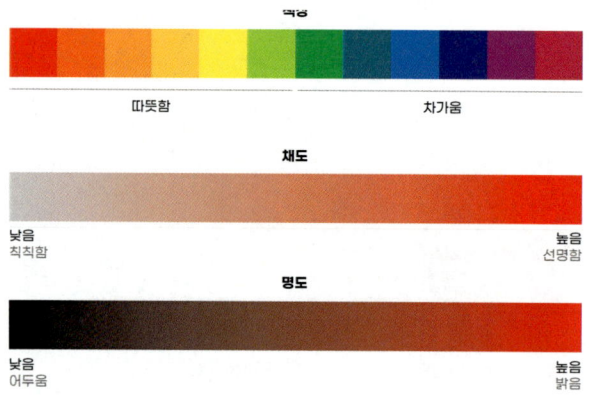

3) 색상·색조 120 체계

색이란 크게 색상(hue)과 색조(tone)로 나뉜다.

먼저 색상은 빨강, 노랑, 파랑, 하양, 회색, 검정 등을 말하며, 색조는 색의 3속성 중 채도와 명도를 하나로 합친 개념으로 색의 강하고 약함이나 어둡고 밝은 정도를 말한다. 이 체계는 사람들이 하나의 색을 볼 때 느끼는 인상에 공통점이 있다는 점에 착안하여 만들어졌다.

대표적인 3원색인 빨강, 노랑, 파랑을 보면 우리는 '선명한', '강렬한'등의 형용사를 떠올리게 되며, 하얀색 계열을 보면 '연하다', '부드럽다' 라고 느낀다.

이처럼 하나의 색상을 다양한 형용사로 표현할 수 있는 색조영역으로 구분하여 나타낸 것이 색조이다.

색상·색조 120 색체계는 10가지 색상의 11단계 색조로 구성된 110개의 유채색에 더불어, 명도에 따라 10단계로 나눈 10개의 무채색이 합쳐진 총 120색을 일컫는다.

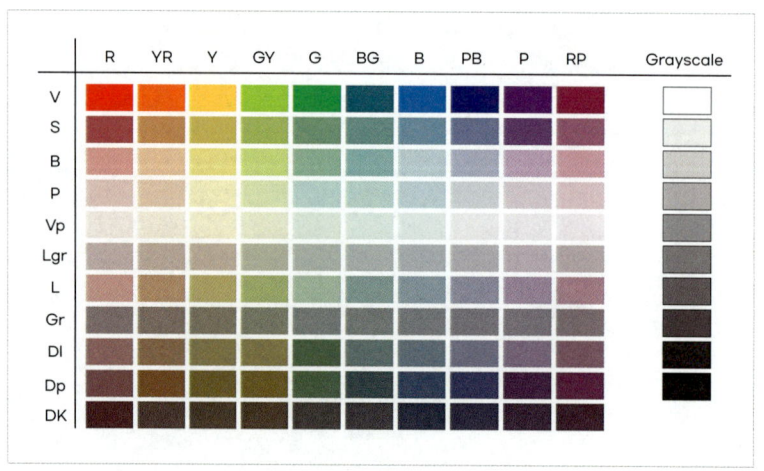

3 배색

색을 사용할 때는 두 가지 이상의 색을 함께 사용하는 경우가 많다. 두 가지 이상의 색을 조합할 때 일어나는 색의 조화와 효과를 색채 배색이라고 한다.

색채의 배색은 우리 주변에서부터 흔하게 접할 수 있는데, 인테리어, 포스터, 그래픽 디자인, 식공간 연출 등 라이프스타일 전반에 걸쳐 다양하게 활용되고 있다.

그러나 실제로 색을 배색하는 과정에서 많은 사람들이 두려움 혹은 망설임을 느끼곤 하는데, 그 이유는 두 가지 이상의 색조합을 통해 '미적'인 결과가 도출되어야 한다는 부담감 때문일 것이다.

이 장에서는 배색을 통해 두 가지 이상의 색에 질서, 통일, 대비, 변화, 조화라는 요소를 투입하는 원리를 학습하여 이를 통해 스타일링 시 자유로운 연출이 가능하게 하고자 한다.

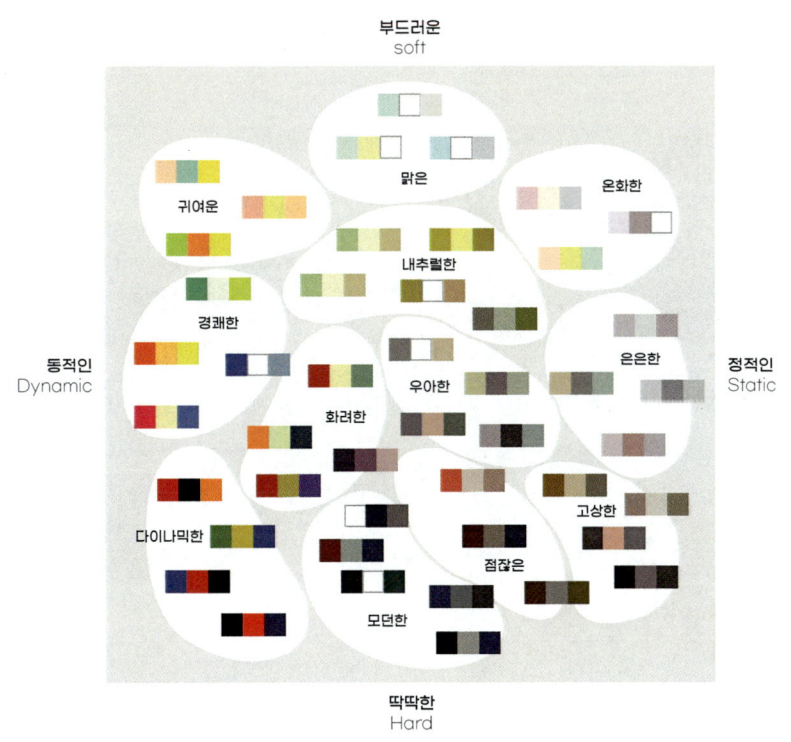

1) 배색의 구성요소

(1) 주조색(Dominant Color)

표현하고자 하는 결과물에 중심이 되는 색으로, 전체에서 가장 큰 면적을 차지하는 색이다. 주로 바탕색이나 배경색으로 사용된다. 스타일링 시 계획한 분위기에 따라 색을 먼저 정하는 작업이 선행되는데, 이때 분위기를 이끄는 메인 컬러를 주조색이라고 한다. 전체 비중에 70% 정도 쓰이며, 푸드 스타일링을 할 때 테이블클로스가 여기에 해당된다.

(2) 보조색(Sub Color)

주조색 다음으로 큰 비중을 차지하는 색으로, 보통 주조색을 보조하는 역할을 한다. 이 경우엔 주로 동일, 유사, 대비, 보색 등의 관계가 나타나며 25% 정도가 쓰인다. 접시나 소품 등이 이에 해당된다.

(3) 강조색(Accent Color)

차지하는 면적이 가장 작지만 여러 배색 중 가장 시선을 끄는 색으로, 악센트색 또는 장식색이라고 한다. 주조색, 보조색과 비교하여 색상을 대비되게 하거나, 명도나 채도에 변화를 주는 방법으로 색의 비중은 전체 5% 정도로 작다. 음식, 커틀러리, 냅킨 등이 해당된다.

주조색:청록색 배경 / 보조색:진한 청록색 그릇 / 강조색:갈색 사료

2) 배색의 방법

(1) 동일 배색

단일 색상으로 명도나 채도를 달리하여 무난하면서 세련된 느낌을 준다. 비교적 안정적인 느낌을 주며 통일감과 완성감을 연출하기에 좋다.

다양한 명도와 채도의 브라운색을 이용한 동일 배색의 예시를 보여줌

(2) 유사색 배색

색상환에서 연속되는 세 가지 색상이나, 그 색상들의 명암과 색조를 사용하여 정적이면서 무난하게 조화로운 결과를 낼 수 있는 배색방법이다. 유사 색상은 비슷하고 공통된 느낌을 주기 때문에 안정적인 느낌을 얻기에 좋다. 하지만 색의 차이가 너무 작으면 반대로 조화롭지 못한 배색이 될 수 있어 주의가 필요하다.

옐로우, 오렌지, 레드 계열의 유사색을 이용한 배색

(3) 보색 배색

색상환에서 마주보고 있는 색상을 배색하여 생기있고 발랄하게 느낄 수 있게 하는 배색방법이다. 다만 지나치면 혼란스럽거나 복잡해 보일 수 있다.

아보카도 녹색의 보색인 보라색을 배경으로 사용한 보색 배색

(4) 연속효과에 의한 배색(Gradation)

일정한 규칙성을 가지고 점진적으로 변화하도록 배열하는 방법이다. 색상, 명도, 채도, 색조에서 서로 다른 그라데이션 배색이 가능하다.

채도가 다른 브라운색이 그라데이션되는 연속효과에 의한 배색

(5) 분리효과에 의한 배색(Separation)

색과 색 사이에 분리시키는 색을 넣어 강약이 느껴지는 배색을 만드는 방법이다. 구분이 어

려운 배색에 힘을 싣거나, 두 색의 대비가 강렬할 때 완충효과를 위해 사용되곤 한다. 같은 색의 그릇을 놓을 때 중간에 다른 색 그릇을 배치하여 분리효과를 내거나, 배경과 접시를 강한 색으로 선택했을 때 냅킨, 종이를 고채도의 색을 이용하면 효과적이다.

분리효과에 의한 배색

하얀색 테이블과 식기 사이에 다른 색의 음식 혹은 냅킨 배치

(6) 반복효과에 의한 배색(Repetition)

일정한 패턴을 반복 배열하는 방법으로, 2가지 색 이상으로 구성된 배색을 하나의 단위로 삼아 반복한다. 명쾌하고 재미있는 느낌을 주는 배색방법이다.

갈색과 흰색의 반복

갈색과 흰색이 일정하게 반복되는 배색

(7) 강조효과에 의한 배색(Accent)

강조색은 눈에 띄는 컬러로 주변의 색상, 색조와 반대되는 경우가 많다. 밋밋하게 느껴지는 배색에 강조점을 주어 시선을 집중시킬 수 있도록 원색이나 무채색을 사용하는 경우가 많다. 주로 음식 위에 올라간 가니시가 이에 해당된다.

케이크 상단을 차가운톤의 블루베리/민트와 대조되는 붉은 딸기로 장식해 강조효과를 주었다.

(8) 도미넌트 배색(Dominant)

도미넌트 배색은 색, 형태, 질감 등에 공통적인 조건을 주어 통일감을 느끼게 한다. 예로 그릇의 질감, 형태 등을 같게 하는 것을 말한다.

동일한 색상의 채소를 사용한 도미넌트 배색 예시

(9) 톤 온 톤 배색(Tone on tone)

색상은 같되 명도 차이를 크게 하는 배색을 말한다. 통일성은 유지하면서도 극적인 시각효과를 줄 수 있어 많이 사용된다.

동일한 색상에 명도 차이를 다양하게 준 톤온톤 배색 예시

(10) 톤 인 톤 배색(Tone in tone)

톤은 같되 색상에 작은 변화를 주는 배색방법이다. 부드럽고 온화한 효과를 가질 수 있다.

동일한 색상의 다양한 컬러인 톤인톤 배색의 예시

(11) 토널 배색(Tonal)

중명도 중채도의 색조로 다양한 색상을 사용할 수 있다. 안정되고 편안한 느낌을 가질 수 있다. 차분하고 편안한 분위기를 원할 때 많이 쓰인다.

중명도, 중채도 색조를 뜻하며 다양한 색상을 사용할 수 있다. 안정적이고 편안하며 차분한 분위기를 준다.

중채도 중명도의 차분한 느낌의 토널 배색 예시

(12) 멀티 컬러 배색(Multi-color)

고채도의 색상을 다양하게 표현하는 방법으로, 적극적이고 활동적인 느낌을 준다. 아이들 음식을 세팅할 때 주로 사용된다.

고채도의 컬러들을 사용한 멀티 배색 예시

4 색채와 맛

색은 맛을 느끼게 하는 특성이 있어 사람들은 음식의 맛을 혀뿐만 아니라 색과 함께 연동하여 느낀다. 음식의 색만 보고 시식 전에 미리 그 맛을 예상하기도 한다.

난색 계열의 음식이 단맛, 신맛 등 미각을 자극한다면 한색 계열은 쓴맛, 짠맛과 관련이 있다. 단맛, 신맛, 쓴맛, 짠맛, 매운맛 이 다섯 가지 맛은 반려견이 선호하지 않으며, 때문에 급여를 권장하지 않는 맛이다. 하지만 색상에 대한 이해를 바탕으로 스타일링 시 해당 색상을 피할 수 있고, 반대로 관련 색상을 사용하면서 그 맛은 내지 않는 반전효과를 누릴 수도 있다.

1) 단맛 : 빨강, 분홍, 주황, 노랑의 배색

미각을 자극하는 색상이다. 잘 익은 사과, 오렌지, 딸기 등의 과일이 대표적이다. 주황은 식욕을 가장 자극하는 색이며, 분홍은 달콤한 느낌을 준다.

단맛 배색

빨간색과 분홍색이 전체적으로 어우러지는 단맛 배색 예시

2) 신맛 : 초록, 노랑, 연두의 배색

침샘을 자극하는 색으로, 레몬의 노랑이나 덜 익은 과일의 색인 녹색이 가장 대표적이다.

노란색과 연두색들이 나열된 신맛 배색 예시

3) 쓴맛 : 갈색, 올리브그린, 검정의 배색

일반적으로 쓴맛은 짙은 갈색이나 검정으로 표현된다. 어두운 계통의 색이 쓴맛을 상징하는 것은 색의 농축된 이미지가 강하기 때문이다. 단맛, 신맛이 강할 때도 쓴맛을 느낄 수 있다.

어두운 계통 진한 갈색의 쓴맛 배색 예시

4) 짠맛 : 연두, 하늘색, 회색의 배색

짠맛의 대표적인 이미지는 소금이다. 소금의 하양과 밝은 회색이 짠맛을 상징한다. 주로 해산물의 색이 초록 계통인 한색인 경우가 대다수다.

소금의 하얀색과 생선의 파란 색상의 짠맛 배색 예시

5) 매운맛 : 빨강, 검정의 배색

매운맛 하면 고추장을 먼저 떠올리게 된다. 빨강과 검정이 매운맛의 대표적인 색이며, 고추나 칠리의 붉은색이 매운맛을 느끼게 한다.

검은 배경과 대비되는 빨간 고추의 매운맛 배색 예시

5 색과 펫푸드 식재료

 펫푸드 스타일리스트의 목적은 미적으로 우수한 음식을 만드는 것이지만, 어디까지나 섭취 대상이 반려견이라는 것을 인지하여 대상에 맞는 식재료를 사용할 줄 알아야 한다. 제공된 펫푸드 식재료 표를 참고하여 스타일링 하도록 한다.

색상	펫푸드 식재료
빨간색/핑크색	사과, 수박, 딸기, 토마토, 파프리카, 비트, 생고기, 복숭아, 크렌베리, 라즈베리, 자두, 생고기 등
주황색	오렌지, 당근, 호박, 생강, 귤, 감, 파프리카, 연어 등
노란색	배, 바나나, 옥수수, 망고, 달걀노른자, 레몬, 파프리카, 콩나물, 기장 등
녹색	수박, 완두콩, 브로콜리, 샐러리, 오이, 양배추, 멜론, 키위, 매실, 시금치, 청경채, 파슬리, 아스파라거스, 상추, 케일, 타임, 바질, 오크라, 녹두, 완두콩, 미역 등
보라색	블루베리, 가지, 적양배추 등
갈색	연근, 감자, 고구마, 밤, 귀리, 오트밀, 기장, 메밀, 현미, 보리, 조, 퀴노아, 렌틸콩, 병아리콩, 땅콩, 팥, 버섯, 아티쵸크, 케롭파우더 등
흰색	두부, 두유, 순무, 코코넛, 참마, 콜리플라워, 백미, 통밀, 차전자피, 비지, 버섯, 달걀, 메추리알, 치즈 등
검정색	검정깨, 흑미, 치아씨드, 검은콩 등
회색	갈치, 고등어, 굴 등 해산물류

색은 색상에 따라 고유한 색의 감정과 느낌을 지니고 있다. 색이 가지는 이미지를 일반화하기는 어렵지만, 대부분의 사람들이 공통적으로 인지하는 색이 있다. 때문에 색에 대한 연상 감정은 마케팅에 활용되거나, 비주얼에 따른 느낌을 표현되기도 한다. 색상환을 보면서 가장 먼저 떠오르는 감정 중 하나는 색의 따뜻함과 차가움이다. 보통은 온색 계열을 보면 따뜻하다는 느낌을, 한색 계열은 차갑다는 느낌을 받는다.

- 따뜻한 색(온색, 난색) : 빨강, 다홍, 주황, 귤색, 노랑. 따뜻한 느낌을 주며, 태양이나 타오르는 불 등을 연상시킨다.

- 차가운 색(한색, 냉색) : 청록, 바다색, 파랑, 감청, 남색. 차갑고 시원한 느낌을 주며, 바다나 물 등을 연상시킨다.

- 중성색 : 빨강+파랑, 노랑+파랑을 섞은 보라색과 녹색 계통의 색. 따뜻하고 차가운 느낌이 분명하지 않다.

1) 빨간색(Red)

강렬하고 자극적인 색으로 태양, 피, 불 등을 연상시킨다. 반항, 정열, 사랑 등 강렬한 감정과 더불어 사람을 흥분시키는 역할과 시선을 끄는 효과가 몹시 뛰어나다. 실제로 많은 음식점에서 빨강을 주조색으로 사용한다.

빨강/핑크 계열 펫푸드 식재료
사과, 수박, 딸기, 토마토, 파프리카, 비트, 생고기, 복숭아, 크렌베리, 라즈베리, 자두, 생고기 등

2) 주황색(Orange)

주황색은 음식에서 가장 식욕을 돋우는 색으로 알려져 있다. 식욕, 애정, 열정, 자극, 풍부 등을 연상시킨다. 너무 많이 사용할 경우 거부감이나 싸구려 같은 느낌을 주기 쉽지만 회색과 함께 사용하면 화사한 느낌을 줄 수 있다.

주황 계열 펫푸드 식재료
오렌지, 당근, 호박, 생강, 귤, 감, 파프리카, 연어 등

3) 노란색(Yellow)

생명력과 활력을 상징하는 노랑은 따뜻하고 즐거운 분위기를 내며, 시각적으로 맛을 향상시키기도 한다. 배색이 어려운 색이기 때문에 색상과 색조의 선택을 신중하게 해야 한다. 회색과 배색하면 세련된 이미지를 줄 수 있으며, 밝은 색조의 파스텔색과 함께 배색하면 공간을 환하게 연출할 수 있다.

| **노랑 계열 펫푸드 식재료**
배, 바나나, 옥수수, 망고, 달걀노른자, 레몬, 파프리카, 콩나물, 기장 등

4) 녹색(Green)

자연의 색인 녹색은 신선한 야채나 과일을 연상시킨다. 밝은 초록은 상큼하고 신선한 맛을, 어두운 초록은 쓴맛을 상징한다.

| **초록 계열 펫푸드 식재료**
수박, 완두콩, 브로콜리, 샐러리, 오이, 양배추, 멜론, 키위, 매실, 시금치, 청경채, 파슬리, 아스파라거스, 상추, 케일, 타임, 바질, 오크라, 녹두, 완두콩, 미역 등

5) 파란색(Blue)

파랑은 물, 하늘, 바다 등을 연상시킨다. 한색은 특유의 쓴맛을 주는 느낌 때문에 어떤 음식에 쓰여도 식욕을 돋우기는 어려운 색이다. 하지만 배경색으로 쓰이면 음식을 돋보이게 해준다.

6) 보라색(Purple)

보라색은 화려하면서도 어두운 느낌을 준다. 배색을 할 땐 어렵지만 독특한 이미지를 만들어내기에 좋다. 음식에 사용되면 쓴맛과 나쁜 느낌을 줄 수 있으니 주의해야 한다.

| **보라 계열 펫푸드 식재료**
블루베리, 가지, 적양배추 등

7) 갈색(Brown)

가장 흔히 접할 수 있는 색이며, 맛있게 잘 구워진 음식에서 볼 수 있다. 맛과 향이 강하며 빵, 초콜릿, 맥주, 간장 등의 음식에서 주로 볼 수 있다.

갈색 계열 펫푸드 식재료
연근, 감자, 고구마, 밤, 귀리, 오트밀, 기장, 메밀, 현미, 보리, 조, 퀴노아, 렌틸콩, 병아리콩, 땅콩, 팥, 버섯, 아티쵸크, 캐롭파우더 등

8) 흰색(White)

담백함과 짠맛을 느끼게 하는 흰색은, 모든 색과 잘 어울려 배색이 쉽고 조화롭다. 기본색인 동시에 강조색으로 강한 대비를 주는 색상들 사이에 쓰이면 색상들 사이의 관계를 완화시키거나 서로의 색을 돋보이게 만들어 주기도 한다. 음식을 담을 때 흰색을 배경으로 두면 식욕을 자극시키는 효과가 있다.

흰색 계열 펫푸드 식재료
두부, 두유, 순무, 코코넛, 참마, 콜리플라워, 백미, 통밀, 차전자피, 비지, 버섯, 달걀, 메추리알, 치즈 등

9) 검정색(Black)

검정색은 기능성, 대담함, 견고함, 통일감 등을 표현한다. 고급스럽고 모던한 분위기를 연출하기에 효과적이다. 유채색 사이에 사용되면 다른 색을 더 선명하게 보이게 하며, 강한 인상을 준다.

검정 계열 펫푸드 식재료
검정깨, 흑미, 치아씨드, 검은콩 등

10) 회색(Grey)

시각적으로 자극이 없는 색이기 때문에 다른 색들과 무난하게 배색이 가능하다. 파란색, 붉은색과 잘 어울리고 강렬한 색과 쓰이면 배경색으로 그 기능을 하며, 다른 색을 돋보이게 한다.

회색 계열 펫푸드 식재료
갈치, 고등어, 굴 등 해산물류

6. 반려견에게 색이란?

1) 반려견이 보는 색

개는 사람만큼 많은 색을 식별하는 능력이 없다. 개가 분별할 수 있는 색은 황색, 푸르스름한 색, 어두운 회색 3가지 색상뿐이다. 시력도 0.3 미만으로 낮다. 그러나 아주 적은 양의 빛으로도 볼 수 있는 간상 세포가 많아 어두운 곳에서 사물을 볼 수 있다. 또, 180도인 인간의 시각에 비해 초광각이라고 할 수 있는 270도 시야를 가지고 있다. 동체 시력도 뛰어나 사람은 볼 수 없는 빠른 움직임을 보는 것이 가능하다.

2) 반려견이 좋아하는 색과 싫어하는 색

반려견이 인식하기 쉬운 색상은 푸른색과 황색이며, 그 중에서도 가장 인식하기 쉬운 색상은 푸른색으로 알려져 있다. 인지하지 못하는 색을 싫어한다는 개념과 동일하게 여긴다면, 빨강과 녹색을 싫어한다고 할 수 있다. 반려견은 이 두 가지 색상을 구별하는 것을 몹시 어려워하기 때문이다.

반려견은 어떤 색상을 볼 수 있을까?

보호자의 시선

반려견의 시선

3) 반려견이 편안함을 느끼는 색

반려견은 푸른색과 황색을 제외한 색은 동일한 회색으로 인식한다. 때문에 반려견에게 편안함을 주기 위해서는 인식이 어렵고 자극이 적은 빨간색, 녹색을 사용하는 것이 좋다.

보호자의 시선

반려견의 시선

7 그릇 담기 방법

완성된 펫푸드를 알맞은 식기를 선택하여 아름답게 담아내는 것 또한 펫푸드 스타일리스트의 역할이다. 음식 자체의 완성도뿐만 아니라, 그릇에 담아 시각적인 미를 더해야 비로소 펫푸드를 완성했다고 볼 수 있다. 그릇 담기는 반려견이 음식을 편히 먹을 수 있도록 해야 하며, 이때 음식과 그릇의 조화 역시 고려되어야 한다. 이 장에서는 반려견이 사용할 수 있는 그릇과 사용할 수 없는 그릇을 구분하고 적합한 사이즈와 먹기 편한 높이 등을 알아보도록 한다.

1) 기본형

(1) 높낮이형

납작한 음식을 담을 때 주로 사용되는 방법으로 숲이나 산의 모양을 표현하는 그릇담기를 말한다. 앞쪽을 높게 했다면 뒤쪽은 높게, 왼쪽은 높게 했다면 오른쪽은 낮게 하여 자연적인 입체감을 표현하는 방법이다.

높낮이형 그릇 담기의 예시로 우유껌을 쌓아올려 입체감 있게 담아내었다.

(2) 배열형

요리를 순서대로 겹쳐 반복적으로 담는 방법이다. 담을 때는 줄 간격과 길이, 식기 여백의 비율 등을 고려한다.

배열형 그릇 담기의 예시로 테린을 순서대로 겹쳐 반복적으로 담아내었다.

(3) 모둠형

 몇 가지 요리를 한 그릇에 담을 때 놓는 방법이다. 주요리와 서브요리의 역할을 고려하여 담아야 한다. 동물성 식자재를 사용하거나 맛과 색이 진한 요리가 주인공 역할을, 식물성 식자재를 사용하거나 맛과 색이 은은한 것이 조연을 맡는다. 주요리는 그릇 왼쪽 혹은 정면에 두고 나머지는 오른쪽 뒤쪽에 놓으면 된다.

모둠형 그릇 담기의 예시로 주요리인 함박스테이크를 왼쪽에 배치하고 서브요리인 채소를 오른쪽 뒤쪽에 배치하였다.

2) 푸드 디자인 원리에 따른 그릇 담기

 다양한 형태의 모형을 이웃, 대칭, 비대칭 등 다양하게 구성하여 하나의 균형 잡힌 질서를 만드는 작업을 디자인의 원리에 따른 그릇담기라고 한다. 유사한 형태를 이웃하거나, 서로 대비되는 모형을 사용하거나, 그 밖의 형태를 종합하여 균형 잡힌 모습을 연출하는 방법들을 총칭한다.

(1) 균형

점, 선, 면, 형, 크기, 방향, 재질, 색, 명도 등의 시각적인 이미지로 구분되는 정서적 안정감을 뜻한다. 균등한 힘을 주는 요소는 무게와 방향에 의해 결정된다. 물리적인 안정감뿐만 아니라 시각적, 심리적 안정감이 동시에 제공되어야 한다.

① 대칭적 균형(symmetry)

대칭적 균형은 2개의 재료를 접시에 디자인할 때 완전히 일치하도록 배치하는 것을 말한다. 이웃한 재료를 포개어 같은 크기와 모양을 유지하게끔 하는 것도 같은 개념이다. 안정감을 표현하기에 좋지만 정적인 느낌을 주기 때문에 기획의도와 일치하는지 고민이 필요하다.

② 비대칭적 균형(asymmetry)

대칭적인 이미지에 비해 다소 불균형해 보이지만 각기 다른 크기를 활용하면 생동감을 통해 동적인 이미지를 연출하는데 적절하다. 형식상으로는 불균형해 보이지만 시각적으로는 정돈과 균형을 이루어 안정감과 세련미를 줄 수 있다. 그릇의 크기에 차이를 두거나 모양이 다른 그릇을 사용하는 경우도 이에 해당한다.

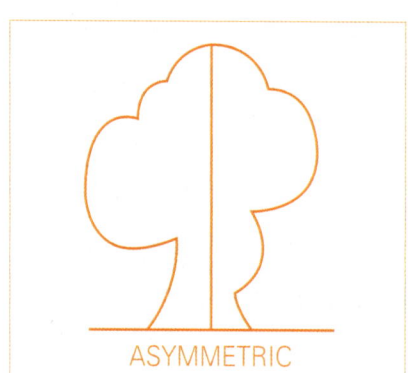

③ 방사상 균형(radial)

접시의 중심에서 바깥쪽으로 점차 뻗어 나가는 형태를 말한다. 접시의 중심에 강조할 메뉴를 위치하고 바깥쪽으로 이웃한 재료들을 배치하므로 음식의 크기를 고려해야 한다. 꽃 모양, 햇살 등의 뻗어나가는 이미지를 연상하면 된다. 디저트류와 같이 다양한 크기의 재료를 사용해야 시각적으로 뚜렷한 방사형 모양 연출을 하기에 용이하다. 한국 밥상처럼 메인 메뉴가 중앙에 오고 주변에 작은 찬 접시들이 균형감을 보완하는 방식도 좋은 예가 된다.

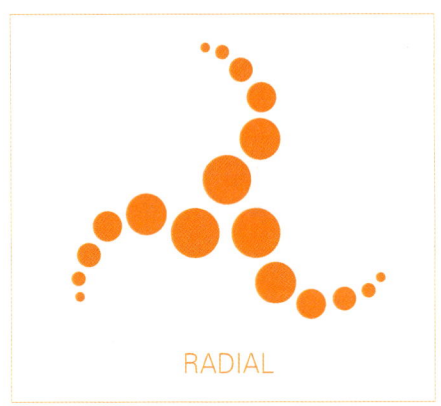

(2) 조화

두 가지 이상의 요소가 서로 잘 어울리도록 질서를 잡아주는 원리이다. 조화는 비슷한 요소를 결합하여 안정감, 단순함, 명쾌함을 주는 유사조화와 특징이 다른 요소의 결합을 통해 긴장감, 극적 효과를 연출하는 대비조화로 나눠진다.

① 반복

가장 단순한 방법으로, 일정한 간격을 두고 동일한 형식을 되풀이하는 것을 말한다. 시선의 이동에 따라 동적인 느낌을 표현하기에 좋다. 풍부함과 힘의 분배를 느끼게 하는 반면, 지나치면 전체적인 통일감을 해칠 수 있다.

일정한 간격을 두고 곰돌이빵을 반복적으로 배치하였다.

② 점이

그라데이션이라고도 한다. 일정한 질서를 가진 자연적인 순서로써 유사한 일련의 흐름을 나타내는 것을 뜻한다.

같은 모양은 아니지만 같은 질감과 색을 가진 반려견 치킨을 일정한 질서로 배치하여 점이 기법을 활용하였다.

(3) 리듬

① 반복

반복은 동일한 요소를 두 개 이상 배치하여 통일감을 나타낸 것을 말한다. 질서의 미, 연속감, 리듬감 등을 살릴 수 있다.

② 점진

점층이라고도 하며, 색과 형태가 차례로 변화하는 형태를 뜻한다. 반복보다 복잡하고 동적이며, 파생되는 리듬감이 강한 특성을 지니고 있다.

③ 교체

교체는 요소와 요소 사이의 간격을 유지하며, 대상을 강조하거나 약화시킬 때 사용된다. 반복보다 한층 역동적인 효과를 누릴 수 있다.

④ 대조/대비

대조란 이어오던 흐름이 즉각적으로 바뀌는 것과 같이 갑작스러운 변화를 통해 상반된 분위기를 조성하는 것을 말한다. 형태와 색상을 극적으로 배치하여 개성과 시각 효과가 강하다는 특징이 있다. 자극적이고 자칫 혼란스러워 보일 수 있기 때문에 주의가 필요하다.

⑤ 비례

비례란 크기와 길이의 비를 말한다. 변화와 질서를 동시에 부여할 수 있으며 균형과 관계가 밀접하다. 비례를 통해 정적인 장중함과 역동적인 율동감을 표현할 수도 있다. 너무 단순할 경우 밋밋하고 단조롭고, 복잡할 경우엔 무질서와 혼란스러움을 초래하므로 충분히 고려해야 한다.

리듬 기법을 활용한 예시로 동그란 구슬칩을 반복적이게 배치하고 크림과 대조되는 색상의 미니쿠키를 장식으로 사용하였다.

(4) 통일과 변화

구성 원리 중 가장 중요한 요소라고 할 수 있다. 질서와 균형에 의한 통일성은 조화로운 느낌을 주는 반면 지나치게 강조할 경우 진부할 수 있어 변화를 고려해야 한다. 이런 경우엔 전체적으로 통일성을 이루되 가니쉬나 토핑 재료를 통해 변화를 주면 좋다. 여러 형태의 느낌을 다양하게 표현하기 위해서 변화가 필요한데, 이 또한 과하면 혼란스럽기 때문에 통일성을 통해 변화를 주어야 한다. 이때는 유사한 색상, 재질감에 의해 통일을 해주는 것이 좋은 방법이다.

(5) 강조

강조란 어떤 특정 요소를 부각시켜 변화를 통해 자극적인 형태를 만들어내는 것을 말한다. 강조의 요소는 수심성이나 유인성, 원심성, 확산성이 있다. 강조를 줄 때는 여러 특성 중 강조하기 적절한 부분을 파악해야 한다.

3) 형태와 재질에 따른 그릇 담기

같은 요리라도 어떤 접시에 담느냐에 따라 느낌이 달라진다. 때문에 연출할 이미지의 구도를 미리 결정하여 가장 적합한 도구를 선택해야 한다. 그릇 담기를 통해 반려견에게 즐거운 식사시간을 제공하고, 음식을 보는 즐거움, 먹는 즐거움, 또 음식이 담긴 모습을 통해 감동을 줄 수 있어야 한다. 음식을 식기에 담을 때 접시의 형태에 따라 스타일링의 이미지도 알라지게 되므로, 그 형태에 맞추기 위해 음식의 모양을 바꾸는 경우도 있다. 펫푸드 디자인에서 사용하는 접시는 원형, 타원형 등이 있으며 어느 접시에 어떻게 연출하느냐에 따라 폭넓은 디자인이 가능하다.

(1) 원형 접시

가장 기본적인 접시로 활용도가 높다. 다소 진부하게 느껴질 수 있으나 편안함, 완전함, 부드러움 등 안정적인 이미지를 준다. 담는 음식에 따라 자유롭고 다양한 느낌으로 연출할 수 있다.

(2) 타원형 접시

안정적이고 포근한 인상을 줘 여성적인 이미지의 연출에도 자주 활용된다. 편안함, 부드러움, 원만함, 섬세함, 신비감 등이 느껴진다.

8 반려견의 특성에 맞는 식기 및 그릇 선정

1) 반려견 식기의 올바른 높이

밥그릇의 높이가 소화를 용이하게 해준다는 과학적 근거는 없지만, 관절염, 관절통 등 머리를 숙인 자세에서 지나친 긴장도와 통증을 느끼는 반려견이라면 밥그릇 높이를 조절하여 보다 편안하게 식사할 수 있도록 도움을 줄 수 있다. 가장 추천되는 밥그릇의 높이는 반려견의 양발에서 어깨 끝부분까지의 높이에서 약 6인치(약 15cm)를 뺀 길이라고 볼 수 있다.

- **밥그릇의 올바른 높이**

밥그릇의 높이가 소화를 용이하게 해준다는 과학적인 근거는 없으나 실제로 자연상태의 개는 머리를 숙인 자세로 먹이를 먹도록 진화했다. 하지만 관절염, 관절통 등 머리를 숙인 자세로 인해 지나친 긴장도와 고통을 받는 개에게 밥그릇의 높이를 조절하여 식사시간 동안 관절 통증을 줄임과 동시에 식사를 용이하게 할 수 있다. 가장 추천되는 높이는 앞발에서 어깨 끝부분까지의 높이에서 6 inch(약 15cm)를 뺀 길이이다.

2) 반려견 식기 소재

(1) 플라스틱

반려견 식기 소재로 가장 많이 쓰인다. 하지만 다양한 측면에서 권장하지 않는데, 내구성이 약해 강아지가 씹거나 하여 쉽게 부러질 수 있고 박테리아가 생기기도 하기 때문이다. 플라스틱엔 논란의 성분인 비스페놀A(BPA)와 프탈레이트 등 각종 화학 성분이 함유되어 있기 때문에 보다 안정성 있는 소재의 식기를 사용하는 것을 권장한다.

(2) 세라믹

안전한 소재이지만, 광택제로 코팅을 하기 때문에 코팅제 안에 납 성분 등 유해한 성분 유부를 파악하고 사용하는 것이 좋다.

(3) 실리콘

대안적 소재로 부상할 만큼 안정성이 높다. 독성이 없고 열에 대한 저항력도 높을 뿐 아니라 접고 펼 수 있어 휴대용으로도 적합하다. 다만 플라스틱과 마찬가지로 강아지가 물어서 금이 가거나 부러뜨릴 수 있으니 외출용 식기로 사용하는 것이 적합하다.

(4) 스테인리스

견고하고 세척하기도 간편하여 식기로 사용하기에 가장 좋다. 화학 성분이 아예 없지는 않지만 플라스틱에 비하면 걱정할 수준은 아니다. 야외에서 강아지를 키울 경우 겨울철에는 강아지의 혀가 차가운 식기에 붙을 수 있으니 주의하도록 한다.

다양한 소재의 식기 중 아크릴 식기를 추천하는 이유?

1. 강아지의 호기심을 자극해요.

투명한 아크릴에 햇빛이 들면 반짝거리며 반려견의 호기심을 자극한다. 그래서 밥, 물을 잘 먹지 않는 반려견의 입맛을 돋게 만드는 데 도움이 될 수 있다. 반려견의 하루 적정 음수량은 1kg당 50ml 정도이며 음수량이 적다면 투명한 식기 및 식탁으로 바꿔주면 좋다.

2. 위생적인 관리가 가능해요.

아크릴로 된 식탁은 부식되거나 녹슬 일이 없어 위생적이다. 또한, 세척이 굉장히 용이하다. 침이나 음식 찌꺼기 등의 이물질이 묻었을 때 손쉽게 닦아낼 수 있다.

3. 빠르게 그릇 속을 볼 수 있어요.

투명하지 않은 식기 및 식탁은 그릇에 사료, 물이 얼마나 남았는지 확인하기 어렵다. 하지만 투명한 재질의 식기, 식탁을 사용한다면 직관적으로 확인할 수 있다. 식기의 위생 상태를 확인하기에도 좋아서 깨끗하게 관리하기 쉽다.

3) 식기의 깊이

식기의 깊이 역시 식기 선택 시 고려해야 하는 요소 중 하나다. 대형견 및 스피츠처럼 주둥이가 긴 견종은 깊이가 있는 식기를 사용해야 편하게 사료 섭취가 가능하다. 마찬가지로 소형견이나 주둥이가 짧은 견종은 비교적 얕은 식기를 사용해야 한다. 바닥에 식기를 두고 급여하게 되면 장기적으로 관절에 좋지 않은 영향을 주게 되므로 식기 조절기를 사용하여 섭취를 편하게 도와주는 것이 좋다.

4) 식기의 모양

 반려견은 종에 따라 모두 다른 특성을 지니고 있기 때문에 그에 따라 알맞은 식기를 골라주어야 한다. 소형견, 자견의 경우 적당한 크기와 높이의 그릇을 사용한다. 반려견의 얼굴이 납작하다면 가운데가 움푹한 볼 형태의 식기가 적당하다. 코커스패니얼, 아프간하운드 등 귀가 길게 쳐져 있는 경우엔 입이 좁고 바닥이 깊은 식기를 골라준다. 사료를 너무 급하게 먹는다면 식기 가운데 장애물이 있는 식기를 활용하여 식사시간을 늘려주는 것도 도움이 된다. 그밖에 공통적으로는 식기가 뒤집어지거나 밀리지 않도록 적당히 무게감이 있는 제품을 고르거나, 바닥에 미끄럼방지가 되어 있는 식기를 추천한다.

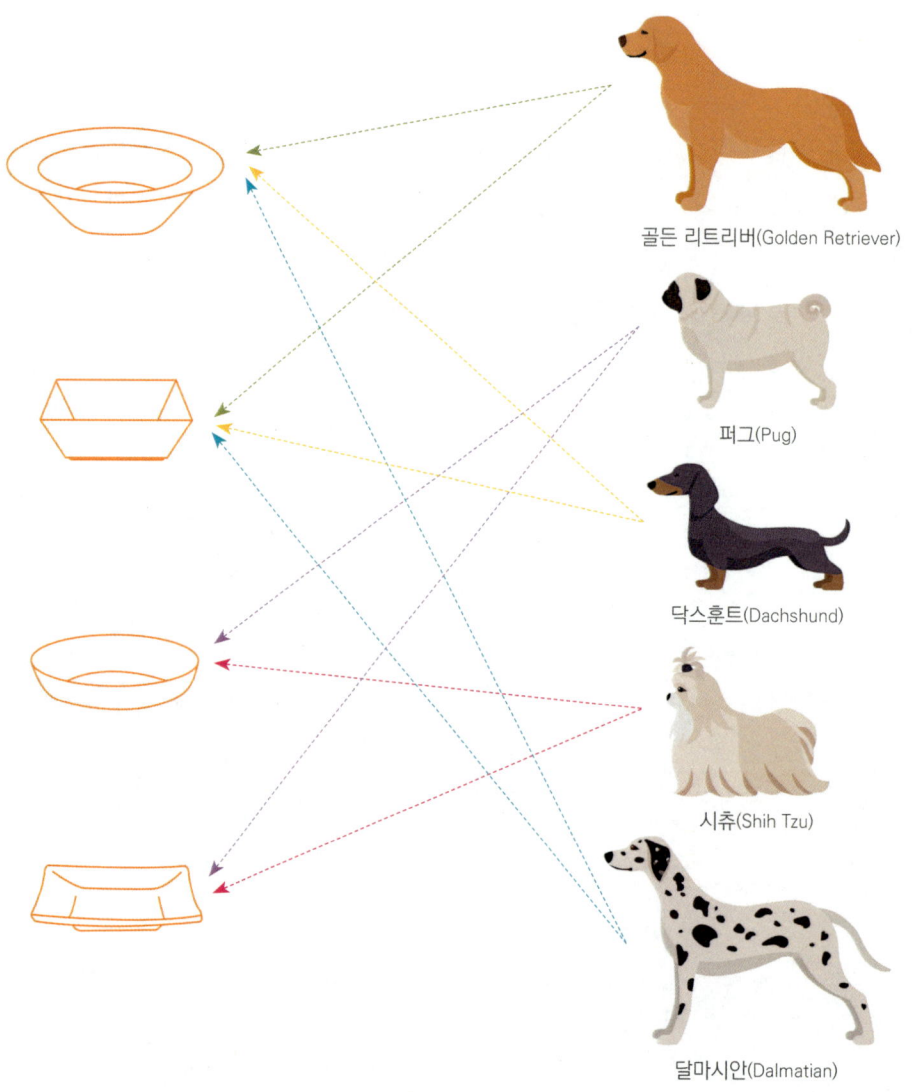

Chapter
09

펫푸드 촬영

촬영을 위한 연출

　완성된 펫푸드를 다양하게 연출하여 촬영할 수 있다면 사진 및 영상 결과물이 더욱 흥미로울 수있으며, 결과물을 활용하여 다양한 홍보 및 사용이 가능하다. 이번 장에서는 펫푸드스타일리스트가 소품을 활용하여 펫푸드가 더욱 돋보이도록 연출하는 스타일링 기술에 대해 알아보고 반려동물이 동반되는 촬영 시, 촬영 전 반려동물을 준비시키는 방법과 촬영을 원활하게 진행할 수 있는 테크닉에 대해서 배워보자.

# 1 촬영용 펫푸드 준비

촬영을 위해서는 촬영용도에 맞는 펫푸드를 준비해야 한다. 실제로 섭취할 음식과 또 다른 부분에서 준비해야 하는 점들이 있기 때문에 아래와 같은 사항에 유의하도록 한다.

 **촬영준비 STEP BY STEP**

1. 촬영을 위해 신선하고 고급스러운 재료 구입

2. 실제 요리에 사용될 양보다 2-3배 정도 분량의 재료 준비하여야 실패 시 남은 재료도 다시 만들거나 넉넉히 요리하여 가장 최상으로 만들어진 요리를 선별하여 사용할 수 있다.

3. 실제 서빙하는 양보다 1.5배~2배를 그릇에 담는다. 카메라로 담긴 음식은 실제 양보다 적어 보이기 때문이다.

4. 재료를 실제 조리 시와 마찬가지로 충분히 익히면 형태가 뭉그러지고 색이 흐릿해질 수 있어 시각적으로 맛이 없어 보일 수 있다. 반정도만 익혀서 촬영에 적합하게 조리하는 것이 중요하다.

5. 촬영을 위해 식용유를 발라 윤기를 주거나 물을 뿌려 촉촉해 보이는 효과를 낸다.

6. 촬영용 펫푸드에 반려동물이 실제 섭취할 수 없는 재료(고정용 핀, 이쑤시개, 식용색소 등)를 사용하였을 경우 반려동물이 실수로 먹지 않도록 주의한다.

7. 장시간 촬영 시 음식이 상할 수 있기 때문에 촬영 후 반려동물에게 주지 않고 폐기한다.

2 스타일링 소품

1) 배경

펫푸드 결과물과 어울리는 색지, 천, 대리석, 나무판자를 배경으로 세팅하여 다양한 연출을 할 수 있다.

예 : 펫푸드와 어울리는 색상의 색지를 배경으로 하여 촬영하여 개성 있는 느낌을 연출한다.
　　대리석을 바닥재로 활용하여 고급스러움을 강조한다.
　　나무판자를 나열하여 바닥재로 활용하여 내추럴한 느낌을 강조한다.

2) 그릇

다양한 색상과 크기, 모양의 그릇을 활용하여 펫푸드와 잘 어우러지거나 푸드가 돋보이도록 연출할 수 있다.

예 : 음식이 밝은 색상일 경우 대조되는 어두운 색상의 그릇에 담아 음식을 더욱 강조한다.

3) 소품

스토리를 만들어 낼 수 있는 부가적인 소품을 활용하여 결과물에 재미요소를 더할 수 있다.

예 : 테이블 보, 조화, 원물 식재료, 허브류

4) 반려동물

펫푸드 촬영 시 반려동물을 함께 촬영하여 재미를 더하고 생동감을 주는 결과물을 만든다.

예 : 펫푸드를 앞에 두고 혀를 낼름 거리는 반려동물의 모습, 펫푸드를 맛있게 먹는 반려동물의 모습

5) 식품재료

실제로 반려동물이 섭취할 음식에는 사용을 주의하여야 하지만 촬영 결과물에서 펫푸드가 더욱 먹음직스럽게 보이기 위해서는 식용유와 식용색소, 커피 등을 이용할 수 있다.

예 : 음식 표면에 식용유를 발라 윤기를 주면 표면이 말라 보이지 않는다.
　　식용색소를 이용해 음식의 색을 더욱 선명하게 표현되도록 연출할 수 있다.
　　커피를 이용하여 빵이나 고기가 익은 느낌을 줄 수 있다.

3 촬영구도

펫푸드 촬영 시 가장 중요한 요소는 화면 안의 면 분할이다. 화면 분할에 따라 작품을 통해 표현하고자 하는 형태와 의도를 얼마나 명확하게 드러낼 수 있는지 결정되기 때문이다. 그렇기 때문에 신중을 기하여 면의 분할과 프레임 내부 요소를 배치하고 배열해야 한다. 스타일링의 테마가 주어져 있다면 컬러를 선정한 뒤 최대한 요소가 돋보일 수 있는 구도를 선택한다. 프레임 안에 어떤 부분이 보일 것인지가 구도에 따라 결정되고, 이를 통해 주제가 뚜렷해지기 때문이다. 스타일링을 할 때는 주제, 배경, 그리고 통일감을 고루 고려해야 한다.

1) 구도의 정의

'구도'는 영미권 국가와 프랑스에서는 컴퍼지션(Composition)이라고 부르며, 광의로는 화면 전체의 짜임새를, 좁은 의미에서는 풍경과 정물, 인물 등을 화면에 배치하고 편성하는 것을 의미한다. 즉 구도는 화면상에서 이루어지는 모든 짜임을 의미한다.

(1) 구도의 3요소 — 변화, 통일, 균형

성질이나 느낌이 서로 다른 요소와 조건 등이 배치되어 화면에 조화가 생길 때, 이를 변화라 일컫는다. 통일은 다양한 요소, 조건, 소재 등을 선택하고 집약해 통일감을 부여한다. 변화와 통일은 서로 반대되는 개념이지만 화면상 알맞게 조화시키면 좋은 구도를 만들어 낼 수 있다. 짜임새 있고 조화로운 화면을 구성하기 위해서는 강조와 보조, 변화와 통일, 그리고 이들의 균형을 잘 맞춰야 한다.

(2) 화면을 구성할 때 유의할 점

주제와 부주제를 나누고 비중을 달리 한다. 부주제는 주제가 돋보일 수 있도록 하기 위한 장치로, 주제보다 강하게 표현되지 않도록 한다. 화면상 공간감을 풍부히 드러내기 위해서는 배경 스타일링을 약하게 하고 주제를 부각시 킨다. 단조로운 느낌을 피하고 공간 활용의 변화가 두드러지도록 사물을 배치한다. 대상을 일직 선상에 두거나 대칭을 이루게 되면 화면상 단점이 부각될 수 있다. 중심적으로 보여줘야 하는 물체를 돋보이게 하되 전체적으로 균일하고 통일되게 보일 수 있도록 배경 처리를 해야 한다.

답답함을 줄 수 있는 비율을 피한다. 화면상 상하 혹은 좌우를 반분할 경우 대립적으로 보일 수 있기 때문에 지양하는 것이 좋다. 화면의 넓이와 비율을 고려해 변화를 줘야 한다. 지나치게 많은 물체는 복잡하고 산만한 느낌을 유발할 수 있다.

플레이팅 재료는 장식용이라도 실제로 음용 가능한 재료로 배치한다. 본질적 주제인 요리에 프레임 내부 또는 그릇 내부의 구도가 영향을 끼치지 않도록 한다. 화려한 요리를 담을 때는 문양과 색상이 단순한 접시를 사용한다. 요리가 접시의 8할 이상을 차지하지 않도록 한다. 구성 시에는 빛과 그림자를 생각해야 하며, 대상의 질감에 따라 달리 배치해야 한다. 알맞은 위치에 주제를 놓은 뒤 부수적인 요소를 조화롭게 배치한다. 대상을 효과적으로 나타내는 것이 좋다. 대담한 색배합 및 구도를 사용하고, 전체적인 조화와 대상의 특징을 개성적으로 표현하도록 한다. 물건이나 물건의 양감이 프레임 내에서 편중되지 않도록 주의한다.

2) 구도의 종류

비록 구도에 정해진 방식은 없으나, 스타일리스트는 늘 창의적인 구도를 고안하는 자세를 갖춰야 한다. 이번에는 새로운 작품을 창작하는 데 참고할 수 있는 기본 형태를 살핀다. 구도는 크게 두 가지로 나누어 살펴볼 수 있는데, 정적인 구도와 동적인 구도가 그것이다.

(1) 정적인 구도
① **수평선 구도**

구도의 주를 수평선에 두는 것으로, 거창하고 안정적인 느낌을 준다.

② **수직선 구도**

구도의 주를 수직선에 두는 것으로, 듬직하고 안정적인 느낌을 준다.

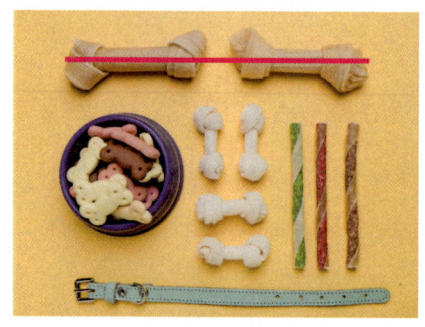

수평선 구도

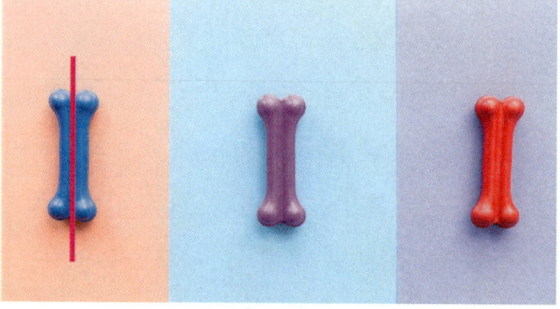

수직선 구도

③ **삼각형 구도**

고전적으로 많이 사용되는 구도로, 통일감이 강하며 듬직하고 안정적인 느낌을 준다. 피라미드형 구도라 부르기도 한다. 중심 물체가 꼭지점에 가까워질수록 동적인 구도가 된다.

④ **대각선 구도**

원근감이 강하고 집중된 느낌을 준다. 통일감 또한 강하지만, 투시도법의 설명도와 같이 되지 않도록 의도에 따라 적절히 변화를 시켜야 한다.

삼각형 구도

대각선 구도

⑤ **마름모 구도**

짜임이 사선으로 구성되어 있어 균형감과 변화를 드러내기 좋다. 비교적 안정적이다.

⑥ **원형 구도**

흔히 정물화를 그릴 때 사용되는 구도로, 짜임은 좋으나 대개 구심력이 약하다는 단점이 있다. 장식적으로 평면적인 대상을 표현하는 데 효과적이다.

마름모 구도

원형 구도

(2) 동적인 구도

① **사선 구도**

구도의 주가 기울어진 사선에 있으며, 공간적 깊이를 약동감과 속도감, 방향감 등을 통해 표현할 수 있다.

② **호선 구도**

움직임이 강한 구도이다. 특히 도로나 하천, 해안선 등을 표현할 때 강한 원근감을 줄 수 있다.

③ 역삼각형 구도

불안정하고 변화된 느낌, 상승감, 약동감 등을 체감할 수 있는 구도이다. 잘못 사용하면 통일감이 저해될 수 있다.

사선 구도

호선 구도

역삼각형 구도

④ 복합 구도

삼각형, 수평, 수직 등 다양한 구도가 복합적으로 겹쳐져 만들어진 구도이다. 종류가 다양한 만큼 느낌과 효과도 다채롭다는 특징이 있다.

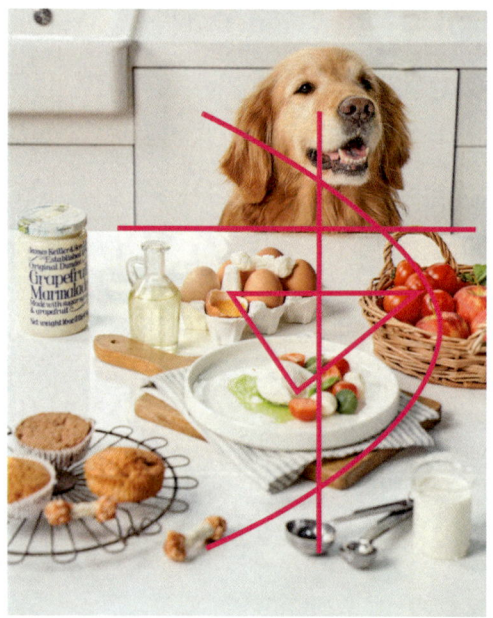

(3) 투시도에 따른 변화

풍경이나 인물을 피사체로 삼을 때는 공간감을 표현할 수 있어야 한다. 이는 음식 촬영 시에도 고려되는 주된 요소로, 공간감을 부각시키기 위한 형태를 포착할 때 선 원근법이 중요하다. 선 원근법은 물체의 크기가 가장 작아지는 소실점을 가정하고, 소실점에서부터 그 앞의 점까지 연장선을 긋는 방법이다. 이를 통해 원근감을 표현할 수 있는데, 이를 다양한 형태와 바닥 공간에 활용할 경우 투시도가 자연스럽게 잡혀 효과적으로 촬영을 할 수 있다.

(4) 황금분할법칙

로마 시대 건축가 비트루비우스는 조형적으로 공간을 가장 적절하게 나눌 수 있는 분할점에 관해 연구했다. 이를 음식 촬영에 응용할 수 있다. 황금비는 가로와 세로가 이루는 비율을 의미한다. 높이가 있는 물건을 배치할 때, 물건이 중앙에 있으면 대칭적이고 엄숙하며 장엄한 느낌을 내포하게 되지만 자칫 심심해 보일 수 있다.

반면 물건이 어느 한쪽에 편중되어 있으면 극단적으로 변화가 강조되어 좋지 않다. 따라서 주제를 황금비에 따라 편중되지 않고 자연스럽게 배치하는 것이 좋다. 프레임을 가로 방향으로 삼 등분하면 두 개의 세로선이 생기게 된다. 그 중 오른쪽이 주제의 중심부다. 부주제는 삼각 구도에 맞춰 적절히 놓으면 된다. 이를 응용해 S자 구도를 잡을 수 있다. 화면의 왼편 혹은 오른편에 화면 전체의 3분의 1 크기로 맞춘 주제를 배치하고, 반대편에 부주제를, 아래쪽으로 현혹을 잡는다. 이렇게 구성된 세 요소를 글라스, 천 주름, 파 등 길이감이 있는 대상으로 이어 S자 구도를 만드는 것이다. 이를 통해 피사체들은 변화와 통일감을 획득하고 구도는 균형을 이루게 된다.

(5) 눈높이에 의한 상호 관계

종종 촬영 대상의 시점이 분실되는 경우가 생긴다. 눈의 시점은 크게 세 가지로 나누어 살펴볼 수 있는데, 위에서 본 시점(90도)과 눈높이에서 본 시점(45도), 그리고 아래에서 본 시점(0도)이 그것이다. 촬영 중 통상적으로 사용되는 눈높이는 위에서 본 시점이다. 위에서 본 시점으로 촬영을 하게 되면 바닥면이 많이 담기기 때문에 바닥과 공간을 어떻게 처리할 것인지가 주된 고민거리가 된다. 물체는 나열되기보다는 포개지거나 걸쳐지는 것이 좋다. 이처럼 눈높이에서 본 시점일 때도 물체가 겹쳐지도록 해 원근감과 공간감을 살릴 수 있어야 한다. 아래에서 본 시점일 때는 물체에 드리우는 그림자에 유의해야 한다. 위에서 아래로 떨어지는 빛이 물체의 밑면에 그림자를 드리우면 촬영 중 음영의 비중이 커지므로 배치 시 명암을 고려해야 한다.

눈높이 0도 | 눈높이 45도 | 눈높이 90도

(6) 물체의 종류에 따른 변화

촬영 대상은 이루 말할 수 없이 많지만 길이, 면적, 크기, 모양 등에 따라 유형을 구분할 수 있다. 이렇게 나눈 유형을 바탕으로 화면상 구성을 미리 헤아려 볼 수 있다. 각 부분별 물체는 주제 물체, 주제군의 보조 물체, 주제군을 뒷받침하는 물체, 뒷배경 물체 등으로 나뉜다.

주제 물체는 높이와 면적이 적당하고 성격이 분명해 촬영 시 이목을 집중시킬 수 있어야 한다. 주제군의 보조 물체는 높이가 낮거나 구형인, 또는 구형과 길이를 동시에 갖고 있는 물체가 적합하다. 주제군을 뒷받침하는 물체는 성격이 너무 강하거나, 높이가 높거나, 면적이 넓지 않아야 한다. 뒷배경 물체는 약한 성격을 가지고 있어야 한다. 이외에도 파격을 주거나 물체의 흐름을 잡는 물체는 깊이감이 있을수록 좋으며, 인공물과 자연물, 단색조와 다채로운 물체, 난색조와 한색조, 채도의 높고 낮음 등 대립 관계에 있는 물체가 조화를 이룰 수 있도록 배치해야 한다. 보색 관계를 이루는 물체는 후방보다는 전방에 두는 것이 좋다.

(7) 광선의 방향에 따른 변화

촬영 시 사용되는 광선이 일정한 방향으로 정해질 경우 산만한 느낌이 줄고 통일감이 향상된다. 톤(Tone)이라고 하는 명암은 빛과 그림자가 서로 만나며 생겨난다. 광원이 어느 쪽을 향하는지에 따라 명암과 그림자의 방향이 변화하므로 촬영 시 유의할 필요가 있다.

(8) 주제 설정에 따른 변화

구도는 일반적으로 수평 구도, 수직 구도, 대각선 구도, S자 구도, 삼각형 구도, 역삼각형 구도 등으로 구분된다. 이들은 주제와 위치에 따라 화면 분할 시 큰 차이와 변화를 보인다. 어떠한 구도라 하더라도 주제를 확실하게 강조할 수 있도록 설정할 필요가 있다. 주제는 크기가 크고 변화가 다양하고 특성이 흥미로울수록 좋다. 화면 중앙부를 차지해 전체적인 원근감과 답답함을 어렵게 만드는 것도 좋다. 이 외에도 시선의 분산을 피하기 위해 가장자리에 주제를 두는 것도 좋은 방법이다.

통상적으로 잘 알려진 황금비는 삼각형 구도에 포함된다. 여기에 흐름선의 첨가 구도를 설정하면 안정감을 강화하고 주제를 잘 부각시킬 수 있다.

4 촬영각도

 피사체를 촬영하는 카메라 앵글에 따라 촬영 결과물의 느낌이 달라지고 펫푸드의 느낌도 다르게 표현된다. 어떤 앵글로 촬영되는지에 따라 그 펫푸드가 가지고 있는 장점이 부각되기도 하고 더욱 먹음직스럽게 연출될 수 있다. 예를 들어 쿠키처럼 납작한 펫푸드를 수평앵글로 촬영할 경우 쿠키의 둥근 형태와 안에 들어간 부재료들이 잘 보이지 않게 되고 납작한 형태로 표현된다. 하지만 쿠키를 하이앵글로 위에서 촬영 시 쿠키의 둥근 모양이 잘 보여지고 재미있게 배치하여 생동감 있게 표현할 수 있다. 이처럼 펫푸드의 특징을 잘 고려하여 알맞은 각도로 촬영을 진행하여야 한다.

1) 초점과 피사계 심도

 피사계 도란 피사체의 초점이 맞은 정도를 뜻한다. 피사체 전후의 초점이 흐려져 있고, 가까운 곳부터 먼 곳까지의 거리가 짧고 선명한 것을 '피사계 심도가 얕다'고 한다. 피사계 심도를 결정하는 것은 렌즈의 초점거리, 촬영거리, 조리개의 조임 상태이며 일반적인 촬영 시 초점은 앞쪽에 맞춘다.

2) 각도

 클라이언트와 푸드 스타일리스트가 협의를 통해 촬영에 가장 적합한 각도를 설정하여 촬영한다. 하이앵글, 수평앵글, 로우앵글로 구분할 수 있다.

(1) 탑앵글(top angle)

 직각을 이루는 각으로 정면을 보고 촬영한다. 탑으로 촬영하기 때문에 입체감은 떨어지지만 납작하고 각이 밋밋한 음식에 잘 맞는다.

(2) 수평앵글(horizon angle)

 일반적으로 음식 촬영 시 가장 많이 쓰이는 앵글로, 포토그래퍼의 눈높이에서 찍는 것을 말한다. 눈높이에 맞춰 수평으로 조절하여 찍기 때문에 음식을 입체적으로 표현하기에 좋으며, 보기에도 편하게 느껴진다.

(3) 로우앵글(low angle)

 촬영 대상보다 낮은 각도에서 위를 올려다보며 촬영하는 것을 말한다. 음식촬영에는 보통 쓰이지 않지만 유리잔, 유리테이블, 인물과 함께 세팅된 잡지 컷에 종종 쓰인다.

(4) 비일상적인 앵글(unordinary angle)

 평소 잘 사용하지 않는, 의도에 따른 특수한 앵글을 일컫는다. 특정 부분을 부각시키거나 할 때 사용된다.

5   포커스

 피사체를 촬영할 때 초점 (포커스)을 어디에 맞춰 촬영하는지에 따라 한 피사체를 강조하거나 전체 연출을 모두 부각시킬 수 있다. 펫푸드 촬영 시 아웃포커스를 선호하는 이유는 펫푸드에 시선을 고정시키고 배경은 흐리게 보이게 하여 펫푸드가 더욱 돋보이고 먹음직스럽게 보여지기 때문이다. 그렇다고 전체 연출이 선명하게 보여지는 팬포커스가 음식을 맛없어 보이게 하는 것은 아니다. 하이앵글 촬영 시 펫푸드와 그 외의 연출이 공평하게 선명하게 표현되어 전체 구성을 보게 되어 스토리를 표현할 수 있다.

1) 아웃 포커스

 대상에 초점을 맞추고 주위는 모두 날려 흐리게끔 만드는 것을 말한다. 음식의 질감을 표현하기 좋다.

공은 아웃 포커스하고 반려견 표정에 포커스를 맞춰
반려견 표정을 강조한 사진

2) 인 포커스

대상의 뒷부분에 초점을 두고 대상을 흐리게 처리한 상태를 말한다. 일반적이지 않으며, 특수한 용도의 촬영이나 음식에 사용된다.

공에 초점을 맞추고 반려견은 흐리게 처리하여
시선이 공에 고정되도록 촬영됨

3) 팬 포커스

대상이 뚜렷하게 나오도록 전체적으로 초점을 맞춘 상태이다. 대상과 그 주위 배경을 모두 잘보여지도록 할 때 사용된다.

반려견과 공 모두 선명하게 촬영됨

 # 6 조명

촬영 준비에 앞서 촬영용도에 맞게 펫푸드를 준비해야 한다. 실제섭취용으로 만들어진 펫푸드의 경우 사진으로 보았을때 크기가 작아보이거나 음식이 말라보여 시각적 효과를 떨어트릴 수 있다. 촬영용 펫푸드 준비와 유의사항을 체크한다면 완성도 높은 촬영결과물을 얻을 수 있다.

1) 자연광

자연광은 말 그대로 태양의 빛을 말하며 인조광은 조명의 빛을 말한다. 자연광의 장점은 별도의 조명을 구입하지 않고 유산지, 커튼을 이용하여 창문으로 들어오는 태양빛을 활용하거나 쨍하게 비추는 태양빛을 이용하여 다양하게 촬영이 가능하다는 점이다. 반면 단점으로는 날씨가 흐리거나 밤에는 촬영이 불가능하고 빛이 들어오는 방향을 컨트롤 할 수 없다.

 **펫푸드 촬영을 위한 자연광 세팅법**

자연광으로 펫푸드를 촬영할 경우, 창문으로 들어오는 햇빛을 활용하여 촬영이 가능하다.

STEP 1 햇빛이 잘 들어오는 창문에 시폰커튼을 설치하거나, 유산지를 붙여 빛이 부드럽게 투과 할 수 있도록 세팅한다.

STEP 2 창문이 옆면에 위치되도록 테이블을 배치한다.

STEP 3 반사판을 창문이 배치된 위치 맞은편에 배치한다.

STEP 4 촬영할 펫푸드를 테이블 중앙에 배치한다.

STEP 5 카메라를 테이블 정면에 배치하여 촬영하고, 필요할 경우 뒷쪽에 배경지를 설치한다.

2) 인조광

인조광의 장점은 날씨나 시간에 영향을 받지 않으며 원하는 방향으로 빛을 컨트롤 할 수 있다는 점이다. 반면 단점으로는 조명의 빛 세기를 조절하고 기구를 다루는 방법을 알아야 한다. 자연광보다 인위적인 느낌으로 촬영될 수 있어 초보자가 다루기에 어려울 수 있다.

 **펫푸드 촬영을 위한 인조광 세팅법**

촬영 조명으로 펫푸드를 촬영할 경우, 여러개의 조명이 아닌 1개의 조명과 반사판 만으로도 간편하게 촬영이 가능하다.

STEP 1 조명을 테이블 옆면에 배치하고, 조명 앞쪽에 배경지 거치대를 설치 후에 시폰커튼 또는 유산지를 배치한다.

STEP 2 반사판을 조명이 배치된 위치 맞은편에 배치한다.

STEP 3 촬영할 펫푸드를 테이블 중앙에 배치한다.

STEP 4 카메라를 테이블 정면에 배치하여 촬영하고, 필요할 경우 뒷쪽에 배경지를 설치한다.

7 반려견 촬영의 이해

펫푸드 스타일리스트는 반려견을 동반하는 촬영을 진행할 경우가 있어 촬영이 원활할 수 있도록 촬영 노하우를 숙지하고 있어야 한다. 촬영용으로 만들어진 음식을 반려견이 실수로 섭취하여 위험한 상황이 발생하지 않도록 통제해야 하며, 반려견의 시선을 음식에 머무르게 하거나 자연스럽게 먹는 동작을 유도해낼 줄 알아야 한다.

1) 반려견 촬영 준비

(1) 컨디션조절

촬영 전 반려견의 컨디션 조절은 매우 중요하다. 평소 활동량이 많은 견종의 경우 촬영 전 적정량의 에너지를 소모할 수 있도록 해주는 것이 바람직하다. 견주에게 미리 관련 사항을 안내하여 촬영이 진행되는 당일 1시간 전까지 활동량을 조절할 수 있도록 해준다. 또한 음식을 눈앞에 두고 반려견이 흥분할 수 있으므로 촬영 전 반드시 급여하여 포만감이 있는 상태에서 촬영을 진행해야 한다.

(2) 알레르기 체크

촬영 전 반려견이 실수로 음식을 섭취할 경우를 대비하여 알레르기반응이 있는 식재료가 있는지 반드시 확인한다. 가급적 반려견과 동반 촬영 시엔 섭취 불가한 재료는 사용하지 않도록 한다.

* 고정용 핀, 이쑤시개, 본드, 스프레이, 먹을 수 없는 식재료 등

(3) 카메라 세팅

촬영 시 필요한 카메라 장비를 체크한 후 촬영 테이블 위치를 기준으로 카메라 조명을 세팅한다. 카메라 삼각대가 필요할 경우 삼각대를 준비하고 반사판과 기타 장비들을 준비한다.

2) 반려견 촬영 진행

(1) 간식을 통한 놀이훈련

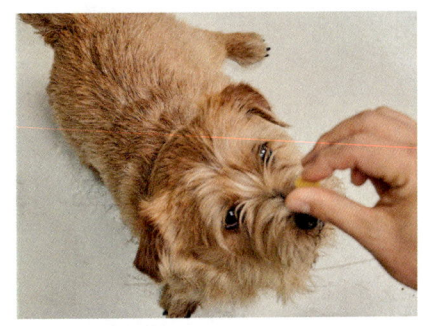

촬영 전에 간식을 주는 간단한 놀이 훈련을 하고 촬영에 들어가는 것이 좋다. 간식은 반려견과의 관계 형성에 좋은 역할을 해준다. 놀이 훈련 후, 사진 촬영을 시작하면 반려견은 앉아서 카메라를 바라보게 되는데, 이러한 놀이 훈련을 '모델 놀이'라고 부른다. 모델 놀이를 통해 반려견은 자연스럽게 자세를 유지하는 방법을 익힐 수 있다. 숙련된 모델 반려견은 장시간 앉은 자세를 유지할 수 있지만, 모델 경험이 처음이거나 미숙할 경우 꾸준한 놀이 훈련을 통해 자세유지 시간을 연장시킬 수 있다.

(2) 시선처리

반려견의 시선은 주인이나 관심이 가는 물체에 머물기 때문에 촬영 시 반려견의 시선을 카메라 쪽으로 잡아두기 위해서는 견주가 카메라 뒤쪽(포토그래퍼의 뒤)에 서있는 것이 좋다. 이때 평소 좋아하는 장난감을 활용하는 것도 방법이 될 수 있다. 소리

가 나는 장난감을 이용해 반응이 있는지를 체크한 뒤 의도한 방향으로 시선을 이끌어낼 수 있도록 한다. 반려견이 집중하지 못할 땐 다른 동물의 소리를 내거나, 고양이 울음소리를 들려주는 것도 효과적이다. 펫푸드 스타일리스트는 촬영이 원활하게 이루어질 수 있도록 애견 트레이너 등 다양한 역량을 가지고 있어야 한다.

(3) 반려견의 시선에 맞춰 촬영하기

카메라를 든 상태로 반려견을 내려다보며 촬영하면, 반려견의 배경으로 바닥이 깔리게 되는데, 이와 같은 사진은 배경이 차지하는 비중이 높아서 좋은 사진이라고 볼 수 없다. 촬영 시엔 반려견의 눈높이에 맞춰서 촬영하는 것이 바람직하다. 이 경우엔 반려견의 시선을 체험할 수도 있다. 키가 큰 대형견들은 무릎 위에 카메라를 올려두고, 소형견은 신발 위에 카메라를 올려두고 촬영을 하기도 한다.

(4) 반려견과 대화

촬영을 처음 접하는 반려견이라면 긴장을 하기 쉽다. 이럴 때 대화를 통해 반려견의 긴장감을 풀어주는 것이 중요하다. 대화를 통해 반려견이 안심시키고, 주인에게 집중할 수 있게끔 한다.

(5) 촬영 시간

오랜 시간 촬영이 지속되면 반려견은 집중력을 잃고 공간에서 벗어나려고 할 수 있다. 그러므로 촬영은 가급적 짧은 시간 내에 끝내거나 도중에 충분한 휴식을 취할 수 있도록 해야 한다. 놀이를 한다는 마음으로 즐기며 촬영할 수 있도록 놀아주면서 촬영을 하고, 지루하지 않게 여기저기 옮겨 다니는 것도 좋은 방법이다.

(6) 펫푸드 촬영, 시식장면 촬영법

광고/홍보용으로 준비된 음식은 보다 효과적인 연출을 위해 부득이하게 반려견이 섭취해선 안 되는 성분을 포함할 수도 있다. 혹은, 음식 자체엔 문제가 없으나 모델견의 특성에 맞지 않거나, 적정량을 초과하는 음식일 수도 있다. 이 경우 같은 공간에서 음식과 반려견을 따로 촬영하여 합성을 하는 방법도 있다.

그릇 위치에 간식을 올려놓은 모습

기다리는 훈련을 통해 간식을 응시하는 모습을 촬영한다.

간식이 놓였던 위치에 완성요리가 담긴 그릇을 두고 촬영한다.

합성을 통해 반려견과 음식이 함께 놓인 이미지를 완성한다.

 **촬영방법**

1. 촬영 시 동일한 그릇 2개를 준비한다.(불가할 경우 선촬영에서 사용한 그릇에 음식물을 제거하여 촬영한다.)
2. 그릇에 반려견이 섭취 가능한 간식을 놓는다. 한 번에 많은 간식을 놓으면 전부 먹을 수 있으니 한 개씩 놓는 것이 좋다.
3. 삼각대를 이용하여 카메라를 고정하여 촬영을 진행한다.
4. 반려견이 간식을 먹는 장면이나 간식이 놓인 그릇을 응시하는 장면을 촬영한다.
5. 반려견을 이동시킨 후 실제 촬영을 위한 음식을 동일한 위치와 그릇에 담는다.
6. 삼각대를 사용하였기 때문에 같은 위치에서 그릇을 교체하여 촬영할 수 있다.
7. 반려견과 함께 촬영된 간식이 놓였던 접시에 실제 촬영 음식이 놓인 접시 사진을 합성한다.

Chapter

10

펫푸드 레시피
Petfood Recipe

1. 펫푸드 시트/크림

달걀 (흰자 노른자 분리)

통밀가루 (선택)

쌀가루 (선택)

연어 (택1)

소고기 (택1)

닭가슴살 (택1)

오리안심 (택1)

흰자 or 노른자 분리 후 선택
통밀가루 or 쌀가루 중 선택
연어 or 소고기 or 닭가슴살 or 오리안심 중 선택

 **크림 재료**

1. 락토프리 우유 : 우유 대용으로 사용한다.
2. 두부 : 염분을 모두 제거 / 한번 삶은 뒤 물기를 최대한 짜서 제조
3. 고구마 : 줄기 제거 후 쪄서 사용

식초+락토프리우유 : 락토프리 우유 900ml를 끓이다 식초3스푼 넣으면 무염치즈를 만들수있다.

비트, 파프리카(빨간색)　　　단호박, 치자(노란색)　　　브로콜리(연두색)

시금치(초록색)　　　청치자(파랑색)　　　자색고구마, 블루베리(보라색)

황태, 오트밀(베이지색)　　　소간(황토색)　　　캐롭(초코색)

2. 펫푸드 가루

비트, 파프리카 (빨간색)

단호박, 치자 (노란색)

브로콜리 (연두색)

시금치 (초록색)

청치자 (파랑색)

자색고구마, 블루베리 (보라색)

황태, 오트밀 (베이지색)

소간 (황토색)

캐롭 (초코색)

 **가루 선택시**

1. 한천 가루 : 점성 구현을 위해 사용된다. (젤리,푸딩,껌 제조 시)
2. 쌀가루 : 밀가루 대용으로 사용된다.
3. 박력 쌀가루 : 펫베이킹 시 박력분 대용으로 사용된다
4. 캐롭 파우더 : 카카오 가루 대용으로 사용된다.

3. 건조간식 레시피

재료

돼지귀, 오리근위, 오리목뼈, 닭안심등 원하는 재료를 사용

레시피

1. 물에 식초 2스푼을 넣고 재료를 30분간 담궈 핏물을 제거해준다.

2. 핏물이 잘 제거되도록 깨끗한 물에 행궈준다.

3. 재료를 적당한 크기로 잘라준다.

4. 건조기 70도에서 7~8시간 (오리목뼈경우 15시간) 건조하여 완성한다.

5. 냉장보관시 1주일, 냉동시 1달간 보관이 가능하다.

닭안심육포
1. 닭안심을 전처리 후 근막과 지방을 제거해주고 건조기 트레이에 곧게 펴준다.
2. 닭안심 위에 파슬리를 소량 뿌려준 후 건조기에 65도로 6~8시간 동안 건조 시켜준다.

오리안심오돌뼈
1. 오리안심오돌뼈를 전처리 후 근막과 지방을 제거 한 후 잘라 건조기 트레이에 올려준다.
2. 파슬리를 뿌려주고 건조기에 70도로 8~10시간 동안 건조 시켜준다.

오리근위
1. 오리근위을 전처리 후 근막과 지방을 제거한 후 가장 도톰한 중앙 부분에 칼집을 내고 트레이에 펼쳐준다.
2. 닭안심 위에 파슬리를 소량 뿌려준 후 건조기에 65도로 6~8시간 동안 건조 시켜준다.

소떡심
1. 소떡심을 끓는 물에 삶은 후 칼로 근막과 지방을 긁어내며 제거해주고 가위로 원하는 사이즈에 맞게 잘라준 후 건조기 트레이에 올린 후 파슬리를 뿌려준다.
2. 건조기에 70도로 8~9시간 건조 시켜준다.

소갈비
1. 소떡심을 끓는 물에 데친 후 칼로 근막과 지방을 긁어내며 제거해주고 가위로 원하는 사이즈에 맞게 잘라준 후 소고기 다짐육을 중앙에 갈비모양으로 붙여준다.
2. 건조기에 70도로 8~9시간 건조 시켜준다.

4. 야채우유껌 레시피

재료

비트, 적채, 시금치, 브로콜리, 당근, 단호박 (채소 각 15g) 락토프리우유 700ml, 한천가루 25g, 물 90g

레시피

1. 단호박 15g은 쪄서 껍질을 제거해 준비한다.
2. 시금치 15g, 브로콜리 15g, 물 30g을 쵸퍼에 갈아준다.
3. 찐 단호박 15g, 당근 15g, 물 30g을 쵸퍼에 갈아준다.
4. 비트 15g, 적채 15g, 물 30g을 쵸퍼에 갈아준다.
5. 간 채소들을 색깔별로 계량컵에 담아 준비한다.
6. 냄비에 락토프리우유 700g, 한천가루 25g을 넣고 잘 풀어준다.
7. 중강불에서 잘 저어주며 끓여주다가 걸쭉해지면 불을 꺼준다.
8. 채소가 준비된 계량컵에 끓인 락토프리우유를 나누어 붓고 잘 섞어준다.
9. 실리콘몰드에 부어준 후 냉장고에 넣어 단단하게 굳혀준다.
10. 건조기에 60~65도 정도 저온으로 7~8 시간 동안 말려준다.

    (우유껌의 양이나 크기, 원하는 텍스쳐에 따라 상이)

Tips
- 채소는 천연과채분말로 대체가 가능하다.
- 실리콘몰드가 없는 경우 유리용기에 부은 후 썰어서 건조해도 된다.

5. 흰살생선 퀴노아죽

재료

흰살생선 80g (대구 or 가자미), 퀴노아 10g, 찐 단호박 50g,
당근 20g, 애호박 20g, 물 200g

레시피

1. 흰살생선 80g을 끓는 물에 5분 이상 삶은 후 껍질을 제거해준다.
2. 퀴노아 10g은 따로 삶아서 체반에 받쳐 물기를 제거해준다.
3. 단호박을 쪄준 후 껍질을 제거해준다.
4. 찐 단호박 50g, 당근 20g, 애호박 20g을 잘게 다져준다.
5. 냄비에 물 200g을 담고 준비된 생선, 퀴노아, 채소들을 넣어 끓여준다.
6. 생선 살과 단호박이 뭉개질 정도가 됐으면 불을 끄고 볼에 담아 한 김 식혀준다.
7. 핸드블랜더로 죽을 곱게 갈아 준다.

Tips
- 소화가 어려운 노견의 영양 흡수를 위한 처방식이지만 츄르 형태이므로 가루약 투약보조제로 급여해도 좋다.
- 여름철엔 작은 몰드에 소분 후 냉동하여 아이스크림처럼 급여하기에도 좋다.

6. 댕피자 레시피

재료

① 도우 | 통밀가루 60g, 박력쌀가루 50g, 계란 1개, 식물성오일 15g, 락토프리우유 20g

② 토핑 | 파프리카, 다진 소고기, 코티지 치즈, 브로콜리, 고구마, 토마토

레시피

1. 믹싱볼에 계란 1개를 풀고, 식물성오일 15g과 락토프리우유 20g를 넣고 잘 섞어준다.
2. 박력쌀가루 50g과 통밀가루 60g을 채에 쳐서 넣고 반죽해 도우를 만들어준다.
3. 완성된 도우 반죽은 냉장고에 넣어 잠시 숙성시켜준다.
4. 준비된 소고기와 채소 토핑 재료들을 원하는 크기로 썰어 준비한다.
5. 베이킹 매트 위에 반죽을 놓고 밀대로 밀어 동그랗게 펴준다.
6. 찐 고구마를 으깨어 도우 끝 테두리에 둥글게 깔아준 후 반죽을 말아 크러스트를 표현해준다.
7. 남은 고구마는 도우 중앙에 펼쳐준다.
8. 고구마 무스 위에 준비된 소고기와 채소 토핑을 뿌려준다.
9. 크러스트 부분에 계란물을 발라준다.
10. 예열된 오븐에 170도로 20분 정도 구워준다.

Tips
- 소고기는 다짐육 형태 그대로 올려주어 불고기피자의 느낌, 또는 미트볼로 만들어 미트볼피자로도 만들 수 있다.

7. 홈런볼 레시피

재료

① 슈 | 계란 1개, 식물성오일 20g, 물 60g, 박력쌀가루 40g

② 필링 | 락토프리우유 30g, 캐롭가루 10g, 고구마 100g

슈 반죽

1. 냄비에 물 60g과 식물성오일 20g을 섞어 풀어준 뒤 약불로 끓여준다.
2. 물과 식물성오일이 끓으면 박력쌀가루 40g을 체 쳐 넣어서 끓이면서 익혀준다.
3. 스텐볼에 넣어 얇게 펼쳐주고 계란 1개를 넣고 덩어리지지 않게 잘 풀어 섞어준다.
4. 완성된 슈반죽을 짤주머니에 넣어준다.
5. 오븐팬에 테프론시트 (혹은 종이호일)깔고 100원짜리 동전만한 크기로 짜준다.
6. 손 끝에 물을 묻혀 뾰족한 부분을 다듬어준다.
7. 오븐에 넣고 160도로 20분 정도 구워준다.
7. 충분히 식힌 후 초코 필링을 채워준다.

초코 필링

1. 껍질을 제거한 찐고구마 100g을 으깨준다.
2. 으깬 고구마에 캐롭가루 10g, 락토프리우유 30g를 넣어 섞어준다.
3. 섞인 반죽을 최대한 덩어리지지 않게 핸드블랜더로 갈아준다.
4. 초코필링을 짤주머니에 담아 슈에 필링을 채워준다.

Tips
- 고구마의 수분 양에 따라 락토프리우유, 캐롭가루의 양을 조절해준다.
- 짤주머니에 초코필링을 넣어줄 때 원형깍지를 사용하면 조금 더 수월하다.

8. 스쿱쿠키

재료

계란 1개, 식물성오일 5g, 락토프리우유 10g, 박력쌀가루 80g,
천연과채분말, 찐고구마 100g, 익힌 닭가슴살 50g

레시피

1. 닭가슴살 50g을 삶은 후 갈아 준비한다.
2. 찐고구마 100g을 으깨서 준비한다.
3. 믹싱볼에 계란 1개, 락토프리우유 10g, 식물성오일 5g을 섞어준다.
4. 박력쌀가루 80g과 닭가슴살을 넣고 반죽해준다.
5. 찐고구마를 넣고 반죽해준다.
6. 반죽을 두 덩어리로 나눠 각각 다른 색의 천연과채분말을 넣고 두 가지로 조색해준다.
7. 조색볼에 두 가지 반죽을 층층이 쌓아준다.
8. 아이스크림 스쿱으로 반죽을 퍼준다.
9. 오븐팬에 스쿱쿠키를 올려준다.
10. 예열된 오븐에서 140도로 10분 동안 구워준다.

9. 고코볼

재료

찐고구마 200g, 코티지치즈 60g, 코코넛분말, 천연과채분말

레시피

1. 고구마 200g을 쪄준 후 껍질을 제거한다.
2. 고구마를 코티지치즈와 함께 으깨준다.
3. 원하는 색상의 개수로 조색볼에 나누어 담는다.
4. 천연과채분말을 사용해 조색해준다.
5. 조색한 고구마를 8g씩 계량 후 동그랗게 빚어준다.
6. 코코넛 분말을 조색볼에 담아주고 빚은 고구마볼을 굴려준다.
7. 건조기에 65도로 6~7 시간 동안 건조해준다.

Tips
- 코티지치즈는 무염치즈(아기치즈1단계)로 대체 가능하다.

10. 도넛 레시피

재료

계란 1개, 식물성오일 10g, 락토프리우유 50g, 박력쌀가루 80g, 닭가슴살 150g
* 글레이즈,토핑 등 선택재료
락토프리우유 200g, 한천가루 6g, 천연과채분말, 스프링클, 코코넛슬라이스 등등

도넛

1. 닭가슴살 150g을 쵸퍼에 갈아 준비한다.
2. 믹싱볼에 계란 1개와 식물성오일 10g을 섞어 풀어준다.
3. 박력쌀가루 80g, 분쇄된 닭가슴살 150g, 락토프리우유 50g을넣어 잘 섞어준다.
4. 짤주머니에 반죽을 채워준다.
5. 도넛몰드에 식물성오일을 바른 후 팬닝해준다.
6. 오븐에 넣고 160도로 20분 동안 구워낸다.

글레이즈

1. 락토프리우유 200g에 한천가루 6g, 천연과채분말

    (원하는 색이 나오는 양)을 냄비에 풀어준다.
2. 눌러붙지 않게 저으면서 중불로 끓여준다.
3. 락토프리우유가 끓으면서 걸쭉해지면 불을 꺼준다.
4. 완성된 도넛시트를 글레이즈가 굳기 전에 윗면에 찍어낸다.
5. 찍어낸 도넛 위에 토핑을 뿌려준다.

Tips
- 글레이즈가 굳은 경우 소량의 락토프리우유를 넣고 약불로 가열해주면 녹는다.

11. 오트밀치즈쿠키 레시피

재료

계란 1개, 식물성오일 20g, 박력쌀가루 90g, 오트밀분말 20g, 코코넛분말 20g, 코티지치즈 40g

레시피

1. 믹싱볼에 계란 1개, 식물성오일 20g을 섞어 풀어준다.
2. 오트밀분말 20g, 박력쌀가루 90g, 코티지치즈 40g를 넣고 섞어준다.
3. 마지막으로 코코넛분말 20g을 넣고 반죽해준다.
4. 베이킹매트를 깔고 적당량을 덜어 밀대로 반죽을 밀어준다.
5. 쿠키커터를 사용해 쿠키를 찍어낸다.
6. 오븐에 넣고 160도로 15분간 동안 구워낸다.

Tips
- 반죽은 마르지 않게 비닐을 덮어 보관한다.
- 쿠키의 두께는 약 0.5mm~0.7mm로 밀어준다.
- 쿠키의 두께에 따라 굽는 시간에 차이가 있다.

12. 파티 타르트(키슈) 레시피

재료

① 타르트지 | 박력쌀가루 90g, 달걀 1개, 식물성오일 5g, 우유 10g
② 토핑 | 찐고구마 150g, 닭가슴살 50g, 파프리카 30g, 당근 15g, 브로콜리 15g, 코코넛파우더, 파슬리

레시피

1. 믹싱볼에 계란 1개, 식물성오일 5g, 락토프리우유 10g 넣고 섞어준다.
2. 박력쌀가루 90g을 넣고 반죽해준다.
3. 베이킹매트에 밀대를 이용하여 반죽을 펴준다.
4. 타르트지1호 틀 (낮은틀)을 이용하여 타르트지 형태를 만들어준다.
5. 포크로 타르트 바닥면에 구멍을 내준다.
6. 준비된 토핑 재료를 모두 알맞은 크기로 썰어 준비한다.
7. 계란 1개를 깨 계란물을 만들어준다.
8. 타르트에 토핑재료들을 예쁘게 올려준다.
9. 계란물을 부어준다.
10. 코코넛 슬라이스와 파슬리로 마무리 장식을 해준다.
11. 오븐에 넣고 180도로 15분 동안 구워준다.

13. 댕치킨 레시피

재료

닭가슴살 200g, 당근 15g, 브로콜리 15g
튀김옷 : 단호박가루 45g, 통밀가루 35g, 황태파우더 10g, 계란 1개

레시피

1. 닭가슴살 200g을 곱게 갈아준다.
2. 당근 15g, 브로콜리 15g을 잘게 다져 분쇄된 닭고기와 섞어준다.
3. 치킨 반죽을 원하는 크기로 소분 후 닭다리 모양을 만들어준다.
4. 계란물을 풀고 믹싱볼에 가루 재료들(단호박가루 20g, 통밀가루 15g, 황태파우더 5g)을 넣고 섞어 튀김 느낌의 가루를 만들어준다.
5. 완성된 닭다리에 가루를 골고루 묻혀준다.
6. 오븐에 넣고 160도에서 20분간 구워준다. (치킨 크기에 따라 시간 변경)

Tips
- 튀김가루를 냉동한 뒤 사용하면 크리스피한 느낌이 더 살아난다.

14. 삼색 테린

재료

닭가슴살 200g, 찐단호박 15g, 당근 10g, 브로콜리 10g, 시금치 15g

레시피

1. 당근 10g, 브로콜리 10g을 쵸퍼에 다져준다.
2. 닭가슴살 200g을 곱게 갈아준다.
3. 다진 닭가슴살과 채소를 섞어준다.
4. 반죽을 3등분으로 나눠 조색볼에 담아준다.
5. 한 반죽 덩어리에는 찐 단호박을 섞어 노랑 반죽을 만들어 준다.
6. 다른 한 반죽 덩어리에는 간 시금치를 섞어 연두색 반죽을 만들어 준다.
7. 미니 파운드 틀에 3가지 색 반죽을 층층이 넣어준다.
8. 찜기에 넣어 스팀으로 20분간 촉촉하게 쪄준다.
9. 충분히 식힌 후 테린이 차가워진 상태에서 알맞은 크기로 썰어준다.

Tips
- 완전히 식지 않은 상태에서 썰 경우 부스러짐이 생기므로 주의한다.
- 채소 분말을 사용해도 된다.

15. 오리 화식

재료

오리가슴살 150g, 당근 10g, 브로콜리 10g, 시금치 10g,
파프리카 10g, 병아리콩 5g, 고구마 20g, 무염황태파우더 3g

레시피

1. 오리고기 150g을 분쇄해준다.
2. 병아리콩은 충분히 물에 불려준 후 삶아준다.
3. 채소는 모두 잘게 다져 준다.
4. 팬에 고구마와 고기, 물을 조금 넣고 먼저 볶아준다.
5. 고기의 겉면이 익었을 때 다진 채소를 넣고 볶아준다.
6. 재료가 다 익으면 불을 끈 상태에서 무염 황태 파우더를 넣고 섞어준다.

Tips

- 화식은 원재료의 향이 강해 기호성이 좋으므로 평소 잘 먹지 않는 영양제나, 약 등을 함께 급여해주기에 용이하다.

16. 에그타르트

재료

① 타르트지 | 박력쌀가루 90g, 달걀 1개, 식물성오일 5g, 우유 10g
② 토핑 | 계란 1개, 프락토올리고당 10g, 락토프리우유 20g, 무가당 플레인요거트 40g

레시피

1. 믹싱볼에 계란 1개, 식물성오일 5g, 락토프리우유 10g을 넣고 섞어준다.
2. 박력쌀가루 90g을 넣어 반죽해준다.
3. 베이킹매트에 밀대를 이용하여 반죽을 펴준다.
4. 타르트틀, 무스링 등 다양한 틀을 이용하여 타르트지 형태를 만들어준다.
5. 포크로 타르트지 바닥면에 구멍을 내준다.
6. 계량컵에 계란 1개와 요거트 40g, 락토프리우유 20g, 프락토올리고당 10g을 잘 섞어준다.
7. 타르트지에 완성된 필링을 부어준다.
8. 오븐에 넣고 170도로 15분 동안 구워준다.

Tips
- 무가당 플레인요거트 대신 그릭요거트 사용가능
- 그릭요거트 사용 시 락토프리우유의 양을 늘려준다.

17. 버터링

재료

계란 1개, 식물성오일 5g, 락토프리우유 10g, 박력쌀가루 50g, 코코넛가루 10g, 닭가슴살 100g

레시피

1. 닭가슴살 100g을 손질 후 갈아 준비한다.
2. 믹싱볼에 계란 1개, 식물성오일 5g, 락토프리우유 10g을 넣고 잘 풀어준다.
3. 본 반죽에 박력쌀가루 50g과 코코넛가루 10g, 닭가슴살을 넣고 섞어준다.
4. 별깍지를 끼운 짤주머니에 반죽을 담아준다.
5. 오븐팬에 버터링 모양으로 팬닝 해준다.
6. 오븐에 넣고 160도로 20분 동안 구워준다.

Tips
- 다른형태의 깍지를 사용하면 다양한 쿠키모양으로 응용가능
- 캐롭가루, 오리고기 조합으로 변경하면 초코버터링 또는 츄러스 가능

18. 비빔밥 레시피

재료

① 비빔밥 | 닭가슴살 200g, 당근 20g, 애호박 20g, 표고버섯 20g,
  시금치 20g, 빨강파프리카 20g,
② 계란후라이 | 락토프리우유 100g, 한천가루 4g, 단호박분말 5g

레시피

1. 닭가슴살 200g을 분쇄한 후 팬에 물을 조금씩 넣어주며 물로 볶아준다.
2. 채소들(당근 20g, 애호박 20g, 표고버섯 20g, 시금치 20g, 빨강파프리카 20g)은 얇게 채를 썰어 준비한다.
3. 채 썰어진 채소들은 끓는물에 데쳐 낸다.
4. 준비된 그릇에 익힌 닭고기를 밥처럼 담고, 데친 채소를 고명으로 올려준다.
5. 냄비에 락토프리우유 100g와 한천가루 4g를 넣고 끓여준다.
6. 우유에 점성이 생기면 불을 끄고 두 개로 나눠준다.
7. 계란 흰자가 될 푸딩은 스텐 밧드에 부어 굳혀 준 후 원형 무스링을 이용해 계란프라이 모양으로 찍어낸다.
8. 단호박 분말 5g은 락토프리우유 소량을 넣어 풀어준 후 계란 노른자가 될 푸딩에 넣어 섞어 준 후 동그란 실리콘 몰드에 부어 굳혀준다.
9. 준비된 비빔밥에 계란프라이를 올려 완성해준다.

Tips
- 다른형태의 깍지를 사용하면 다양한 쿠키모양으로 응용가능
- 캐롭가루, 오리고기 조합으로 변경하면 초코버터링 또는 츄러스 가능

19. 파운드 케이크

재료

계란 1개, 코코넛오일 20g, 프락토올리고당 10g, 레몬즙 1방울, 락토프리우유 30g, 박력쌀가루 70g, 캐롭가루 7g, 당근 50g

레시피

1. 당근 50g은 초퍼에 다져 준비한다.
2. 믹싱볼 두개에 계란 흰자와 노른자를 분리하여 준비한다.
3. 조색볼에 코코넛오일 20g과 락토프리우유 30g을 넣고 50도로 데워준다.
4. 노른자에 프락토올리고당 10g과 데운 코코넛오일, 락토프리우유를 넣고 섞어준다.
5. 본반죽에 당근과 박력쌀가루 70g을 체 쳐 넣어 반죽한다.
6. 흰자는 휘핑기를 사용해 단단하게 머랭을 쳐 준다.
7. 머랭 안정화를 위해 레몬즙 1방울을 넣어 잘 섞어준다.
8. 머랭을 세 번에 거쳐 본반죽에 섞어준다. (최대한 머랭이 깨지지 않게)
9. 반죽의 일부를 덜어내어 캐롭가루 7g을 넣고 조색해 준다. (원하는 마블 비율)
10. 파운트 틀에 식물성오일을 발라주고 반죽을 부어준다.
11. 오븐에 넣고 170도로 20분간 동안 구워준다.
12. 충분히 식힌 후 일정한 두께로 잘라준다.

Tips
- 캐롭가루 외에 다른 과채분말가루를 사용해 다양한 색의 파운드케이크를 만들 수 있다.
- 단호박이나 고구마를 토핑으로 넣을 수 있다.

20. 당고

재료

닭가슴살 70g, 박력쌀가루 100g, 끓는 물 70g, 천연과채분말

레시피

1. 닭가슴살 70g을 10분간 삶아준 후 물기를 빼고 식혀준 후 갈아준다.
2. 물 70g을 끓여 박력쌀가루 100g에 부어준 후 익반죽으로 반죽해준다.
3. 원하는 색상의 개수로 조색볼에 반죽을 나누어 담아준다.
4. 천연과채분말을 섞고 반죽을 조색해준다.
5. 반죽을 약 15g 덜어낸 후 동그랗게 빚고 가운데 홈을 만들어 준다.
6. 반죽 가운데 닭가슴살을 넣고 다시 동그랗게 빚어준다.
7. 당고는 찜기에 넣고 약 10분간 쪄준다.
8. 당고를 식혀준 후 꼬치에 꽂아 완성 시켜준다.

Tips
- 고기 알러지가 있는 강아지는 당고 안에 고구마 또는 단호박 등으로 대체 가능하다.

찾아보기

ㄱ

감각기능	131
감염병	192
강조	231
강조색	210
강조효과	214
건식사료	52
고당지수	99
고열	166
고탄수화물 식이	149
골격계 질환	177
광견병	185
광질	255
구강	131
구토	162
그레인프리	150
글라이콜	51
글루텐	101
글루텐프리	101
글리세믹 지수	103
급성 위, 장염	143
기계적 소화	128
기생충	193
기초에너지 요구량	75
기호성	56

ㄴ

나비스코	49
농림축산식품부	18
높낮이형	226

ㄷ

단미사료 제조업	39
대장	138
대칭적 균형	228
도그 비스킷	48
도그 푸드	48
도미넌트	214
동결건조식	54
동일 배색	211
등록 성분	60

ㄹ

로가닉	57
리듬	230
리신 중독	153

ㅁ

마카다미아 중독	154
멀티컬러 배색	216
명도	206
모둠형	227
무채색	205
물리적 위해요소	195
미생물성 식중독	144

ㅂ

반건조사료	54
반려견 식기 개발	28
반복효과	213
방사상 균형	229
배색	209
배열형	226
버섯독	154
보색 배색	212
보조색	210
복통	167
분리효과	213
분비기능	132
비대칭적 균형	228

ㅅ

사료 시험 검사 기관	45
사료성분등록신청서	45
사료제조업 등록 신청서	43
사포닌 중독	154
색상	206
색상·색조 120 체계	208
생물학적 위해요소	194
생식	53
설사	157
소믈리에	19
소변색 이상	168
소장	138
소화	128
소화관	129
소화기능	131
소화력	56
소화샘	129
솔라닌 중독	153
순색	205
습식사료	53
식도	136
식이 과민반응	145
식이 불내성	144
식이성 설사	142
식중독	191
신장질환	177
심폐소생술	172
심혈관계 질환	179

ㅇ

아밀레이스	131
아비딘	120
아웃 포커스	253
아크릴	234
어패류 독	155
연속효과	212
염증성 장질환	181
오가닉	58
우울증	186
원료배합비율표	45
위	136
위기대처 능력	31
위장염	180
유기수은 중독	156
유사색 배색	211
유채색	205
이물	145
이스트	104
이완성심근병증	150
익스트루전 공법	49
인 포커스	253
인두	136
임대차계약	40

ㅈ

자일리톨	117
자일리톨 중독	155
저당지수	99
전 성분	59
정제곡류	102
제조공정설명서	45
조화	229
주조색	210
중당지수	99

ㅊ

채도	207
청산배당체 중독	153
체온조절기능	132
초콜렛 중독	155
췌장염	181
치은염	183
치주염	183
치주질환	183

ㅋ

카페인 중독	155
코디네이션	19
콘텐츠 기획력	31

ㅌ

탁색	207
탈수	160
테오브로민	117
테이블 데코레이션	26
토널 배색	216
톤온톤	215
톤온톤	215
통일과 변화	231
투시도	247

ㅍ

파티 플래너	19
팬 포커스	254
퍼신	118
펫 포토그래핑	28
펫 휴머니제이션	33
펫러닝	29
펫셔리	29
펫코노미	32
펫푸드 라이팅	26
펫푸드 스타일리스트	22
펫푸드 스타일링	25
펫푸드 컨설팅	27
펫헬스 케어 매니지먼트	25
포도중독	154
푸드 스타일리스트	20
푸드 코디네이터	18
퓨리나	49
플로리스트	19
피부질환	175
피사계 심도	251
필수 영양소 결핍증	147

ㅎ

하루 에너지 요구량	75
하임리히법	171
혈당 지수	103
혼합형 단미사료	40
홀리스틱	58
화학적 소화	128
화학적 위해요소	194
활동지수	75
황금분할법칙	247
휴먼 그레이드	34

A to Z

BCS	79
CM	18
DER	75
DHA	82
FFDCA	190
GI 지수	99
James Spratt	48
RER	75
WHO	191